《道德经》的中国精神

麦小舟 著

学苑出版社

图书在版编目（CIP）数据

《道德经》的中国精神 / 麦小舟著. — 北京：学苑出版社，2015.12

ISBN 978-7-5077-4938-0

Ⅰ．①道… Ⅱ．①麦… Ⅲ．①道家②《道德经》—研究 Ⅳ．①B223.15

中国版本图书馆CIP数据核字（2015）第294373号

出 版 人：孟　白
责任编辑：潘占伟
装帧设计：徐道会
出版发行：学苑出版社
社　　址：北京市丰台区南方庄2号院1号楼
邮政编码：100079
网　　址：www.book001.com
电子信箱：xueyuanpress@163.com
联系电话：010-67601101（销售部）　67603091（总编室）
经　　销：新华书店
印　刷　厂：北京朝阳印刷厂有限责任公司
开本尺寸：710×1000　1/16
印　　张：21.5
字　　数：325千字
版　　次：2016年1月第1版
印　　次：2016年1月第1次印刷
印　　数：6000册
定　　价：66.00元

目　录

序言 /1
麦小舟其人其书（代序）/7

第一讲
《道德经》的爱国主义精神 /1

第二讲
《道德经》的变革创新精神 /27

第三讲
《道德经》的无为而治精神 /47

第四讲
《道德经》的人民公仆精神 /61

第五讲
《道德经》的守廉反腐精神 /81

第六讲
《道德经》的民主选举精神 /93

第七讲
《道德经》的民主法治精神 /113

第八讲
《道德经》的和谐社会精神 /125

第九讲
《道德经》的无私奉献精神 /147

第十讲
《道德经》的知足寡欲精神 /165

第十一讲
《道德经》的诚实守信精神 /177

第十二讲
《道德经》的礼让不争精神 /197

第十三讲
《道德经》的艰苦奋斗精神 /213

第十四讲
《道德经》的爱人育人精神 /233

第十五讲
《道德经》的科学养生精神 /257

第十六讲
《道德经》的生态文明精神 /277

第十七讲
《道德经》的尚和反战精神 /291

第十八讲
《道德经》的世界大同精神 /309

序言：从老子文化中寻找中华民族的精气神

宿富连

乙未年春节过后不久，麦小舟先生便把他主编的《〈道德经〉的中国精神》一书书稿送给我，嘱我为该书作序。据我所知，麦小舟先生研究、解读老子的《道德经》已近10年，先后撰写、出版或即将出版的释老专著就有五本之多，即：《再生的老子》、《老子的再生》、《〈道德经〉麦氏译本》、《〈道德经〉的中国精神》和《讲故事学老子》。现在即将出版的《〈道德经〉的中国精神》是麦小舟先生"释老五本书"中的第四本。《讲故事学老子》一书书稿业已杀青，定于明年出版面世。

我怀着兴奋而又惊喜的心情，将《〈道德经〉的中国精神》一书书稿认真审阅了两遍，不禁为该书的文字和内容所吸引和感动。众所周知，老子的《道德经》向来是一本难以释读的"天书"。然而，麦小舟先生却迎难而上，通过对这本"天书"进行字句梳理、义理辨析，提要钩玄，从中挖掘、概括出十八种精神。这十八种精神有哲学层面的，有道德层面的，但更多的是政治层面的。这十八种精神，是老子文化的核心内容，是中国精神的集中表现。

我们可以从各个视角、各个方面来分析和阐述《〈道德经〉的中国精神》一书的特点、价值和意义，但"大道至简"，我认为可以尝试用以下几个字来概括这本书的特点。

一是"新"。首先是归纳、概括新。从《道德经》中挖掘、揭示其丰富的时代内涵，进而系统、高度概括出十八种精神，虽然不敢说是"后无来者"，但"前无古人"，却是不争的事实。其次是观点、内容新。如该书所概括出的老子思想中关于人民公仆、民主选举、民主法治及生态文明、世界大同等精神，体现了作者的匠心独具。再次是解读、运用新。老子《道德经》一书距今已两千多年，要从中概括出为我所用、为现实服务的精神、理念，进而联系实际加以阐述、运用，诚属不易。该书能正确处理"古"与"今"的关系，坚持古为今用，推陈出新，在老子思想与现代实际的结合上狠下功夫，通天理，达人情，接地气，使人耳目一新。

二是"深"。该书对老子《道德经》时代内涵的开掘，既有广度，更有深度；对《道德经》各种理念、精神的概括，既有高见，更有深意；对老子思想的阐释、解说，联系中外，对比古今，结合实际，既有浅出，更有深入。如对老子《道德经》第八十章的解读，近现代学者，特别是当代某些享誉海外的大学者、名教授，大都否认此章中有大同世界思想，而断言老子在此章中所表述的，是一种回归到"结绳记事"、"老死不相往来"的原始社会中去的复古、倒退思想。他们中有的是"望文生义"，仅仅根据对字句的表面理解，便主观臆断，但更多的则是误读误解，是非混淆。麦小舟先生通过对第八十章文字、文义的认真研读、探讨，最后挖掘、揭示出此章所蕴含的大同世界精神，他认为该章所描绘和向往的，是人类未来大同世界的美好愿景、壮丽蓝图，而绝不是如某些学者所说的是"回归原始社会"。麦小舟先生这种深刻而又新颖的见解，这种穷根究底的深掘功夫，在《〈道德经〉的中国精神》一书中时有发现。

三是"精"。首先是译文的精准。该书所阐述的十八种精神，来源于他对《道德经》原文的精准译释和对老子思想的精准把握。如果译文达不到精准要求甚至误读妄解，则所概括的老子思想、精神，可能与老子思想真谛"差之千里"。其次是观点的精辟。十八种精神的归纳、揭示，无论是观点的提出，还是观点的阐述，都很精辟、独到，说服力、感染力强，读后颇受教育、启迪。再次是文字的精炼。该书正文十八篇文章，均经反复修改，数易其稿，基本上做到字斟句酌，文风朴实，在表述上下了很大功夫。

四是"高"。首先是立意高。该书编著者从宏观着眼，从微观入手，围绕中国精神的各个方面，对《道德经》进行广视角、多维度、全景式地扫描、透视、探究，进而将《道德经》中关于育人做人、为人处世、修身养性、治国理政等方面的闪光思想展示给世人，将蕴含于《道德经》中的中华民族的精气神奉献给世人，处处体现出编著者的立意高远和用心良苦。其次是评价高。麦小舟先生对老子其人其书以及对老子文化的历史功绩和世界意义给予了高度评价。他指出，老子是哲学的巨匠，道德的高峰，政治的先知。他认为，《道德经》只有珠玑而没有糟粕，它是一本真正意义上的、最优秀的修身治国的书，它不仅适用于过去，也适用于现在和未来。他还指出，老子文化是具有普世价值的文化，是全人类共有的文化，是推动世界进步发展的文化。再次是价值高。该书具有很高的学术价值、思想价值、历史价值和实践价值。我认为，《〈道德经〉的中国精神》是一部在精准译释《道德经》原文的基础上、进而帮助人们从老子文化中寻找和把握中华民族精气神的学术力作，它为我们弘扬中华民族优秀传统文化、增强文化软实力和文化自信提供了通俗范本，它为新时期各级官员执政为民、治国理政提供了有益借鉴，它为我们构建和弘扬社会主义核心价值观提供了丰富养料。

麦小舟先生自辞官从文至今，一直靠领取微薄的养老金来维持最基本的物质生活。然而，物质上的贫穷却成就了他精神上的富有。究竟是什么力量促使麦小舟先生写出包括《〈道德经〉的中国精神》一书在内的"释老五本书"？又是什么力量促使他成为南国奇人而使老子思想重生？是"天下兴亡，匹夫有责"的使命担当，是"穷且益坚，不坠青云之志"的坚定信念，是"咬定青山不放松"的不懈追求，是"天行健，君子以自强不息"的自强意识和奋斗精神。

中国精神是中国人立身处世、治国理政的灵魂和根本，是中华民族图生存、求发展、谋福祉、圆梦想的精神动力和智力支撑。中国精神不仅体现在中华民族自立自强、生生不息的伟大实践中，还蕴含在各种优秀文化典籍中。

老子的《道德经》便是中华优秀文化典籍中最古老、最优秀的代表作之一，它所蕴含的中国精神具有本源性、全面性、完善性、权威性等特点。

尼克松在《1999：不战而胜》一书中曾指出："当有一天中国的年轻人已经不再相信他们老祖宗的教导和他们的传统文化，文明美国人就不战而胜了。"当今我国有些年轻人盲目崇拜西方文化，漠视传统文化和中国精神，甚至不知老子、孔子、墨子为何许人，这种状况，令人担忧。为了防止尼克松的预言成为事实，我们当下最紧迫的任务，是要抓紧培养有思想、有道德、有文化自信、有民族精神、有民族气节的中国特色社会主义的建设者和接班人。而这类人才的培养，仅靠喝几杯清淡的心灵鸡汤是无济于事的，必须从博大精深的传统文化典籍中吸取丰富营养。而麦小舟先生的《〈道德经〉的中国精神》一书的出版，可谓正当其时。

习近平同志指出："实现中国梦，必须弘扬中国精神。"他还指出："体现一个国家综合实力，最核心的、最高层的，还是文化软实力，这事关一个民族精气神的凝聚。我们要坚持道路自信、理论自信、制度自信，最根本的还有一个文化自信，要从优秀传统文化中寻找精气神。"如何弘扬中国精神？如何从优秀传统文化中寻找精气神？麦小舟先生《〈道德经〉的中国精神》一书的出版，为我们提供了一个可鉴可行的优秀范本，也是对上述问题的最好诠释。

记得在麦小舟先生所撰《讲故事学老子》一书书稿杀青之时，我曾喜赋七律一首《赞麦小舟先生》。诗曰：

一代奇才出海隅，为文弃宦展宏图。
钩玄提要穷经典，越障攻关历险途。
三部研诗成范本，五书诠老获骊珠。
弘扬国粹旌高举，仰止高山功德殊。

桂林文史学者、与我合写《老子赋》的何开粹先生，闻讯亦喜赋七律一首以赞麦小舟先生。诗曰：

> 麦老箪瓢寓海隅，高才低保欲何图？
> 有心研老求新解，决意沉舟履险途。
> 十载矻矻忘晚晚，八书灿灿化珍珠。
> 南天一柱扶风雅，道德重光世界殊。

我与何老写的这两首诗，抒发了对麦小舟先生潜心治学的勤奋、艰辛及其在诗词、释老方面取得的巨大成就（主要指麦老的《诗词三部曲》和"释老五本书"共八部专著）发自内心的钦佩。值此《〈道德经〉的中国精神》一书出版之际，我把这两首诗抄录于此，奉献给读者和麦小舟先生，略表对该书出版的恭贺之情。我热切期盼该书早日付梓、面世。

谨此为序。

2015 年 2 月 28 日于桂林

（本文作者系广西毛泽东哲学思想研究会原会长、中共桂林市委党校原第一副校长、享受国务院特殊津贴专家、国家二级哲学教授。）

麦小舟其人其书（代序）

宿富连　何开粹　唐基苏　刘贵臣

2009年3月11日，是老子诞辰2580周年的纪念日。这天下午，老子故里——河南省周口市鹿邑县，在县政府礼堂为新书《再生的老子》举行了隆重的首发仪式。

这是一场非常特殊的新书首发式。说它特殊，是因为《再生的老子》的作者麦小舟，不是鹿邑人，也不是河南人，而是广东珠海斗门人。说它特殊，是因为由政府出钱出力，为一部外地作者的作品举办如是活动，在鹿邑还是头一回。

县长刘政致辞说："《再生的老子》让老子思想获得了重生。"他又指出："《再生的老子》的诞生，无论对鹿邑还是老子文化都具有里程碑意义。"也就是说，由于麦小舟的《再生的老子》的面世，广东珠海斗门便自然而然地成为老子思想的重生地。

会前，会议工作人员把500本《再生的老子》摆放在主席台前。这批书是准备用来送给省市领导的。没想到，会议刚结束，与会者便蜂拥而上，刹那间把这批书一本不剩地全"抢"了。与会的鹿邑人以一次"抢"的行动，表达了他们对老子文化的热爱、对刘政县长讲话的认同。

一、官员学者的历史性握手，揭开了老子文化传承的新篇章

2008年11月20日，对于老子文化来说，是一个有特别意义的日子。这一天，老子故里鹿邑县县长刘政与麦小舟在珠海会面了，并从后者手上接过一部叫《长寿老子》的书稿。同一天，全国老子道学文化研究会会长、中国社会科学院研究员胡孚琛也从北京飞抵珠海，刘政当即把麦小舟这部书稿推荐给他。

麦小舟说，2008年11月20日以前，对于胡孚琛，他未识其面，未见其书，也未闻其名。在此之前，他不仅不认识刘政，而且未与任何一个鹿邑人接触过。那么，他们三人是怎样走到一起的呢？

2008年10月，河南省选调了50名领导干部到广东、江苏、上海、福建几个省市挂职学习，其中刘政等12人被派往广东；之后，刘政等3人被派往珠海；最后，刘政一个人来到了珠海市的斗门区。

在斗门区政府大院门口迎接刘政的是斗门区区长梁元东，两人的手紧紧地握在一起。他们没有想到，这竟是老子出生地和老子思想重生地政府首长的一次历史性握手。

一天，刘政与梁元东谈起老子。梁元东告诉刘政，斗门有一位老县委书记也在研究《道德经》，并已写好了一部书，他叫麦小舟。刘政听说便要求与麦小舟见面。麦小舟托梁元东把书稿交给刘政。他说，还是待刘政县长看了书稿之后，再安排见面的事为好，到时也有交谈的话题。刘政是一位爱读书的官员，担任鹿邑县长后，看了不少释读老子的著作。他希望找到一本既能让人读得懂，又能准确解读《道德经》的著作，可日复一日、年复一年，依然找不到这样的一本书。这是一个幽静的夜晚，刘政全神贯注地阅读麦小舟的书稿。他越看越兴奋、越看越没有睡意。晨光从窗户透了进来，刘政把桌上的书稿推到一边，拍案而道：真个是踏破铁鞋无觅处，得来全不费工夫。

胡孚琛，中国社会科学院哲学所研究员、博士生和博士后导师。他以《周

易》和《道德经》为主攻方向。在老子文化的研究方面，他已出版200多万字的著作。全国老子道学文化研究会筹建期间，他曾多次到过鹿邑，与刘政相识。他这次来珠海，是应在珠海创业的一批鹿邑企业家所邀请，商谈组建珠海老子学会的事。

　　胡孚琛回到北京家里，随手把麦小舟这部书稿扔到他的旧书稿堆上。他压根儿不相信一个县委书记有能力研究《道德经》，他压根儿不愿意在这部书稿上枉费时间和精力。一个月后，一个叫陈大明的给胡孚琛打来电话。陈大明是鹿邑人，研究《道德经》的学者。他告诉胡孚琛："《长寿老子》是一部难得一见的好书，您现在不读它以后会后悔的。"胡孚琛怀着一种好奇的心情，把书稿找了出来。他花了一天多的时间，一口气把书稿读完了，感到很震撼。他实在想不到，麦小舟这个门外汉竟把《道德经》译得那么准确，那么通俗和流畅，还颠覆了那么多前人的研究结论；而且找到了一个用专题解读老子的好方法。虽然已是零点时分，他仍按捺不住拨通了麦小舟的电话。他用激动的声音对麦小舟说："坦白说，我原先真的不相信您能读懂《道德经》，也没打算读您的书稿……"他又说："有了《长寿老子》，老子文化走进课堂、走进千家万户、走向世界便有了条件与可能。"他于是约麦小舟到广州见面。在广州，胡孚琛对麦小舟说："《道德经》诞生两千多年来，古今中外还没有人能真正读懂它。您不是专职学者，学历也不算高，研究老子的时间又那么短，奇怪的是，您怎么就能把它读懂弄通的呢？"胡孚琛于是建议把书名改为《再生的老子》，并在为该书所作的序言中写道："麦小舟先生，南国之奇人也！"后来，他还把《再生的老子》推荐给我国的党政军高层，让他们在第一时间读到这部书。

　　胡孚琛、刘政、麦小舟三人，一居北国，一处中原，一住南海之滨，是什么人、什么力量让他们走在一起，相识相知，共同为老子文化的传承而同心协力的呢？曾亲历了以上活动全过程的鹿邑青年企业家刘贵臣说："是天堂中的老子，让我们家乡的父母官刘政、让当代中国道学的掌门人胡孚琛到广东来，一起迎接他思想的重生。"

正是鹿邑县县长刘政、斗门区区长梁元东，以及全国老子道学文化研究会会长胡孚琛、老子文化研究学者麦小舟这次不经意的历史性握手，揭开了老子文化传承的新篇章。

二、南国奇人精准译释《道德经》，成就了道行天下的千秋业

《道德经》是一部具有原创性和启蒙性的伟大作品，但由于时代和语言的差异，它虽只有五千言，却似迷宫、如天书，玄达两千多年。南宋朱熹说："庄、老二书，注解者甚多，竟无一人说得它本意出，只据臆说而已。"尽管如此，汉唐的帝王凭着对老子的清静无为和民为邦本思想的理解，便收到了很好的治国效果。到了北宋，宋太宗等则凭着对"老子五千言，治身治国，并在其中"的认知，也取得了很好的施政成效。

到了近代，中国学界对老子文化的评价可谓消极多于积极。有几位被称为大师、大家的学者认为：老子思想是守旧的，是反文化、反科学、反文明的，是主张把大国分裂成许多小国推动社会走向分裂的，是反历史、反对社会进步的。他们甚至把清静无为这样优秀的治国理念也加以否定。北京师范大学一位知名度颇高的教授则说，《道德经》是一本糊涂账。而这些误判和错判，都是因为他们没能读懂《道德经》、读懂老子所导致的。

近代，西方学界在老子的研究方面取得了丰硕的成果，对老子文化给予了极高的评价。不过，西方学界似乎也没有认为他们已把《道德经》真正读懂了。德国学者龙利期·噶尔于1910年指出："老子是推动未来的能动力量，他比任何现代的，都更加具有现代意义；他比任何生命，都更加具有生命的活力。"然而，他又说："也许，老子那个时代，没有人能真正理解老子；也许，真正认识老子那个时代至今还没有到来。"

也许，真正理解和认识老子的时代应该到来了，就在历史的脚步刚刚踏进21世纪的门槛之际，在东方、在中国有一个人站了出来。他以一部《再生

的老子》，被誉为"古今中外读懂老子的第一人"。他就是南国奇人麦小舟。

《再生的老子》享誉虽然很高，但麦小舟只给它（包括书中的译文）打了60分。在接下来的5年中，他仍以锲而不舍、一丝不苟、精益求精的精神又接连写下了《老子的再生》、《〈道德经〉麦氏译本》、《〈道德经〉的中国精神》和《讲故事学老子》四本书。

麦小舟以他上述的五部书，让世人得以了解《道德经》的真义，得以仰望老子的真容。

1. 他读懂了《道德经》的原文。他以其《〈道德经〉麦氏译本》，在敲定出一个能经得起推敲、符合老子本意，又能为广大读者所接受的原文版本的基础上，用通俗、流畅的文字对《道德经》进行了全面、准确的翻译。译本显示，其译文非常通俗易懂，即便是只有小学文化的读者也能读得懂。译本显示，其解读准确、可靠，留给后人突破的空间已经不多。译本显示，《道德经》中只有珠玑而没有糟粕。译本还显示，《道德经》中蕴含有系统且现代的法治思想、完整而科学的天下大同理念，而此前几乎所有的老子研究者都认为老子文化中是没有这种思想和理念的。

2. 他深刻地揭示了《道德经》的丰富时代内涵。麦小舟以他的"释老五本书"告诉我们，老子是哲学的巨匠，道德的高峰，政治的先知。老子从善、爱、和几个方面构建起他的伦理精神体系，又创建了以民本思想为核心的先进政治学说，从而为人类提供了最高尚的道德精神、最优秀的治国理念。在《〈道德经〉的中国精神》一书中，麦小舟还从老子文化中挖掘出爱国主义、变革创新、无为而治、人民公仆、守廉反腐、民主选举、民主法治、和谐社会、无私奉献、知足寡欲、诚实守信、礼让不争、艰苦奋斗、爱人育人、生态文明、科学养生、尚和反战、世界大同等18种精神。这就让世人进一步领略到老子文化的厚重、强大与现代。可以说，是麦小舟让老子文化第一次如此直接、紧密、亲和地贴近时代、贴近百姓、贴近社会生活。

3. 他中肯地评价了老子文化的历史功绩。曾有人说，儒学主导了中国文化18个世纪，古代中国的强大主要是儒家的功劳。麦小舟以他的研究成果告诉我们，在治国的方面，道家的成就最大。自汉朝以来的两千多年中，中国历史上比较繁荣进步、自由开放的时期，中国历史上最著名的几个盛世——文景之治、贞观之治、开元盛世等，全都出现在以道家思想为主导的时期。正是老子文化缔造了强汉盛唐和经济发达、科技昌盛的北宋。总之，治国用道，则国家强盛；官员奉道，则官场清明；百姓行道，则民风淳良。道学是大国振兴的文化，也是中华民族实现伟大复兴的中国梦不可或缺的文化。

4. 他以一种国际视野洞悉了老子文化的世界意义和未来作用。麦小舟首先告诉我们，老子文化是人类的共有文化。因为老子是当之无愧的人类精神的孕育者。美国有位学者于是说："老子降生在中国，是上天对中国人的垂爱。"麦小舟接住这句话说："上天让老子降生在地球村，垂爱的是整个人类。历史上的重要著作大多都有特定的诉说对象，是为特定的人群、民族和国家服务的。如《圣经》，是为基督教徒写的。《古兰经》是为伊斯兰教徒写的。《新帝国主义》则是为某国的世界霸权服务的。如果你细读《道德经》，则必能发现，书中没有一句话是为特定人群、民族或国家写的，它诉说的对象是整个人类。老子不仅是一个真正胸怀世界、胸怀天下的政治家，还是一个极度关注人类命运的大格局的思想家。老子文化是超越时空、超越历史、超越民族、超越国界的文化，因此是人类的共有文化。"老子文化是人类的共有文化，这一战略文化观的提出对加快老子文化福泽世界、福泽人类的步伐是有重大意义的。在此基础上，麦小舟又指出："老子文化是大善大爱导人向善的文化，是自由民主法治的文化，是和平和谐的文化，是繁荣经济的文化，是推动人类社会健康发展进步的文化，是海纳百川大度包容的文化，是只会给人类以裨益而不会有伤害的具有普世价值的文化，因此是人类未来必然共同接受的文化。"麦小舟又指出："西方的有识之士在对人类各种文明进行长期不断地比较之后，最终认可了老子，认可了老子文化。"苏联著名汉学家里舍维奇认为："老子是世界的，是属于全人类的。"德国犹太思想家马丁·布伯说："在中国的儒道释三大传统中，具有世界意义的是道家思想。"美国学者蒲克明预言："《道德经》是未来世界家喻户晓的一部书。"他又说："当人类隔阂泯除，四海为一家时,《道德经》将是一部家传户诵的书。"英国历史学家汤因比预言:"将来在文化上统一世界的,大概不是西欧国家,也不是西欧式的国家,而是中国。"麦小舟说:"《道德经》是一部既可救中国,也可救世界的救世书。人类越早接受老子,世界就会越早变得更美好。"正因为老子文化是人类共有和共同的文化,在近代世界,《道德经》首先在德国走进了千家万户,这种墙内开花墙外香的现象的出现,也就不足为奇了。

可以说,南国奇人对《道德经》的精准译释,为《道德经》在世界各地的传播提供了范本,它成就的是道行天下的千秋业。鉴于老子文化是人类未来必然共同接受和共同践行的文化,我们认为,麦小舟在老子文化上的贡献,对当今和未来的中国和世界,其意义之重大且深远,也许不是我们这一代人所能准确估量的。

三、地处改革开放前沿的广东斗门,成为老子思想的重生地

广东珠海斗门,因为有麦小舟其人其书,从而成为老子思想的重生地;而正是广东珠海斗门以其深厚的自由、民主、改革、开放和以天下为己任的政治环境和文化土壤,把麦小舟孕育成能让老子思想重生的南国奇人。

2009年5月,福建省老子学会会长李德建得到了一本《再生的老子》,随之把它拆开,翻印成30多本,可见他对此书的喜爱。

2010年3月,李德建邀请麦小舟到福建讲老子。一天,他当着麦小舟的面,把一本《再生的老子》往桌上一拍,感慨地说:"这本书为什么不是诞生在文化之乡的福建,而是出自文化沙漠的广东?!"

广东是文化沙漠吗?曾有广东的学者向一位在国务院工作的非广东籍的学者提出这个问题。这位学者说,如果仅从民俗这方面说,广东也许有许多不如全国其他省市的地方,但近一百多年来,广东兴起和风行的文化是一种大文化,是开全国风气之先的文化,是引领全国潮流的文化。

这位学者说，20世纪初我国发生的"辛亥革命"，是一场结束封建主义在中国统治的伟大革命，它的发祥地就是广东。孙中山和他的战友，高举"三民主义"的大旗，用民权主义，即自由、民主、平等、人民当家做主的精神，批判君权神授、君权至上、上尊下卑的封建专制意识；用民族、民生主义揭露清王朝的腐败害国。"辛亥革命"所秉承和传播的就是一种科学的、革命的，也是自由、民主、平等的文化。20世纪七八十年代以来，我国兴起的改革开放浪潮，策源地也是广东。广东人不仅把自己的经济率先发展了起来，带头致了富；而且以其开创的新思想、新观念、新理论推动了全国人民的思想解放。

那么，广东这种厚重的自由、民主、改革、开放和以天下为己任的文化精神，是如何把麦小舟造就成能让老子思想重生的南国奇人呢？

1. 正是近代广东人以天下为己任的文化精神，助推麦小舟走上了弃政从文之路。

麦小舟，1943年出生在广东高明县的一个农民家庭，1968年毕业于中山大学哲学系，1984年至1990年任中共广东省斗门县委书记。《南粤英杰——新中国广东100位贡献人物》一书，对麦小舟是这样评价的："廉洁爱民、政绩卓著、官声甚佳。"时任中共广东省委常委的方苞则说："麦小舟是一位难得的为官之才，将才中的帅才。"谁也没有想到，就在人们期待他更上一层楼时，他突然决定退隐江湖，弃政从文。

麦小舟为什么会选择这样的一段人生之路呢？

麦小舟在中学时读了范仲淹的《岳阳楼记》，慢慢地生发起一种忧国忧民的情怀，之后又立下了"留下一点业绩给社会，留下一点文字给人间，留下一点精神给子孙"的人生目标。有一次，有位学长来看他，这位学长对麦小舟的为官政绩似乎没有太大的兴趣。他说，当今中国不缺官员，因为追求当官的人很多；而缺的是有历史担当，又能写出影响时代作品的学者。他说，建国前后40年间所开展的非人性的政治运动，给中华民族造成了严重的精神创伤。这种精神创伤，需要一种人性化的文化去医治。只有实现人性对国家、对时代的回归，中华民族的精神创伤才能得以抚平，中国才能成为真正强大的国家。他又说,从中华传统文化中开挖、整理出系统、科学、人性化的哲学思想、道德精神、治国理念,使之成为在价值观上能引领中国和世界潮流的强大文化,是我国当今学界的要务和急务。他认为,麦小舟思想活跃,人生经历丰富,加上文字功底好,也许能在这方面有所作为,于是建议他退休后去进行尝试。他还告诉麦小舟,西方对老子的《道德经》评价极高,研究中华经典千万别忽略它。麦小舟是一个自信力很强的人,他认为"一个人无论在体力、才智等方面的天赋都存在可供大力开发的潜能。生存需要、兴趣爱好、人生目标、社会责任、人生阅历等都可以成为这种潜能激发的原动力。"他相信,为官能做出成绩,从文说不定也能有所作为。麦小舟又是一个很有担当的人,为了寻找这种优秀的文化,也为了实现"留下一点文字给人间"的人生目标,他萌生出一种辞政从文的冲动。

诚然,弃政从文不是一件可轻易做出决断的事,因为那将意味着要抛却行有专车、出有随从的官员生活,告别那指点江山的政治舞台,放弃唾手可得的退休保障,而将伴随他的只会是寂寞与清贫。孙中山说:"要立志做大事,不要立志做大官。"任仲夷说:"一个人的荣辱得失不算什么,重要的是国家要有未来,人民要有未来。"孙中山和任仲夷是备受麦小舟敬重和仰望的人。为了推翻帝制,振兴中华,孙中山放弃了令人羡慕的职业和优裕的家庭生活,创同盟会,立民国,一生历尽劫难,但矢志不渝。为了广东和全中国的改革开放大业,任仲夷忍辱负重,百折不挠。正是孙中山、任仲夷为代表的以天下为己任的近代广东人的这种文化精神,鼓舞和促使麦小舟决心告别官场,放马文坛。很多人都说麦小舟傻,说他太亏待自己,做出的牺牲也太大了。麦小舟对人生的理解却是丰富的。他说:"人生的价值不在于名位之高,也不在于物质上的享有之丰,而是在于对社会的奉献。"

麦小舟首先研究的不是老子,而是古典诗词。尽管当初没有谁相信他能在学术研究方面干出名堂,奇迹却发生了。没几年,麦小舟便出版了集诗词创作、诗词理论和诗词鉴赏于一体的巨著《诗词三部曲》,成为一名货真价实的集诗词作家、诗词理论家和诗词鉴赏家于一身的人,并被誉为我国古典诗词现代化的先行者和奠基人。

直到2006年的下半年，麦小舟才开始接触《道德经》。谁也想不到，他从接触《道德经》到写出《再生的老子》一书，只用了一年半的时间。中国科学院院士杨叔子给作者来信说："您对中华经典《老子》的研究大有成果，值得我们学习。"2009年3月，《南方都市报》在以"麦小舟是古今中外读懂《道德经》的第一人"的通栏标题下，用两个半版的篇幅发表了介绍麦小舟研究老子的文章。之后，全国优秀科技工作者、空军少将林茂光，中国教育部原副总督学郭振有分别以撰文或致函的形式称"麦小舟无愧为古今中外读懂老子的第一人"。《中国道学论坛》主编董延喜说："麦小舟是一位名副其实的道学大师。"中共中央政治局委员、原广东省省委书记汪洋也写信对作者的贡献予以肯定。

麦小舟走出弃政从文这一步，无论是对他的人生，还是对老子文化都具有不同寻常的意义。没有他这一步，他著书立说的天赋就可能会被埋没，他的人生价值就无法得到如此充分的展现；没有他这一步，老子文化传承的历史可能也得改写。麦小舟能迈出如此关键的人生一步，显然是他受到近代广东人的勇于担当、以天下为己任的文化精神的感染和熏陶而做出的人生重大抉择。

2. 正是广东自由宽松的政治环境，培育了麦小舟独立之人格、自由之思想。

亚里士多德认为："文化思想的创造需要三个基本条件：一是天才人物对学问的真兴趣。二是充分的思想自由。三是充足的闲暇（时间保障）。"历史表明，凡是政治上相对自由、宽松的时期，几乎都是思想文化比较繁荣的时期。无论是西方的古希腊罗马时代，还是东方中国的春秋战国时代，都因宽松的环境而出现了思想文化的大繁荣，从而奠定了世界文明的基础。历史还表明，凡在思想文化方面之有大成就者，无一不是具有独立之人格、自由之思想的人。

孙中山领导的"辛亥革命"，是一场推翻帝制、实行共和的革命，也是一场思想解放，弘扬自由、民主的运动。作为这场革命发祥地的广东，更是深受其惠。在20世纪七八十年代兴起的改革开放初期，担任中共广东省主要领导的习仲勋和任仲夷，则着力营造自由、宽松的政治环境。生于斯，长于斯，受陶冶于斯的麦小舟便具有了一种独立之人格、自由之思想。他敢言人所欲言，敢言人所不敢言。因此，从《道德经》第十七章的"太上，不知有之"，他读出了老子所主张的自由、民主精神。西方有一种学说认为：阶级斗争是人类历史发展的动力，而且是唯一的动力。麦小舟说："没有变革相伴随的新生政权不具有推动社会前进的功能，因此，阶级斗争只是改朝换代的工具。革新与守旧是贯穿于人类历史的主要矛盾，因此，变革创新才是人类社会发展的真正动力。"（见《〈道德经〉的中国精神》之第二讲）。在以什么文化治国的问题上，麦小舟旗帜鲜明地提出了"以道治国"的主张。他又说："一个精神禁锢、思想不自由的民族，一个不敢对现成学说提出质疑、不能发现真理的民族，一个不能保护思想先驱、保护真理曙光的民族，是没有希望的民族。"（见《〈道德经〉的中国精神》之第二讲）。

　　读懂《道德经》需要具备什么条件？麦小舟回答这个问题时，就提到这样一条："独立之人格，自由之思想。"而麦小舟这种思想文化品格，正是广东的自由宽松的政治氛围孕育和陶冶出来的。

　　3. 正是广东人的改革开放思维，把麦小舟推上了县委书记的领导岗位，使之有机会体验爱民"治国"的社会实践。

　　广东的斗门县是1965年成立的一个新行政区，该县由20多个岛屿组成，有80多条河道纵横其间，四周为大江大河所环抱。出门无船便无路，进出斗门靠摆渡。这是斗门县当时交通落后状况的真实写照。那时的斗门被称为广东佛山地区的西伯利亚，不仅交通不便，经济发展的水平也不高。然而，麦小舟并没有把落后的斗门看成是负担，而是把它视作其领导团队大显身手的广阔舞台。20世纪80年代，麦小舟主政斗门五年多。在这五年多里，斗门建成了大中桥梁17座，终结了斗门的岛县历史；经济总量以年均24%的高速增长；城乡居民的银行存款则增长了4倍多。2012年，时任斗门区委书记的梁元东对麦小舟说："以您的政绩、口碑、才华，斗门过去的历任县、区委书记没人能比。"在座的区委副书记周成接着说："今后恐怕也很难有人能够企及。"这就告诉了我们，麦小舟是一位成功的县委书记。

麦小舟从五年多的治县实践中，强烈地感悟和领略到：治县必须爱民，爱民必须强县，强县必须变革！

天大地大，人民最大。麦小舟一直把百姓放在心中的最高位置上，想他们之所想，急他们之所急。县里无论谁要找他，都可以在他办公室、在他家里或在他上下班的路上把他找到；而且，对他们提出的问题与要求，他会以最快的速度予以解决或答复。一次，有个复员回乡的老兵发泄不满："我们打江山的受穷，他们坐江山的享福。"麦小舟得知这一情况，即开会商量，随之决定给全县所有在抗美援朝以前参军的复员军人按月发给生活费。这样一个在许多地方都会以国家尚未有政策为由而不会给予解决的问题，在斗门仅用了两天时间便解决了。

改革者生，守旧者亡。麦小舟担任公社领导期间，就强烈感受到改革的威力，尝到了改革的甜头。他通过改良水稻栽培技术、推广优良品种等措施，使该社的水稻亩产和总产在1983年实现翻番。他又采取实行包括职工、管理人员的收入与其劳动实绩相挂钩等在内的改革措施管理社办企业，使其产值和利润大幅度增长，从而使该公社的财政收入连续三年成倍递增。在县委书记任上，麦小舟又推出了多项改革。其中具有全国影响的是公房私有的住房改革。斗门县率先进行的这场改革，为五年后国务院在全国全面展开的住房改革提供了实实在在的经验和做法。如果没有这场公房私有的住房改革，就不会有今天规模宏大的房地产市场，从这个意义上说，麦小舟还是新中国房地产市场之门的开启者之一。

《道德经》是一本真正意义上的、最优秀的关于修身治国的书。郡县治，天下安，治县与治国的道理是一样的。正因为麦小舟有爱民"治国"的实践和体验，所以他能够从《道德经》中把"给人民提供优质服务，是政府、官员的义务；享有政府、官员的优质服务，是人民的权利"这一老子所主张的官民关系的真谛品读出来。所以他能从《道德经》中读出别人读不出来的系统而优秀的干部路线。正因为他对改革有深挚的情感,所以他能从《道德经》中读出别人读不出来的变革创新精神。他还能把蕴含在《道德经》中的方方面面的修身治国理念,诸如爱国主义、人民公仆、民主法治、守廉反腐等18种精神、18种理念读出来。这显然是与他担任县委书记五年多的人生经历密不可分的。

陈大明读了《再生的老子》后说:"也许,一个纯粹的学者是很难读懂《道德经》的;也许,只有像麦小舟那样有如此丰富人生经历的人,才有可能把它读懂。"麦小舟说:"如果我没有县委书记的经历,在对《道德经》的研究上,也许没法取得今天的成果。"从以上所述,我们可以知道,麦小舟的丰富人生经历,尤其是县委书记的经历,是他读懂《道德经》的一个很关键的因素。那么,麦小舟又是怎样走上这一领导岗位的呢?

20世纪70年代,麦小舟是斗门县委宣传部的一名干事。1981年,他被任命为中共斗门县坭湾公社党委副书记,1982年升为该社书记,1984年跃升为斗门县委书记,使他成为广东当时最年轻的县委书记之一,成为"文化大革命"及其后毕业的大学生在广东走上县委书记岗位的第一人,成为广东自改革开放以来从公社(乡镇)党委书记直接晋升为县委书记的独一无二者。而他完成从办事员到县委书记角色的转换仅用了不到四年。

麦小舟为何能书写出如此非凡的一段人生传奇?

一是麦小舟自己的努力。他在公社书记岗位上取得了骄人的政绩和众口一词的好口碑。二是他得到了几位爱才、开明又思想解放的领导人的赏识。是珠海市委副书记、常务副市长何仲云提名麦小舟为斗门县委书记的考察对象,是省委工作组组长、省某厅黄厅长亲自率队到斗门对他进行了考察,是珠海市委书记方苞主持市委常委会通过对他破格任用的提名。三是他碰上了广东改革开放初期政治环境自由宽松的好时机。如果没有这种好时机,麦小舟这一段人生传奇就无从书写。方苞、何仲云、黄厅长所以合力把麦小舟推上县委书记的宝座,是因为他们欣赏他的清廉和领导才能,相信他能胜任这一职务。不过，他们无论如何都想象不到，他们当年的努力，竟造就了一位能读懂《道德经》、能让老子思想重生的文坛英才。

　　灿烂的政治之花，必将结出丰硕的文化之果。广东珠海斗门之所以成为老子思想的重生地，一方面是由于广东特殊的自由宽松之政治环境和领先全国的开放思维，孕育、陶冶、培养了麦小舟；另一方面则是由于麦小舟自身的特殊经历和天赋条件。也就是说，地缘优势和人才优势正是广东能成为老子思想重生地的根本性原因。我们相信，老子文化传承史上的这种"斗门现象"，随着时代的发展和老子文化的广泛传播，必将得到更多的学者和官员的关注和重视；作为老子思想重生地的广东珠海斗门，也必将得到更多的中国人和外国人的青睐和瞩目，从而驰名中外、享誉全球！

（《麦小舟其人其书》是宿富连等为《老子文化的源与流》一书之《圣地篇》所写的文章，原文的题目为《广东珠海斗门——老子思想的重生地》。宿富连是广西桂林市委党校第一副校长、国家二级哲学教授、国务院特殊津贴专家。何开粹是文史学者、知名辞赋作家。唐基苏是广西桂林市委党校原处长、编审。刘贵臣是河南鹿邑人，珠海青年企业家。）

第一讲

《道德经》的爱国主义精神

习近平主席在十二届人大一次会议上指出:"实现中国梦,必须弘扬中国精神,这就是以爱国主义为核心的民族精神,以改革创新为核心的时代精神,这种精神是凝心聚力的兴国之魂、强国之魂。"

爱国主义是中华民族精神的核心,是中华民族生存发展、生生不息的精神动力,是历代中国人用鲜血和汗水换来的精神财富,是中国的民魂和国魂。中华民族的爱国主义精神具有民族凝聚、精神激励、价值整合等多种功能。鲁迅说:"中国唯有国魂最可宝贵。"爱国主义精神如同国之瑰宝,弥足珍贵,必须千秋万代,发扬光大。

中华民族的爱国主义精神最明显的特色是:1. 具有强烈的民族自尊心和自信心,维护祖国尊严和人民利益的高度责任感,对祖国前途怀有坚定的信念。2. 对祖国河山、人民、历史和文化,对祖国的一切物质财富和精神财富的无限热爱。3. 把个人前途和祖国的命运紧密联系在一起,反对入侵的国外势力和本国的腐朽、反动、分裂势力,为祖国和民族的繁荣富强而发挥自己的聪明才智。

老子的《道德经》蕴含着丰富而深刻的爱国主义精神,当前,我们认真地把它挖掘、梳理并予以继承和弘扬,对提升国人的精神世界,强化我国的综合国力,推进社会主义强国建设,实现中华民族伟大复兴的中国梦,具有十分重要的意义。

一、爱国主义是中华民族维护祖国独立、统一和世界和平的强大精神法宝

老子在《道德经》的第十五章指出：

旷兮，其若谷。

这句话的意思是，修道有成的人，就好像空旷宽阔、容量无限的溪谷似的胸怀宽广，既能心系家国天下，又能情牵黎民百姓。

老子在《道德经》的第六十七章指出：

我（道）恒有三宝，持而宝之；一曰慈……夫慈，故能勇……夫慈，以战则胜，以守则固。

这段话的意思是，道永远抱持着三件法宝，并无限地珍惜它、尊崇它。第一件法宝叫慈，慈就是爱心，博爱之心。这爱心能激发出庇护万民万物的惊人勇敢和力量。把爱激发出来的勇敢和力量用以对付暴虐之敌，必能万众一心，其战必胜；把它用于守土为民，必能众志成城，其守必固。

老子在《道德经》的第七章指出：

天长，地久。天地所以长且久者，以其不自生，故能长生。……是以圣人外其身而身存。

这段话的意思是，天与地长久地存在着。天地所以能长久地存在，因为它不是为自己而是为天下万民万物而生，所以能够长久，能够永恒。圣人在维护正义、维护民众利益的事业中牺牲了自己的生命，却永远活在天下人的心中。

一种是心系家国天下、情牵黎民百姓的深厚情怀；一种是爱民为民的大爱精神；一种是为了正义事业和民族利益不惜牺牲的无私境界，构成了中华民族爱国主义精神的主要内涵。正是这种爱国主义精神鼓舞着一代又一代的炎黄子孙御外敌、保家国，使中华民族的万里长城历经几千年而屹立不倒。

几千年来，中华民族正是靠着爱国主义精神，维护了祖国的独立和统一，并对维护世界和平做出了重大贡献。

（一）爱国主义铸造了中华民族的万里长城。

老子在《道德经》的第三十三章指出：

死而不亡者寿。

这句话的意思是说，为保家卫国牺牲了生命的人虽死犹生，因为他们的精神是不朽的。

一个民族、一个国家如果没有为了国家和民族的利益去抛头颅、洒热血的牺牲精神，这个民族就没有希望，这样的国家就没有前途。

汉武帝时期有一位少年将军，叫霍去病。他18岁封侯，22岁任全国最高军队统帅。他18岁起一直在战场上征战，参加了一系列的战斗，所向披靡。为了奖励霍去病，汉武帝要把一座豪宅送给他。霍去病说"匈奴未灭，何以家为"，婉拒了汉武帝的赏赐。霍去病征战6年，为国家立下了不朽的功勋。可惜的是，他在24岁时因病离开了人间。霍去病虽然没有死在战场之上，但他舍生忘死的报国精神已得到了充分的体现。他用实际行动兑现了"匈奴未灭，何以家为"的誓言。他的降生仿佛就是为了守疆卫土、保国安民。他虽英年早逝，却为中华民族留下了"外其身而身存"的献身精神，留下"匈奴未灭，何以家为"的爱国爱民思想。

1931年至1945年，日本对中国发动了全面而持久的侵略战争。日军武器精良，我军武器低劣，致使我国领土在很短的时期里大片大片地沦陷。日军在中国实行残暴的杀光、抢光、烧光的"三光"政策。这时的中华民族处于五千年来最危险的时刻。日本的灭绝人性的侵略行为，激起了全中国人民的愤慨。于是，全国地无分东西南北，人无分男女老少，掀起了全国性的抗日洪流。就是乞丐、土匪、地方军阀也大都没有让自己置身事外。中国共产党领导的八路军发动了平型关战役和百团大战，沉重地打击了日本侵略者的嚣张气焰，大大振奋了中国人民的爱国热情。

更值得一提的是一支特殊的抗战部队——川军。川军，就是民国时期四川的地方军阀部队。这些部队原先的声誉并不好，派系繁杂，内斗不断，却在抗日战争中立下了不世之功。"七七事变"爆发后的第三天，川军总司令刘湘即通电全国，力主抗战。他表示，四川可出兵 30 万，供给壮丁 500 万，供给粮食 4 万石。川军装备不足，弹药缺乏，给养和医疗设备极差，冬天在山西打仗时，士兵脚上穿的还是草鞋。就是这样一支军队，在抗战中表现出了非常顽强的战斗精神和不怕牺牲的战斗意志。川军六十六师有 28000 人，出川后，先后在山西、江南、山东打了三场险恶的阻击战，除了个别伤后被埋在死人堆里后被救者外，几乎全部牺牲。师长冯天魁在每次激战之前都会对将士们说："我们今天可能都会死，但我们的精神不死。"整个抗战时期，共有 350 万四川人走上了抗日的战场，而且每 5 个牺牲的将士中就有 4 个是四川人。四川是抗日期间少数几个没有遭受日军铁蹄践踏的省份，但它却向全国提供了 20% 的抗日兵源和 50% 的钱粮。

抗日战争时期，是中华民族的爱国主义受到最严重挑战和考验的时期，也是中国人的爱国主义精神得到最全面、最顽强地弘扬和彰显的时期。

中华民族的爱国主义还表现为一种崇高的民族气节。

中郎将苏武是汉武帝时出使匈奴的使者，曾被匈奴扣留，流放到北海（今俄罗斯的贝加尔湖）十九年。十九年里，他心如铁石坚，历尽难中难，坚贞不屈，手持"汉节"，不忘祖国。

忽必烈建立元朝后，率军南下，直取临安。文天祥临危受命，率宋军抗击元军，但南宋朝廷已风雨飘摇，人心涣散，文天祥独力难撑，最终在广东海丰北郊五坡岭兵败被俘。在被囚禁的三年里，元世祖忽必烈派了许多官员劝降，均遭到严词拒绝，还写下了"人生自古谁无死，留取丹心照汗青"的诗句。元世祖亲自劝降，文天祥说："国家灭亡了，我只求速死，不当久生。"元世祖知道劝降无望，于是下令处死文天祥。临刑前，文天祥向南跪拜，从容就义。

在危难面前，苏武、文天祥都表现出了崇高的民族气节。

以上所述告诉我们，无论如何强大、如何残暴的侵略者，都不能摧毁有爱国主义精神的中国人的意志，都不能撼动中华民族这座万里长城。

（二）爱国主义有力地维护了中华民族的团结统一。

中国是一个多民族的国家，也是世界上历史最悠久、领土最稳定的国家，而它的向心力和维系力就是中华民族的爱国主义精神。

老子在《道德经》的第五十五章指出：

知和曰常，知常曰明。

这句话的意思是，和合、和谐是自然、社会、人生，也是生命的真谛。只有懂得这个道理才算认识到"和"的精髓。

老子在《道德经》的第三十一章指出：

夫兵者，不祥之器。物或恶之，故有道者不处。

这段话的意思是，战争是残物伤生的邪恶之事。天下众生莫不厌恶它，因此，有道的治国者是不会轻易地使用它的。

老子在《道德经》的第三十章指出：

以道作人主者，不以兵强于天下。其事好还，师之所处，荆棘生焉；大军之后，必有凶年。

这段话的意思是，奉道而行的治国者，是不会迷信武力，热衷发动战争来对内施威，对外争霸的。人类会从战争中得到报应和惩罚：因为大军所至，必然会造成尸骨遍荒野，荆棘满田园的悲惨景象；战争结束之后，还必然会引发连绵不断的瘟疫和灾荒之年。

老子生活在我国的春秋战国时期，战国则是诸侯争霸的时代。在这一时期里，争霸战争此起彼伏，无止无息。他亲历了这种战争生活，目睹并感受到战争的残酷，这种争霸、分裂、割据国家的战争，带给国家和百姓的只有灾难；而只有国家在和平、和合、统一的情况之下，社会才能得以发展，国家才能强大，百姓才能过上好日子。

老子这一追求国家和平、统一，反对争霸、分裂的思想，千百年来一直深植在我国的志士仁人心中，深植在一代又一代的中华儿女心中，成为中华民族爱国主义精神的又一重要内涵。这种反对分裂、坚持统一的爱国主义精神也一直支撑和鼓舞着中华儿女为维护国家统一的大业而不惜抛头颅洒鲜血。

数千年来，致力于反对国家分裂，维护国家统一大业的志士仁人不计其数，而有一个人是不能不提及的。

他叫王阳明，生于明朝中叶。他是我国明代著名的哲学家、思想家、政治家、军事家和教育家。正德十四年（1519年）六月，身在江西赣州，已完成了赣、粤、湘三省边界剿匪任务的王阳明，接到了朝廷的一项命令：让他去查处福建军队内部出现的哗变事件。他于是从赣州起程赴闽，走到南昌外围的丰城县，该县知县告诉他一个令人震惊的消息：封地在南昌的宁王朱宸濠已起兵造反，几天时间便攻占了九江，围困了安庆，造成了剑指南京的军事态势。而王阳明自己这时已受到宁王的一支千人队伍的追杀。怎么办？从宁王的追杀中逃脱出来的王阳明处于一个多难的境况之中。1. 朝廷给他的任务是查处闽军的内部哗变，而没有让他平叛。在未得到朝廷命令的情况下如果出兵平叛，就是打了胜仗，也可能会被以私自起兵谋反之罪问斩。2. 如果等到朝廷的命令再出兵，宁王的军队将会迅速攻占南京。宁王会马上宣布登基另立朝廷，即时造成国家分裂和大规模内战的局面。3. 他身边没有一兵一卒，虽可就地募集到少量地方部队，却都是一些老弱残兵，与宁王的10万精兵相比，力量悬殊，结果难料。为了国家的统一，为了百姓不受战争之苦，王阳明把一切利害得失全抛之脑后。他用计拖延住宁王进击南京的进程，然后组织起两万多人的平叛队伍。王阳明用兵仅7天，就打败了宁王的10万精兵，并活捉了朱宸濠。这场叛乱仅维持了41天便被平定了。

事后，朝廷中真有人动议要治王阳明的谋反之罪，他们硬说，王阳明与朱宸濠是一伙的。王阳明既不辩解也不害怕，为了国家的统一，百姓的安康，他随时准备献出自己的一切。两年后，在家养病的王阳明被封为"新建伯"，兼任南京兵部尚书。功昭日月的王阳明却上疏朝廷，把平叛的功劳归于天，归于朝廷，归于与他一起参加平叛的将士。由于奸人的不断诬陷，朝廷尽管没有依准王阳明辞去"新建伯"的请求，但也没有把"新建伯"的证书颁给他，食禄一千石的封赠也成了空头支票。这时的王阳明虽功高盖世，名满天下，却赋闲在家，过着没有俸禄的平民生活。面对朝廷的不公，王阳明全不放在心上，而是义无反顾地把全部精力用在讲学上，希望用自己所钟情的"致良知"和"知行合一"学说，使天下人回归正直无私、心底光明的道德境界。

宁王叛乱迅速被平定，是反对分裂、维护统一的爱国主义精神的胜利。王阳明以天下为己任，正是他的反对国家分裂、维护国家统一的爱国主义精神的充分体现。正是这种爱国主义精神流淌在中华儿女的血脉里，几千年来虽时有一些分裂、割据势力甚嚣尘上，最终还是逃脱不了失败的下场。这也正是中国几千年里一直得以维持统一的原因所在。

还有一个人也是值得一提的，他就是蒋介石。他退居台湾后为什么不宣布独立？因为他不愿意做分裂祖国的千古罪人。他在台湾开展了一场复兴中华文化的运动，使中华文化得以在台湾扎根，从而为中国未来的统一做出了贡献，仅从这方面说，蒋不失为一位坚定的爱国者。

（三）爱国主义为世界和平做出了重大贡献。

中华民族的爱国主义植根于大爱的精神之上，而这种大爱精神是超越国界的。

老子在《道德经》的第二十七章指出：

是以圣人常善救人，而无弃人；常善救物，而无弃物。

这段话的意思是，圣人有博大的爱心，以救人护物为自己的行为准则。他们不会唾弃任何人，也不会糟蹋任何物。

老子把他的爱从爱亲人、爱国人推向爱人类，爱自然万物。这是一种真爱、博爱、无私、无己的爱。因此，中华民族的爱国主义也就具备了一种大爱、博爱的属性。从历史看，只要我国当时的力量许可，这爱国主义就会超越国界，对被侵略被践踏的民族和国家施以援手。而这援手不带任何条件、不要任何的补偿。也就是说，中华民族的爱国主义对受援民族、国家是一种无私的拯救，对世界和平是一种无私的奉献。

日本的统治者有一种极具侵略性的传统。16世纪末，丰臣秀吉把日本统一了，正是这个丰臣秀吉开启了日本大规模对外侵略的历史。他的计划和决心是，先征服朝鲜（指朝鲜半岛，包括今天的朝鲜和韩国全部领土），再以朝鲜为跳板，征服中国，打到印度、东南亚，建立起一个属于日本的大帝国。1592年4月，日本派出以小西行长、加藤清正为先锋统率20万军队，上千艘战船，以闪电战的战术，从釜山登陆，一个多月就占领了釜山、汉城，攻陷了平壤，把朝鲜国王赶到了鸭绿江边。日军到处烧杀抢掠，挖掘坟墓，抢劫府库，仅晋州一地就有6万人被屠杀，使整个朝鲜遭到了历史从未有过的大浩劫。由于朝鲜的请求，明朝决定抗倭援朝。这场战争历时7年。这7年中，明朝"几举海内之全力"，前后用兵数十万，牺牲数万，耗银八百万两。中国军队与朝鲜军民一道，经过艰苦卓绝的战斗，最终把全部日军赶出了朝鲜。这一仗，沉重地打击了日本的侵略野心，使其在以后的三百年间，不敢对朝鲜轻举妄动。可以说，这一次要是没有大明的出手相助，朝鲜有可能提前三百年沦为日本的殖民地。这场战争结束之后，明朝军队全数撤退回国，且没有要朝鲜的任何补偿。

中华民族所推崇的爱国主义与日本所引以为傲的大和民族精神不同，前者是植根于大爱的精神之上，植根于无私奉献的境界之上，后者则是出于一己之私；前者服务于国家主权的独立，领土的完整统一，以及世界和平；后者则是为了向外扩张，向外争霸，向外发动侵略战争。

当今世界有这样的一些国家，发现别的国家崛起，便动用政治、军事、文化、外交的力量进行围堵，不遗余力地阻止其发展。中国则不会这样做。习近平主席说："亲望亲好，邻望邻好。"中国一如既往地坚持以邻为善，以邻为伴，努力使自身的发展惠及周边国家，惠及全世界，促进整个亚洲和世界的繁荣。这就是中华民族的爱国主义与一些国家的民族主义的根本不同之处。

过去的历史已经证明，今后的历史将继续证明，老子的大爱和无私奉献精神哺育起来的中华民族的爱国主义对世界和世界人民带来的绝对是福音、福祉与和平，而不会是凶兆、伤害与战争。

二、为中华民族的振兴而奉献是爱国主义在新的历史条件下的时代特色

有人说,现在是和平时期,无仗可打,我们该如何爱国?唐的开元时期是我国历史上最兴盛的时期,史书说,那时许多青年不识兵器。为什么?因为当时的中国强大,不仅令那些国外的侵略势力不敢冒犯,就连周边国家之间的战争也大为减少。这就告诉我们,中国强大就等于修建起了中华民族的万里长城,等于对世界和平做出了贡献。也就是说,在当今中国,一切有利国家强大的思想行为都是爱国的表现,为国家的强大终生奋斗并做出重大贡献的人就是伟大的爱国者。

(一)为建设科技强国而贡献力量。

有人说,20世纪是美国的世纪,18世纪、19世纪是欧洲的世纪,笔者敢说,16世纪以前的世纪则是中国的世纪,为什么?因为那时的中国富裕强大,为什么富裕强大,因为中国科技发达,中国不仅拥有四大发明,而且是古代世界科学发明的摇篮,中国的发明占到当时世界发明的60%以上。没有科技的进步,国家就强大不起来。科技强则国强,科技弱则国弱,这是一条定律,今天的世界尤其如此。

老子在《道德经》的第三十三章指出:

不失其所者久。

这句话的意思是,依天地之道行事,以高尚的道德标准修身的人,总能立于不败之地。

钱学森、袁隆平就是依天地之道行事,以高尚的道德标准修身的人;就是心怀家国天下,情牵黎民百姓,为国家强大、百姓安康,在科技领域做出了重大贡献的爱国者。

钱学森生于1921年。1949年中华人民共和国成立,他得悉消息之后即与夫人商量,决定放弃在美国的优厚待遇,早日回到祖国,为自己的国家服

务。然而他的回国之路却非常的艰难。当时的美国海军次长丹尼·金布尔说，钱学森无论去到哪里，都抵得上5个师的兵力。美国政府于是没收了他的行李，包括800公斤的书籍和笔记本，并把他关进了监狱。经过长达6年的斗争，他才得以回到祖国的怀抱。回国后，他组建了中国第一个火箭、导弹研究所，参加了近程导弹、中近程导弹和中国第一颗卫星的研制，直接领导了"两弹结合"试验。1964年10月16日，中国第一颗原子弹爆炸成功；1967年6月17日，中国第一颗氢弹爆炸成功；1970年4月24日，中国第一颗人造卫星发射成功，从而极大地增强了中国的国防力量，提高了中国的国际地位。钱学森开创了控制科学、应用力学、物理力学等学科，被誉为"中国航天之父"和"火箭之王"。由于钱学森回国效力，中国导弹、原子弹的试验成功向前推进了至少20年。

钱学森为了报效祖国，把生死置之度外。在他心里，国为重，家为轻；科学最重，名利最轻。其实，爱国的情愫早就蕴藏在钱学森的心中。1936年8月的一天，钱学森从上海乘船离开祖国到美国留学。他面对浊浪翻滚的大海，心中默默地说："再见了祖国，你现在是豺狼当道，混乱不堪，我要到美国学习技术，早日归来为你的复兴效劳。"钱学森是一位把祖国、民族利益和荣誉看得高于一切的人，说得上是一位精忠报国、富有民族气节的中国人。

袁隆平1953年毕业于西南农学院，后分配到湖南安江农校教书。"大跃进"时期，他经历过饥饿的痛苦，更目睹了一个个因为饥饿而倒下的人们的惨状，他决定去研究、培育高产的水稻品种，让粮食大幅增长去解决中国人的吃饭问题。经过数千次的试验，无数次的失败，他终于在1974年成功育出了我国第一个强势杂交组合"南优2号"，试种亩产量均超过600公斤，之后又经过不断地研究试验，再使他的杂交稻达到亩产900公斤以上的水平。

农民说，我们能吃饱饭，靠的是"两平"，邓小平和袁隆平。袁隆平的科学研究成果，不仅解决了中国人的吃饭问题，同时也为解决世界性的饥饿问题做出了卓越的贡献。袁隆平的成功，使他可能成为中国乃至世界最富有的人。有人帮他算过一笔账，他的种子共创造出效益为5600亿美元，假设将其零头分给他，那么他的资产就大约与世界首富不相上下。可袁隆平却把专利无私地贡献给国家。袁隆平淡泊名利，却不淡忘自己的两大心愿：一是把"超级杂交稻"合成，二是让杂交水稻走向世界。它表达的不仅是对祖国人民的深沉之爱，更是对世界人民的无私之爱。

老子在《道德经》的第三十四章指出：

是以圣人之能成其大也，以其终不为大，故能成其大。

老子这句话的意思是，有的人之所以能成为圣人，是因为他们具有无私的品格，从而做到自甘于小，自守于低，为济世救民而终其一生。他们虽不求以伟大而留名于世，却偏偏成了万民敬仰的伟人。

老子指出的济世救民情怀，就是每一个爱国者应有的情怀，钱学森、袁隆平就是万人敬仰的伟大爱国者。

当今世界最杰出的理论物理学家，英国剑桥大学教授霍金认为，到2050年前后，中国有望重新成为世界科学技术的中心。这就需要我国千千万万人像钱学森、袁隆平那样的科学家，科技工作者，以满腔的爱国情怀去为科学而奋斗、而攀登、而奉献。只有实现世界科学技术中心对中国的回归，中国才能成为一个真正的科技强国，也才能真正实现中华民族的伟大复兴。

（二）为重建礼仪之邦人人给力。

唐代的中国是古代中国也是古代世界最强大的国度。美国明道大学校长张绪通说："唐代是当时全部地球文明中最健康、最幸运、最先进的国度。"中国因为唐朝而令世界瞩目，中国因为有唐朝而令其后的中国人感到自豪。唐代的中国为何备受赞颂，除了它经济繁荣、科学发达之外，还因为它是个礼仪之邦。唐的贞观和开元时期，人类所憧憬的"路不拾遗，夜不闭户"的理想得到了实现。这就告诉我们，没有国民道德素质的极大提高，国家经济再发展也成不了真正的强国。

正因如此，老子十分强调思想道德建设的重要性。

他在《道德经》的第三章指出：

不尚贤，使民不争。不贵难得之货，使民不为盗。不见可欲，使民不乱。是以圣人之治，虚其心，实其腹；弱其志，强其骨。常使民无知无欲，使夫智者不敢为也。

这段话的意思是，教导世人除去争名逐位的世俗名位之观念，以使他们不深陷官场的争逐。消减他们对贵重财物的贪婪之欲望，以使他们不为此去偷盗和抢掠。防止他们滋生邪欲妄念，以使他们不去做破坏社会和谐安定的事情。圣人的治国之道就在于：一方面，净化百姓的心灵，消除其竞逐于名利场上的心志；另一方面，保障他们的温饱，增强其体魄。圣人通过不懈的言教与身教，使人们不生伪诈之心、贪婪之念，并令那些自以为聪明的狡诈之人也不敢恣意妄为。

《道德经》的第一章述说的是宇宙的生成过程，即宇宙的本体与起源；第二章说的是事物普遍联系的辩证关系，以及有能不恃、有功不居，反而名声永留的辩证思想。老子在续后的第三章就论说道德建设的问题，提出了道德建设和经济建设两手抓的治国方针，并把道德建设放在首要的位置上，可见他对道德建设之重视与强调。

历史再三告诉我们，狠抓道德建设，全面提升全社会的道德水平是今天建设强大中国的重要任务，也是国人爱国的一个给力点。

"文化大革命"时期，中华民族的优秀道德精神被践踏、被蹂躏，从而摧毁了社会法治、人的良知，使社会秩序混乱，使国家的道德水准一落千丈。改革开放以来，我国的经济发展很快，遗憾的是，社会道德状况却未能得到同步好转。仅是当今中国人在异国他乡表现出的不良习气，就会令我们自己感到脸上无光。因此，迅速改善我国社会的道德状况，应该是一切有爱国心的人的共同责任。令人高兴的是，当下我国已经有很多很多的人行动起来了。志愿者和志愿者队伍的迅速扩大是一项重大的标志。志愿者的行动方针是救助贫弱、抗灾救灾，维护公义。据统计,2008年全国志愿者队伍规模已近亿人。2008年的四川汶川地震中，共有300万余名志愿者参加了抗震救灾工作，其中外省入四川的志愿者100多万，省内志愿者约200万人。全国参与了赈灾、募捐、搬运、照顾伤病员等的志愿者超过1000万人。此外，两亿网民志愿者为赈灾空前忙碌，捐资、捐物、捐骨髓、献血、献爱心！北京奥运会中，各类志愿者累计服务时间超过2亿小时。志愿者的精神是无私无畏、真诚奉献。志愿者在各种各样志愿服务中不断升华自己的道德境界，同时把中华民族的优秀道德传统精神传递给感染给更多的中国人。他们用行动证明自己是个爱国者。

老子在《道德经》的第二章指出：

圣人处无为之事，行不言之教。

这句话的意思是，有道的治国者自觉地依自然无为的原则施政，并做到以身作则，对人民进行潜移默化的引导。

老子在《道德经》的第六十二章又指出：

美行可以加人。

这句话是说，善于为道者们的美好行为，对人们能起到不言而教的感化作用。

老子要求治国者们在道德建设方面应该起模范带头作用。这与习近平主席提出的打铁需要本身硬的主张是一致的。

我们高兴地看到有的领导干部在这方面也有了很好的表现。

历任湖南和江西省委书记、全国政协副主席的毛致用，退休后主动放弃国家领导人的待遇，回到湖南农村老家生活。

原武汉市武昌区区长吴天祥退休后则主动参加到志愿者队伍中来了。

吴天祥2008年退休时，表示"退休了，我还要继续当好人民的公仆"。他继续为民办实事，做编外的信访接待员。如关心工人工资待遇，为农民工追讨工资等等。有群众反映："邻居陈春桂孤儿寡妇，儿痴呆，她患股骨头坏死，完全失去活下去的勇气，已准备好毒药……"吴天祥得知，马上赶到陈春桂家，立即将她送医院治疗，并出钱找人照顾孩子，安慰她不管有多困难都不要放弃，并拿出3万元对陈春桂说："这些钱你先拿去救急，有困难再找我。"老工人张德文因档案丢失，办不了退休，生活困难。吴为他一次次跑，并对张说："张师傅，你放心，我吴天祥有饭吃，你就有饭吃。"吴天祥每个月从自己并不丰厚的工资中拿出500元给他做生活费。吴天祥一次次跑，无功而返；又一次次接着跑，终于在区档案局找到了张德文的档案资料，为张师傅办理了退休手续。

在吴天祥多年关照的人群中，还有6个孤儿，都是孩子的父母临终前托付给他的。在国家博物馆里，收藏着一封给吴天祥的特殊来信。信里说："我是行将被押上法场的罪人，我妻因贩毒，在去年被判死刑，我们都是罪有应得，但最放心不下的是我的一双儿女……尊敬的吴区长，我早知道你是个大好人、大善人，是共产党的好干部，我家一双儿女，就拜托给您了，求您把他们抚养成人，让他们千万不要走我们的路，要像您一样做一个对社会有用的人。给您磕头了，这是一个行将就木的人的最后请求，拜托了。"他的最后愿望是想见到吴天祥。那位男子见到吴天祥便抱着他痛哭，并递给他这份遗书。吴天祥看完后，内心难以平静，他毅然接受了这托孤重任："请你放心，安安心心地走，我会把他们当自己的亲生孩子一样看待的。"

吴天祥多次以志愿者的身份参与各地的抗震救灾活动。去汶川救灾，他没有告诉家人，只是悄悄给老伴留下一份遗书："如果我死在灾区……就把我留在当地吧，跟地震中死难的人埋在一起……"他常对身边的年轻朋友说："13亿人的爱心，是一个富矿，但要靠我们共产党员去挖掘。"吴天祥虽然已经退休，但人们还是把他看作是共产党的高官，于是仿效者众。如今，在武汉、在湖北、在全国，"吴天祥"已不再是一个人的名字，他代表了所有正直无私、情操高尚、将爱播撒给社会的人的共同称号，仅在武汉就成立了一万多个"吴天祥小组"，拥有10多万志愿者。他们向群众掏出一颗颗爱心，向社会奉献一片片真情，为身边的人们排忧解难。他们像点点烛光照亮社会，像绵绵春雨润泽人心。

毛致用、吴天祥的如斯表现，谁能说他们不是个爱国者。我相信，只要人人都愿意在我国社会道德建设上给力，礼仪之邦的重建必能在不远的将来得以实现。

（三）为在平凡岗位上做好自己的人喝彩。

有人说，我没有钱学森那样的智慧才干，也没有吴天祥那样的社会影响，又怎样去爱国？其实只要我们有报国之愿、奉献之心，在平凡的岗位上做好自己，就能为国家的强大添砖加瓦，并永世流芳。

老子在《道德经》的第八章指出：

上善若水，水善利万物而不争，处众人之所恶，故几于道。

这句话的意思是，上善的人，具有如水一样的品格。水虽然一味地润育万物，却不要求得到任何的好处，只把自己栖息在人类所厌恶、所不愿意居住的地方。水的这种品格最接近道的境界。

国是千万家，有国才有家。热爱家乡，是中华民族的传统美德，也往往是许多志士仁人爱国的出发地。李连成就是一位在爱家乡方面做出了重大贡献的爱国者。

16年前，在致富路上摸爬滚打了7年，成为河南省濮阳县庆祖镇幸庄村首富的李连成，面对全村人的期待目光，义无反顾地担当带领群众致富的重任。1991年8月，当选村支部书记。他以实干苦干、身先士卒的一贯作风，带领群众发展大棚蔬菜，给大家指导技术。有的特困户无能力建大棚，他就无偿地把自己家的三个大棚转让给他们。

"当干部，就要带头，带吃苦的头，带吃亏的头"，"我要是喝村里一盅酒，就割我的舌头；要是乱花村里一分钱，就剁我的手指头。"李连成说到做到。村里办股份制企业，很多人一是无钱，二是无信心，因此不入股，李连成则和其他12个家庭入了股。企业赚钱后，他耐心地做这12个股东的思想工作，把价值200多万元的再生纸厂作价68万元转让给全村群众，实现了家家有股份，户户有分红。

在社会主义新农村建设中，李连成不顾家人的反对，拆除了新建的小洋楼，把最好的宅基地让给群众，而自己选择了最偏僻的地方。

就这样，李连成以强烈的事业心和责任感，勇于牺牲个人的利益，带领全村干部群众一心一意谋发展，聚精会神搞建设，把昔日的贫困村变成了一个远近闻名的富裕村，该村现在有千万元的企业9个，亿元企业2个，工业产值超5亿元，利税4500万元，集体积累2450万元，人均收入1.5万元。李连成也多次被评为全国劳动模范、道德模范、优秀党员，当上全国人大代表。

老子在《道德经》的第八十一章指出：

圣人无积，既以为人己愈有，既以与人己愈多。

老子这句话是说，怀抱济世为民情怀的圣人，会毫无保留地把自己的所有所能奉献社会、服务民众。他们越是把自己拥有的付给别人、付给社会，越是感到自己富有，因为他们从中收获了快乐，收获了精神境界的升华。

2007年9月23日早晨，93岁的他静静地走了。无数活着的人在口耳相传中记住了他——蹬三轮的老人白芳礼。这不是神话：这位老人在74岁以后的生命中，靠着一脚一脚地蹬三轮，挣下35万元人民币，捐给了天津的多所大学、中学和小学，资助了300多名贫困学生。而每一个走近他的人都惊异地发现，他的个人生活几近乞丐，他的私有财产账单上是一个零。

有一次，老人到南开大学给贫困学生捐款。当时，学校要派车去接这位老人。他说不用了，把省下的汽油钱给穷孩子买书。他自个儿蹬三轮到了学校。捐赠仪式上，老师把这件事一讲，台下一片哭声。许多学生上台从老人那里接过资助的钱时，双手都在发抖。一位来自新疆地区的贫困学生，功课优秀，没毕业就被天津一家大公司看中，拟以高薪聘用。这一天，他走上台激动地说："我从白爷爷身上感到了一种前所未有的精神和力量。我正式向学校、也向白爷爷表示：毕业后不留天津，要回到目前还贫困的家乡，以白爷爷的精神去为改变家乡面貌做贡献！"他深深地向白芳礼老人鞠了一躬。全场掌声雷动，老人高兴得流下了眼泪。

老人对他的老友说："我过得是苦，挣来的每一块钱都不容易。可我心里是舒畅的。看到大学生们能从我做的这一点点小事上唤起一份报国心，我高兴啊！"

"圣人无积"，是最高的真和善。白芳礼，虽然是芸芸众生中的一个极不吸引人们眼球的蹬三轮的小人物，却是一位真诚践行"圣人无积"的大善人。他捐赠的款额自然无法与李嘉诚、霍英东、邵逸夫这样的富商相比较，但他的高尚情怀却不会输给他们。他立足本职，竭尽所能，舍己为人，以一颗虔诚的爱国心去感染、激励更多的人焕发起一种报国情怀。白芳礼虽然是个小人物，却是一个了不起的爱国者。

（四）为全面提升民族素质，中国人应重新成为爱阅读的一族。

我国古代有一个凿壁偷光的故事。述说一个穷孩子晚上读书花不起灯油钱，于是在墙壁上凿了一个洞，利用邻居灯光透过来的光线坚持看书。中华民族本来是一个爱阅读的民族，正因如此，古代中国成为古代世界科技发明的摇篮，也正因为唐贞观、开元时期全国官民同读《道德经》，当时的中国成为被世界公认的礼仪之邦。

老子在《道德经》的第七十一章指出：

知不知，尚矣；不知知，病矣。

这段话的意思是，努力去学习和掌握自己尚未懂得的知识，这是正确的态度，高明的表现；明明不懂却不肯虚心学习，反而不懂装懂，这是错误的态度，是一种病态表现。

在我们为实现中华民族伟大复兴的中国梦的今天，中国人应该遵照老子的教导，弘扬民族的传统，加倍地努力读书学习。

然而，当今中国却遇到了一个非常令人忧虑、令人尴尬的局面，"中国人不阅读"。

一名印度工程师写了一篇叫《令人忧虑，不阅读的中国人》的文章，并发表在网上："我在飞往上海的飞机上。正是长途飞行中的睡眠时间，机舱已熄灯，我吃惊地发现，不睡觉玩 iPad 的，基本上都是中国人，而且他们基本上都是在打游戏或看电影，没见有人读书。这一幕情景一直停留在我的脑海里。其实在法兰克福机场候机时，我就注意到，德国乘客大部分是在安静地阅读或工作。中国乘客大部分人要么在穿梭购物，要么在大声谈笑和比较价格。"

"现在的中国人似乎有些不耐烦坐下来安静地读一本书。一次我和一位法国朋友一起在虹桥火车站候车,这位第一次来中国的朋友突然问我:'为什么中国人都在打电话或玩手机,没有人看书?'我一看,确实如此。人们都在打电话(大声谈话)、低头发短信、刷微博或打游戏。或喧嚣地忙碌,或孤独地忙碌,唯独缺少一种满足与安宁。"

这名工程师最后说,"或许不应过分苛责。但我只是忧虑,如果就此疏远了灵魂,未来的中国可能会为此付出代价。"

日本管理大师大前研一的著作《低智商社会》,则应让我们中国人的神经受到触动、大大地触动。他在书中说:"在中国旅行时发现,城市遍街都是按摩店,而书店却寥寥无几,中国人均每天读书不足15分钟,人均阅读量只有日本的几十分之一,中国是典型的'低智商国家',未来毫无希望成为发达国家!"

据统计,中国人年均读书0.7本,而韩国是7本,日本是40本,俄罗斯是55本,以色列是64本。

这个世界有两个国家的人最爱读书,一个是以色列,另一个是匈牙利。在以色列,当孩子稍稍懂事时,几乎每一个母亲都会严肃地告诉他,书中藏着的是智慧,这要比钱或钻石贵重得多。在这个国家,爱好读书不仅是一种习惯,更是人所具有的一种美德。这个国家只有200多万人,但人才济济。建国时间虽短,但诺贝尔奖获得者就有8个。这个国家环境恶劣,国土大部分是沙漠,但早已变成了绿洲,生产的粮食自己吃不完。匈牙利国土和人口都不到中国的万分之一,但拥有两万家图书馆,平均每500人就有一座图书馆,而我国平均45.9万人才拥有一所图书馆。知识就是力量,知识就是财富。一个崇尚读书学习的国家,当然会得到丰厚的回报。匈牙利是当之无愧的"诺奖大国",诺奖得主14位。

一个不爱读书的民族,是可怕的民族;一个不爱读书的民族,是没有希望的民族。

中国人难道没有时间看书吗？不！他们的时间被上网玩游戏、被打麻将、被看电视占去了。

如何才能改变这种状况呢？我主张，国人应该从是否爱国的高度来认识和看待阅读这个问题。首先从我国的公务员和教师做起。

我国的公务员、教师有几千万人，只要他们带头看书学习，不仅能带动自己的家人，还能影响一群亲友，如此一来必能把全国的读书的风气带动起来。既然是否爱读书关系到国家的未来、它的兴衰，我们的公务员就应以一腔报国之情、忧国之思，从饭局、从醉酒、从娱乐场所走出来，把心思放在读好几本书上，形成一种以爱读书为荣，以不爱读书为耻的社会氛围。

2015年1月9日，《楚天都市报》登了一篇文章。文章说，祝先生第一次到岳母家，老人指着书柜说："这就是我们留给你们的'财产'。女儿以后嫁给你，有房有车更好，没有也不强求，就是这一柜子书，你和双双全部要读完。"读者把祝先生的岳母称之为真正的"国民岳母"。爱女儿，就给她找一个爱看书的老公。真的期望，这能够成为天底下所有岳母的共同要求。让我们的国家多一些静下心来读书的家庭，多一些要求孩子静下心来读书的父母，我们的精神可能更充实，我们的社会也会少一些浮躁。

三、高扬爱国主义的旗帜需要朝野合力

爱国主义是中国的国魂，是兴国之魂、强国之魂。在实现中华民族伟大复兴的中国梦的今天，不仅不能让它淡化，甚至丢之弃之，而是应该更加努力地把它发扬光大。

中国以往的历史表明，每当国家面临重大挑战的时候，中国人都会分成爱国者一族、卖国者一族和摇摆者一族三个群体。如果我们把今天的中国人分成爱国者一族、害国者一族和旁观者一族，也许并不十分准确，却能在一定程度上反映出在是否爱国这个问题上，当下中国人的不同取向之现状。

(一) 高扬爱国主义旗帜必须唤起广大百姓的当家做主精神。

有一次，我遇上了一个青年企业家，他告诉了我许多关于他自己的事情，并说，三年之内他将会举家外迁。他看了看我那探究的眼神，叹了一口气说："也许你会认为我不爱国，其实不是我不爱国家，而是国家不爱我。"他给我说了这样一件事。一次，他派下属到税务局领取纳税申请表，税务局告知要交纸张印刷费，而这项费用不知要比实际的费用高出多少倍。税务局人员还告知他们，如果不交钱领表就无法按期交税，到时来领罚单好了。这个青年企业家气愤地说，这简直是对纳税人人格的公然凌辱。这种现象，我曾从一位县委副书记那里听说过，不料想，这种事也让这个青年企业家碰上了。

在我国，当今有不少成功商人领了外国的绿卡，在国外置有房产，但他们人仍在国内生活，在国内做生意。因为他们担心大跃进时期那种"共产"运动，"文化大革命"那种"整人"运动不知哪一天会回来。他们这样做是为了"双保险"。

当今我国还有一大群人，多是"70 后"，他们痛恨贪腐，强烈地期待民主政治和社会的公平公正。他们不时会发出"不是我不爱国家，而是国家不爱我"的叹息。

正是以上三种人群构成了旁观者的一族。为什么把他们叫作旁观者呢？因为他们没有把自己当成是国家的主人。国，是由千千万万个家庭组成的，爱国，不是个抽象的概念，更不是要求我们去爱某个领袖、某个政府，而是爱国中的千千万万个的家，爱国的本质是爱人民，爱百姓。为他们去付出、去贡献。

习近平同志最近指出："历史和现实告诉我们，青年一代有理想有担当，国家就有前途，民族就有希望，实现中华民族伟大复兴就能有源源不断的强大力量。"因此，我们应自觉去当一个爱国者，坚持与祖国同行，为人民奉献，以青春梦想，用实际行动为实现中国梦做出新的更大的贡献。

老子在《道德经》的第二十八章指出：

知其荣，守其辱。

这句话的意思是，世俗之人都追求荣耀；心中有道的人为了真理、为了社会的发展、为了百姓的利益，却能直面屈辱、凶险乃至牺牲。

为了更好地抗击日本侵略者，钱伟长决定放弃他的特长——文科专业，而改学他基础极差的物理科。在美国学习时，他在初期的人造卫星轨道的计算方面做出了突出的贡献，成为一名火箭、导弹专家。当他得知抗日战争胜利的消息后，便决定放弃美国的优厚待遇，并以回家看望已分离6年之久的妻儿的理由，于1946年5月踏上了回国之路。回国初期，为了养家，他不得不兼任多所大学的课程。美国方面托人来邀请他回美国，而且同意他全家去定居，条件是要他在一个表格上签字，表明一旦中美发生战争，绝对忠于美国，钱伟长毫不犹豫地在那张表格上写下了"NO"。

钱伟长以儿不嫌母丑的情怀，无论碰到什么困难、什么打击、什么伤害，都不改其精诚报国的拳拳之心。反右期间，他因为对苏联的教育思想提出了不同意见，被打成右派。为此他被剥夺上课的权利而被下放工厂劳动，他虽身负屈辱，在工厂里仍以主人翁的姿态帮助工厂搞技术革新，既减轻了工人的劳动强度，又提高了劳动效率，受到工人的热烈欢迎。之后几十年间，他在教学和科研两个方面齐头并进，为国家培养了一批又一批优秀的科学工作者，并在应用数学、力学、物理学、中文信息学等方面取得了大量的研究成果，为国家和人民做出了不朽的贡献。

钱伟长的一生，是对国家和人民无私奉献的一生，是无论遇到任何打击伤害也不改其报国为民之志的一生。因此，他堪称爱国主义者的典范。其实，像钱伟长这样的爱国者不是一个两个，而是千千万万。如果我们以钱伟长等人的胸怀与行动观照自己，就不会有"不是我不爱国家，而是国家不爱我"的感慨了。

诚然，作为国家的主人、治国者的主人的老百姓，完全有权利、有理由要求党和国家的领导人，带领全国人民坚决地清除腐败，坚定地改革开放，朝着建设一个自由、民主、公平、和谐、富强的新中国的伟大目标前进。以习近平为总书记的党中央诞生以来的作为，让我们有理由相信，党中央反腐的决心和行动是坚定的，深化改革和建设民主政治的方向是明确的，而且，在反腐方面已取得了明显的效果。为此，我们不仅要给他们以时间，也要给他们以支持。反腐、改革不是某一个或几个领导人的事，而是全国人民的事，它需要人民的参与和支持。因此，我们应以主人翁的态度问问自己，在这方面，我们做了些什么，做得如何，做得够不够？

（二）高扬爱国主义旗帜必须警惕裸官的危害。

老子在《道德经》的第五十三章指出：

朝甚除，田甚芜，仓甚虚。服文彩，带利剑，厌饮食，财货有余，是谓盗夸。

这段话的意思是，有的侯王为了自己的享受，把宫殿修建得富丽堂皇，由于民力、财力耗费过大，以致天下田园荒芜，粮仓空虚，百姓更是难以度日。而侯王、公卿们仍过着豪奢的生活。他们身穿华美的衣服，以炫耀其富有与高贵；他们佩带利剑，以示其尊贵与威严；他们有用之不尽的财物；说到吃的，要不是精美之食，他们根本不屑一顾，他们是名副其实的强盗头子。

老子把那些盗取国家资财，吸食百姓血汗的治国者定性为强盗头子。当今我国的贪官、裸官就是这样的强盗头子，因为他们从国家、从百姓那里巧取豪夺了大量的财富，过着奢靡的生活，既荼毒百姓，又伤害了国家。与爱国者相对，他们自然就是一群害国者，害国贼。

什么是"裸官"？它指的是那些把妻子（或丈夫）和儿女都迁居到国外，财产也带到国外，而自己一个人留在国内的官员。裸官是否都是贪官？大多数人都明白，以我国官员的正常收入，是没有几个有能力把妻儿迁往国外，并供养好他们的。当然，凡事都有例外，不贪的裸官也许有，但为数毕竟有限。裸官之害已到了不能不为之警惕和重视的程度。

首先，裸贪之官对国家政治、经济已构成严重的破坏与威胁是显而易见的。裸官外逃时往往需要寻求政治庇护，庇护国则往往会以提供机密作为交换条件，这也就在政治上构成了对我国安全上的破坏与威胁。

其次，裸贪之官贪腐的疯狂性及其为妻儿的牺牲心态，对我国官场的贪腐起到推波助澜的作用。裸贪之官是因为觉得自己捞得还不够多，而留在国内的。而有的裸贪之官则对妻儿有一种自我牺牲的情结，为了妻儿过上更加富贵的生活，他们甘愿"把牢底坐穿"。为此，他们贪腐的胃口会更大，出手会更迫切，心态也会更坦然。原东莞市市委秘书长吴湛辉的巨额贪腐（受贿5000万元，来源不明财产约1.2亿元）就是明证。而裸官原广东茂名市委书记罗荫国一案就扯出了308名贪官的事例则告诉我们，裸贪之官就像瘟疫一样，有着极强的传染能力。

再次，裸官队伍的存在和壮大，对爱国主义教育会起到极大的负面作用。如果我们要做爱国主义精神的宣传，我们党内却有如此多的官员不爱自己的国家，这种宣传能有多大的感染作用啊！

官员不忠于自己的国家，这对任何国家来说都是一个极端严重的问题。因此，不少国家和地区规定，政府官员、议会议员都不得是"裸官"。他们不能把资产转移到国外。而在我国却有如此庞大的"裸官"队伍，这实在不能不令人忧心和警惕。因为他们已在实际上使国家的政治、经济以至军事安全均处于一种危险的状态，并使国家和民族的凝聚力、向心力受到严重伤害。为了抑制裸官之害，我们必须采取坚决的应对措施。

1. 阻断裸官的升迁之路。近日，中共中央印发的《党政领导干部选拔任用工作条例》中明确规定，裸官不得列为考察对象，也就是说，他们不能得到提拔。这是十分正确的。裸官对自己的国家已无认同感，对国家的发展已无共建共享的信心，我们还能指望他们为国家贡献力量吗？！

2. 把裸官列为重点的排查对象。裸官的极端利己心态，决定了他们一定是贪腐的高发人群，无论他们是身任正职还是副职。因此，反贪部门在反贪的具体操作上，把他们列为重点排查对象是不会有错的。

3. 把裸官置于人民的监督之下。老子说，对于为官者，"百姓皆注其耳目焉"。老子主张，老百姓应对为官者们实施监督。我们应把裸官的相关信息公之于众，曝晒于阳光之下，巨贪裸官吴湛辉就是在拟升的公示期间被老百姓揭发出来的。总之，在公开裸官相关信息的同时，发挥老百姓的监督作用，对抵制裸官之贪，对深挖裸贪之官是十分必要的。

4.立法。我国应该学习世界许多国家的普遍做法，通过立法规定：政府官员不得是裸官。把自己的家人都移民到国外去的"裸官"们，表明其心早已离开了我们的国家，这样的人已经没有资格当人民的公仆了。

（三）高扬爱国主义旗帜必须加大对爱国主义的宣传力度。

从以上所述，我们可以知道，爱国主义精神是多么的宝贵，对今天中国人实现中国梦是多么的重要。为此，我们实在有必要加大对它的宣传力度，使中华民族这种兴国、强国精神得到更好的培育。

老子在《道德经》的第六十二章指出：

美言可以市尊。

这句话的意思是，体现大道精神的美好言词，价值取向，能得到人们的珍惜与尊崇，并受到它的教化。

遗憾的是，我们已经有好些年月没有对爱国主义精神的宣传给予足够的重视了。

易解放原住在上海，2000年和丈夫、儿子一起去了日本生活。有一天，全家讨论起年老后落叶归根，回中国该做些什么时，正在读大学三年级的儿子突然说："如果回国，我们去内蒙古种树吧。"当时，易解放觉得这是不可能的事，便问："种树的钱从哪里来？"儿子也回答不出来。这次对话两周后，儿子在放学的路上遭遇车祸身亡。白发人送黑发人的痛楚几乎压垮了易解放这位母亲。拿到儿子的生命保险金后，易解放突然想到，儿子用生命留下这笔钱，也许就是要我们去实现他的愿望吧。于是，她和丈夫决定，把在日本的家产变卖了，辞去高薪的工作，带着5000万日元回国实现儿子的梦想——到内蒙古植树。"回来种树"这只是一个念头，但把这句话变成现实，那种付出是极为巨大的。易解放成立了"绿色生命"组织，出任董事长。2002年起，与丈夫杨安泰，带着儿子的遗愿和"生命保险金"，来到内蒙古通辽市库伦旗的沙漠植树。她与当地政府签订协议，用10年时间种植160万棵树，用20年时间来保护这些树，并于20年后，将这些树全部无偿捐献给当地村民。

刚开始植树时，因为资金问题和交通不便，只有易解放和丈夫始终在第一线。面对重重困难，易解放没有气馁，而是始终信守诺言，义无反顾。为了植树事业，她捐献出了儿子的"生命保险金"和自己在日本打拼储蓄的1000万日元，还卖掉了上海的一处房产。为争取更多人的理解和支持，易解放经常穿梭于中国与日本之间，宣传呼吁演讲鼓动，竭尽所能向各界人士宣传生态保护的重要性。

在她的感召下，到内蒙古植树的各国志愿者人数逐渐增多。几年间，易解放带领一批又一批的国内外志愿者，以蚂蚁啃骨头的精神，每年消灭一片沙地，让一片片沙地恢复为绿洲。截至2013年，在她的带领下，已经在内蒙古的塔敏干沙漠种植了150万棵树苗，并已经长大成林，树林的面积相当于1300多个足球场那么大，共计13000亩。

除了植树，易解放夫妇还捐出25万人民币，在湖南省望城县建立了一所希望小学。

这是一个非常令人震撼的伟大爱国故事。易解放一家是爱国的一家，他们靠自己的本事、自己的劳动到国外打拼、赚钱，不是为了一家人过优裕的生活，而是为了叶落归根报效祖国。易解放的儿子，是爱国的好儿郎。与那些靠着父母吸取百姓的血汗钱，心安理得过寄生虫生活的裸贪之官的孩子不同，他立志学成之后回国到内蒙古种树，以自己的微薄之力去美化祖国大地，美化国人的生存环境。易解放是心中充满大爱的爱国女性。她把对儿子的爱和对祖国的爱融为一体，以自己一家之所有，以自己一家之所能，到荒凉的内蒙古沙漠过苦日子，成功地把那里的13000亩沙漠改造成绿洲，从而实现了儿子的遗愿。易解放及她的丈夫以自己的全部心力践行了老子的"水善利万物而不争，处众人之所恶，故几于道"和"圣人无积"的伟大思想。

如果我们的宣传部门、媒体能从爱国的角度切入，宣扬易解放一家的爱国精神，这会让贪腐的害国者感到无地自容，会让像钱学森、钱伟长、白芳礼这样的爱国者之英灵为之无比欣慰；会让植根于中国人民心底里的爱国情怀得以振奋激扬。

第二讲

《道德经》的变革创新精神

习近平总书记在十二届人大一次会议上,提出了实现中国梦必须弘扬中国精神的主张,并指出,改革创新是中国精神的重要时代内涵。他在2014年新年贺词中又指出:"我们推进改革的根本目的,是要让国家变得更加强大、让社会变得更加公平、让人民生活变得更加美好。"那么,老子在《道德经》中是如何论说他的变革创新思想的呢?我们就来讨论这个命题。

一、变革,是人类社会发展的真正动力

西方有一种学说认为,阶级斗争是人类历史发展的动力,而且是唯一的动力。那么,历史真的是这样的吗?

在老子眼中,一个国家只有治国者和百姓,即官与民这两个阶层,因此《道德经》中没有阶级和阶级斗争的字词,但老子说到了"官逼民反"这个国家政权更迭的动因。

老子在《道德经》的第七十二章指出:

民不畏威,则大威至矣。

老子在《道德经》的第七十四章又指出:

民不畏死,奈何以死惧之。

老子认为,当老百姓被逼到不再畏惧统治者的威权时,更大的社会危机就要发生了。在暴政苛政之下,老百姓没有了活路,必定会起来做拼死的反抗。

然而,老子并不希望官逼民反这种社会革命的屡屡发生,更不热衷对此进行鼓动。

老子在《道德经》的第七十二章指出：

无狎其所居，无厌其所生。夫唯不厌，是以不厌。

老子告诫统治者，千万别把老百姓逼迫到不得安居的地步，也不要把他们压榨到无法生存的境地。只要统治者不欺压、不剥夺老百姓，老百姓自然不会产生不满情绪，也自然不会起来反对他们。

老子为什么不鼓动阶级斗争、社会革命，反而主张消除社会革命的因素呢？

他在《道德经》的第三十章指出：

师之所处，荆棘生焉；大军之后，必有凶年。

这句话的意思是，以更迭国家政权为目的的社会革命所引发的战争一旦爆发，必然会造成尸骨遍荒野、荆棘满田园的悲惨景象。战争结束之后，还必然会引发连绵不断的瘟疫和灾荒之年。

老子通过审视我国自商汤、周武以至春秋战国这一千多年的国家政权更迭的历史认识到，这种以更迭政权为目的的社会革命并没有直接起到推动社会进步的作用，而受伤害的永远是国家和百姓。

老子身后的我国历史反复为老子提供了论据。战国后期，秦国人民参加了秦王嬴政发动的统一战争。六国灭亡后，秦王变成了秦始皇，可这个始皇帝却把天下变成了人间地狱。为了他生前的享受，他大修宫殿；为了他死后住得舒适，他大建陵墓；他不顾人民的承受能力，大修长城。为了这几项工程，全国的青壮年几乎都被迫离开了生产第一线，以致田地荒芜；为了满足这些工程的开销，他把赋税增加了20倍；为对付逃避徭役的民工和交不起赋税的百姓，他把全国变成了监狱和刑场。坑灰未冷山东乱，秦始皇掌握全国政权之后的倒行逆施，又引发了一场新的规模更大的以推翻秦朝为目的的战争，从而使更多的生灵涂炭，更大范围的经济受到破坏。

综观中国历史上官逼民反的历史，可以说那是一部"城头变幻大王旗"的历史，是国家不断受伤害，百姓不断被蹂躏的历史。

那么，历史的出路何在？

老子在《道德经》的第二十二章指出：

敝则新……是以圣人抱一为天下式。

敝：作为动词是"破除"的意思，作为名词是"旧"的意思。新：内含动词"推出"和名词"新"的意思。敝则新：就是破旧立新、推陈出新、变革创新。

老子这段话的意思是，破旧立新、变革创新，是圣人治国必须抱持和遵循的最高行动准则。

秦国改革家商鞅说："创新者生，守旧者亡。"

北宋改革家王安石说："天变不足畏，祖宗不足法，人言不足恤。"

中国当代改革家邓小平说："不改革就是死路一条。"

在不同的时空里，老子、商鞅、王安石、邓小平这些中华民族的永远的思想英雄都喊出了同一个声音：变革。

明末清初的三大思想家之一的王夫之，从上下历史比较中得出这样的结论："开元之盛，汉宋莫及矣。"中唐的开元年间，是唐朝乃至整个中国封建社会经济发展的鼎盛时期，也是当时世界最强大的国度。其经济之繁荣、科技之发达、军力之强大、社会之安定、人民之幸福，没有任何一个国家能够与之相比拟。史书对当时社会经济情况曾有这样的具体论述："开元期，上留心理道，革去弊讹。不六七年间，天下大治。河清海晏，物殷俗阜。安西诸国，悉平为郡县。置开远门，行地万里。入河湟之赋税满右藏，车纳河北诸道租庸充满左藏。财宝山积，不可胜计。四方丰稔，百姓乐业。丁壮之夫，不识兵器。人物欣然。"

那么，开元盛世是怎样得来的呢？改革！

武则天政权的晚期，朝政上的弊端已日益显露。武死后只8年时间，唐朝廷就发生了7次政变。唐玄宗李隆基登基之后，面临的问题很多。如皇亲国戚、元老功臣权力过大；朝廷机构臃肿冗员太多；贪污严重，办事效率低下；皇亲官贵，生活奢靡；食封家族，挤占国家赋税；徭役繁重，吏治腐败；土地兼并，农民逃亡；府兵制度难以为继；等等。

针对以上的存在问题，李隆基每天睡三更起五更，勤政图治。他高举变革的大旗，坚决实施一系列的改革：1.整顿吏治，以政通事遂。2.限制王亲功臣权力，以安定政局。3.修改食封制度以阻止封家对国家赋税的分割。4.广开财源，以增加财政收入。5.开展人口登记和查田，以没收土豪兼并和瞒报的土地。6.给逃亡农民以耕地，以促农业生产。7.层级带头节俭，以抑奢靡之风。8.变府兵制为雇佣兵制，以增强军队的战斗力。

其实，我国历史上凡是兴旺强盛的朝代和年代，如文景之治、中汉盛世、贞观之治、开元之治、北宋盛世，无一不是改革创新的结果。

我国近30年的巨大变化，更是一场历史性的大变革带来的。

新中国成立之后的头30年，由于政治运动不断，不当的经济政策层出不穷，国家经济自1957年起便每况愈下，文革期间，我国人均GDP在100美元上下徘徊，成为当时世界最贫穷的国家之一。一个千年的经济大国竟变成了一个可怜的经济袖珍小国。文革后期，我国经济更是到了崩溃的边缘。文革结束之后的第二年即1978年，我国的人均GDP才回升到180美元。之后，我国走上了改革开放之路，实施了一系列的改革措施，其中最重要的是：1.摒弃以阶级斗争为纲的口号，告别政治运动，把全党的工作重心转移到经济建设上来。2.还土地使用权和生产自主权给农民。从而使我国发生了令世界震撼的巨大变化。30年里，我国经济以平均10%的速度增长，人均GDP从180美元增至6000美元。我国的经济总量已先后超越法、英、德、日而成为世界第二大经济体。当今中国已成为举世公认的经济、科技、军事大国，国际地位也日益提高，它正以昂扬的姿态屹立在世界的东方。

中国的全部历史告诉我们：1.没有变革相伴随的新生政权不具有推动社会前进的功能。因此，阶级斗争只是改朝换代的工具。2.革新与守旧是贯穿于人类历史的主要矛盾。因此，变革创新才是人类社会发展的真正动力。3.我国近30年不搞阶级斗争和政治运动却换来了大发展的事实，则有力地反证了：人类历史发展的真正动力不是阶级斗争而是变革创新。

二、变革，必须解放思想

我国近 30 年改革开放的历程告诉我们，解放思想是改革的先导，是开路的警车；而且，它必须伴随改革过程的始终。

破除维护旧体制的旧思想、旧观念、旧理论、旧法规，开创有利于改革开放的新思想、新观念、新理论、新法规，这也应是老子"敝则新"的应有之义。

深谙老子思想的我国当代改革开放运动的先锋胡耀邦，深知解放思想的重要，并亲自组织和指挥了这场解放思想运动。他利用主持中央党校、中组部、中宣部和中央书记处的有利条件，以一种"天变不足畏，祖宗不足法，人言不足恤"的大无畏精神，向维护旧体制的旧思想、旧观念、旧理论、旧法规发起了冲击。1977 年，他率先提出了"以实践检验路线是非的标准"这一命题，接着组织了"实践是检验真理的唯一标准"的大讨论。1978 年，他又针对"两个凡是"，提出了"两个不管"的理论和方针。他说："凡是不实之词，凡是不正确的结论和处理，不管是什么时候，什么情况下搞的，不管是哪一级组织，什么人定的、批的，都实事求是地改正过来。"它，像匕首，像投枪直插"两个凡是"的要害。

身处中国历史大变革的前期，每前进一步都要付出十倍、百倍的智慧和勇气。在当时"两个凡是"势力笼罩一切的情形之下，胡耀邦所做的一切都是需要胆识的，正是由于有一批像胡耀邦一样的志士仁人的舍命抗争，才使现代的中国迎来了一个改革开放的春天。

改革必先解放思想，胡耀邦用一场伟大的、波澜壮阔的思想解放社会实践对老子的变革思想做出了精辟而令人信服的阐析。

我国的改革已进入深水区的今天，解放思想则显得更加重要。那么如何才能使新一轮的解放思想取得更好的成效呢？

亚里士多德认为："文化思想的创造需要三个基本条件，一是天才人物对学问的真兴趣，二是充分的思想自由，三是充足的闲暇（时间之保证）。"历史告诉我们，凡是政治上相对自由、宽松的时期，几乎都是思想文化比较繁荣的时期。无论是西方的古希腊罗马时代，还是东方的春秋战国时代，都因宽松的环境而出现了思想文化的大繁荣，从而奠定了世界文明的基础。也就是说，没有自由和开放的社会政治氛围，就不可能有柏拉图、亚里士多德和老子、孔子、庄子、墨子、孙子这样一批伟大思想家的诞生。而充分的思想自由正是我们今天解放思想的前提和保障。自由，是天赋人权，是我国宪法赋予的每个公民的权利，也是党的十八大政治报告中所倡导的社会主义的核心价值观的重要内涵。

孙中山先生把老子誉为中国的自由之神。美国研究中国经济的专家、卡托研究所副总裁邓正莱指出："中国的前程，在于通过信奉和拓展老子的天道思想而回到本国的自由传统。《道德经》就是中国的自由宪章。"比利时学者、诺贝尔奖得主普利高津指出："道家的思想在探究宇宙和谐的奥秘、寻找社会的公正和公平、追求心灵自由和道德完满三个层面上，对我们这个时代都有新启蒙思想的性质。"

我在研究《道德经》之初，曾从它那五千言中反复寻找，却无论如何也找不到"自由"这样的字词，并一度感到很茫然。我反复斟酌了《道德经》的第十七章后，才得以豁然开朗。

老子在《道德经》的第十七章说：

太上，不知有之。

老子告诉我们，通过实施无为政治，能使广大百姓仿佛感觉不到它存在的政府是最好的政府。政府只是为百姓服务的工具，而不是滋扰和管束百姓，更不是施百姓以权力威慑的国家机器。在这样的政府治理下，百姓享有充分的自由、民主权利，并与政府相安无事。

原来，老子的自由精神正是洋溢在"不知有之"这样的字里行间。

那么，我们应如何去运用老子的自由精神去推动新一轮的思想解放呢？我认为，我们应该在破、立、保三个字上下功夫。

所谓破，就是破除一切不利于思想自由、思想解放的精神枷锁，为此，首先得破除传统的愚民思想。

2009年，教育进展国际评估组织对全球21个国家进行了调查，在21个受调查的国家中，中国孩子的计算能力排名第一，想象力排名倒数第一，创造力排名倒数第五。于是美国有专家说，中国没有希望。日本的学者则说，中国没有前途，因为中国的孩子没有人仰望天空。这是一个关系到民族未来的一个极其重大的问题。我们不能不承认，它是我国长期以来进行奴化教育，推行愚民政策所结出来的果子。孔子是奴化训导的祖师爷。他说："非礼勿视，非礼勿听，非礼勿言，非礼勿动。"孔子说的"礼"指的不是礼貌，不是高尚的道德情操，而是以等级制度为核心的礼制秩序。孔子要求人们对有违于上尊下卑的、不合礼制的话不要听、不要看、不要说，有违于"礼"的事不能做。孔子还说："君子有三畏——畏天命、畏大人、畏圣人之言。"当代的愚民大师林彪则说："一句顶一万句。""理解的要执行，不理解的也要执行。""老实听话，紧跟照办。"作了茧的蚕，是不会看到茧壳以外的世界的。这样的精神枷锁，不仅严重禁锢着中国人的思想解放，也严重压抑着中国人的想象力和创造力。因此，我们必须坚决彻底地把它予以破除。

要破除一切不利于思想自由、思想解放的精神枷锁，再要打破祖宗之法至上观念的桎梏。

祖宗之法至上的要害是不允许触动一切旧思想、旧观念、旧理论、旧法规，反对用新思想、新观念、新理论、新法规去解决社会发展遇到的新问题。一言以蔽之，就是不允许改革。我国历史上那些反对改革的人没有一个不是视祖宗之法为至上，并视之为法宝的。慈禧整治光绪变法，打的就是祖宗之法的旗号。她说："天下者，祖宗之天下也，汝何敢任意妄为！诸臣者，皆我多年历选，留以辅汝，汝何敢任意不用！乃竟敢听信叛逆蛊惑，变乱典型。何物康有为，能胜于我选用之人？康有为之法，能胜于祖宗所立之法？汝何昏愦，不肖乃尔！"她又呵斥道："变乱祖法，臣下犯者，汝知何罪？试问汝祖宗重，康有为重？背祖宗而行康法，何昏愦至此？"当前我国所进行的这场改革开放运动之初，反对者祭出的同样是祖宗之法的旗号。

然而，祖宗之法至上的观念，是违背唯物辩证法认识论之精神的，是阻挡社会进步的精神武器。一个墨守成规，不能与时俱进的民族，是没有前途、没有希望的民族。因此，对于祖宗之法，我们应该以王安石的"祖宗不足法"的无畏精神和两分法的观点予以面对：但凡有用于今天的，我们坚决用之，凡无用于今天的，我们则应坚决弃之。

要破除一切不利于思想自由、思想解放的精神枷锁，还要清除极"左"思潮的影响。

近百年来，由于"左"的指导思想在我国、我党长期占据统治地位，而我们又忽视对极"左"思潮的批判和清算，因此，它的影响是根深蒂固的。

回顾改革开放30多年的历史，你能看到：我国有一批逢新必反、逢革必反、逢变必反的官员和学者。"四人帮"倒台之后，农民纷纷要求包产到户，他们立即进行鞭挞，说这是走资本主义道路。胡耀邦组织《实践是检验真理的唯一标准》大讨论时，他们说，要害是否定毛泽东思想，反对毛主席。当他们到特区看了之后，便说：革命革了几十年，一夜回到解放前。当流行歌曲走上舞台时，他们斥之为靡靡之音……他们的言论、观点尽管已被改革开放的列车碾得粉碎，但仍然屡败屡战，一以贯之。

他们特别喜欢打压批判旧制度、旧思想、旧观念、旧法规的舆论。他们肆意践踏宪法和法律，剥夺人民的合法权利，把宪法中"公民有言论自由"的规定踩在脚下，把党的十八大报告中"必须坚持人民主体地位"的精神视若无睹，更把我党早已宣示的"百花齐放，百家争鸣"的方针弃之如敝屣，试图消灭一切他们所不喜欢的民间舆论。历史表明，万马齐喑的局面绝不是理想的政治局面。当年，反对"大跃进"、反对"文化大革命"的声音，曾被斥之为杂音、噪音，甚至是反动之音。可后来的历史证明，那是一种好声音、理智之音。对于一些历史事件、历史人物也许需要五十年甚至百年以后才能给予客观的评判，而过早地下定论未必有好处。因此，我们应该允许不同意见的出现、存在和争论，而不应傲慢地把凡与自己的主张不合的意见斥之为杂音和噪音。邓小平曾告诫全党："一个革命政党，就怕听不到人民的声音，最可怕的是鸦雀无声。"他还指出:"一听到群众有一点议论,尤其是尖锐一点的议论,就要追查所谓'政治背景'、所谓'政治谣言',就要立案,进行打击压制,这种恶劣作风必须坚决制止。"

到了今天,这些习惯了极"左"僵化思维的官员学者,只要看到或听到在他们那极左话语体系中找不到的语言,仍习惯挥动"否定党的领导"这根棍子实施打压。邓小平同志说:"中国要出问题,还是出在共产党内部。"也就是说,在当今中国,只要共产党不专制、不腐败、不脱离群众,不消极怠工,就没有人能否定她。换句话说,除非共产党自己,没有谁能打倒她;更何况,共产党的领导被否定绝非是当代中国人民的福音。这些思想守旧、思潮极左的人,总认为自己是站在道义的制高点上,是最革命的。而事实上,正是他们在挑动群众与党的对立,在为我国的改革开放处处设置路障,起阻碍作用。所以我们希望,这些官员学者们能主动摒弃极"左"的、守旧的、与时代不合拍的思维,为新一轮的思想解放发热发光。也许会有人反问,难道他们就没有表达自己观点的权利吗?伏尔泰说:"我不同意你所说的每一个字,但我誓死捍卫你说话的权利。"我认为,这应成为现代社会中裁定言论自由和公民话语权尺度的基本标杆。但我还认为,作为一个有良知的官员和学者,自问一下自己的观点、言论对改革开放、对社会发展是有利还是有害,恐怕也是不难做到的事情。

中国的希望,归根到底就在于科学技术的创新和自由民主精神的发扬光大,否则中国就不会有希望,因此,在新一轮的解放思想中,我们一定要非常坚定地破除传统愚民思想和祖宗之法至上观念的桎梏,并清理极"左"思潮的流毒。

所谓立,就是确立有利于思想解放的认识路线,就是要坚持实事求是,坚持两分法,坚持实践是检验真理的唯一标准的认识路线。

邓小平在1978年就指出:"一个党、一个国家、一个民族,如果一切从本本出发,思想僵化,迷信盛行,那它就不能前进,它的生机就停止了,就要亡党亡国。"

习近平总书记说："创新是一个民族进步的灵魂，是一个国家兴旺发达的不竭源泉，也是中华民族最鲜明的民族禀赋。"

真理是不怕质疑的。真金不怕火炼，真理在被质疑中不会变成谬误，而只会闪烁出更加夺目的光芒。

不质疑就不能见真理。真正的科学精神，是要从正确的批评发展起来的，真正的科学成果是要经得起实践的检验的。

李四光说："科学的存在，全靠它的新发现；如果没有新发现，科学便死了。"对现成的学说提出质疑，发现修正其谬误，从而提出新的观点和思想，这正是科学的任务、科学工作者的任务。

在我国，这种质疑思维是有着良好之传统的。人们敢于对天命、对圣人之言，对居上位者之旨意提出质疑。唐朝丞相魏征一生中，对皇帝李世民的言和行提出了二百多次的质疑、批评、劝告，从而造就了李世民这个千古一帝。开元四年，山东发生大面积蝗灾。地方官员和百姓不敢捕杀蝗虫，反而祭天祈福消灾，连唐玄宗都担心灭蝗会违背天命。宰相姚崇列举魏时不敢灭蝗导致草木皆尽、饥荒遍野甚至发生人吃人现象的事例劝谏玄宗，指出修德免灾并非对灾祸听之任之，如果为了保护蝗虫而牺牲人命并招致国家危殆，才是真正的违抗天命。大臣卢怀慎认为天灾非人力可以灭除的。姚崇大声驳斥道："扑杀蝗虫解救百姓是善举，如果上天降灾祸，全由我姚崇一人承担，决不推诿。"姚崇为民请命的坚强决心终于打动了唐玄宗，玄宗遂下令灭蝗，最终使百姓免于灾难，天下太平。

2009年笔者出版《再生的老子》一书时，出版社把稿中一段评说"文革"的文字删去了。这使我感到很不解。对历史，不管哪个时代；对个人，也不论是什么人，成绩说够问题讲透，这才是实事求是和正确对待历史的态度。成绩说够，是为了坚定信心、增强前进的合力；问题讲透，是为了吸取教训，防止重蹈覆辙。这才能达到以史为鉴的目的，这才是实事求是地对待历史的应有态度。更何况，一个忘记过去灾难的民族，将要面临重复过去灾难的危险。令我高兴的是，这种划史为牢的做法，在近几年已有了很大的改变。

英国的历史学家卡莱尔说过："把伟人当作神，这是一个粗俗的错误。"总之，唯君者讳、唯圣者讳、唯师者讳，都是一种粗俗的愚昧、粗俗的错误。刘源说：刘少奇造了毛泽东这个神，却为此付出了生命的代价。因此说，这"讳"那"讳"，对开明的君者、圣者、师者来说简直是一种污辱，对人们的思想解放则是一种桎梏。

理论要发展，不能没有观点上的交锋，遗憾的是，我们往往把对观点的推敲变成了禁区。

因此，解放思想必须坚持实事求是、坚持两分法、坚持实践是检验真理的唯一标准这条认识路线。

所谓保，就是保护那些思想解放的先驱。

胡耀邦是20世纪七八十年代我国思想解放的先驱。他之所以能成为先驱，除了他个人的舍身为国为民的品质和高超的智慧等条件之外，也离不开一批像叶剑英等老一辈革命家的强有力的保护。

袁庚，是当时我国特区建设一个最具标杆性的人物。他以临近退休之年主动请缨创建深圳蛇口工业区。他首先提出"时间就是金钱，效率就是生命"的口号；他敢于冲破姓社姓资的禁区，顶着非议率先引进外资；他倡导报纸公开批评包括他在内的工业区领导；他尝试将领导班子的选举、监督、罢免权交给群众。正是由于有中央和广东省委的直接保护，他的超前意识才能化为效率和金钱，他的改革实践才得以在全国发挥引领作用。

美国历史学家悉尼·胡克在他的《历史中的英雄》一书中把政治英雄称为行动英雄，把启蒙英雄称为"思想英雄"。英国历史学家卡莱尔则提出了"文人英雄"的概念，他认为："文人英雄是我们最重要的现代人，是所有人的灵魂"，"是引导世界在其黑暗的长途程中穿过时间的荒野的世界之光。"他还认为，"文人英雄将作为未来的英雄的主要形式而存在。"

所谓思想英雄、文人英雄，就是那些为了社会进步、人类幸福而能言人所未言，敢言人所不敢言的人。他们的话语，观点虽然会令当时的人们感到刺耳、惊愕甚至不能容忍，可那却是真理之光，世纪之光。他们无愧是人类的灵魂。

20世纪的六七十年代，我国也出现了一批思想先驱、文人英雄。被誉为伟大的农民思想家杨伟名，于1962年给中央上了一份万言书。他如实地分析了当时农村的恶劣形势并提出了救治的办法和措施。他提出的思想和办法，无论当时还是今天看来都是十分正确的。青年工人遇罗克于1965年就写文章批判姚文元，指出他是个跳梁小丑。他批判陈伯达用吹捧封建帝王的词句歌颂毛泽东。他对"文革"的许多做法提出质疑。共产党员张志新从1967年起就质疑、反对、批判"文化大革命"……其实他们并没有想着要当什么思想先驱、文人英雄，而只是希望人民的日子能好过些，国家能像个国家的样子，并为此讲了些大真话、大实话罢了。可惜的是，时代却把这些先驱全变成了先烈。

改革开放之后，把先驱变成先烈的情况已不见了。但是决策者的行动落后于有识之士的思想的现象却屡见不鲜。例如"独立司法"，早就有人提出来了，然而却受到一次又一次的批判和打压，直到党的十八大，"确保审判机关、检察机关依法独立公正行使审判权、检察权"这样的文字才被写进大会报告里。由于政治的复杂性，领导集团的行动跟不上有识之士思想的现象也许会是一种常态，但使思想先驱者们不受伤害、不受委屈而受到保护，则应是我们的治国者们应尽的政治责任。

习仲勋在全国人大常委会任副委员长期间曾说："一切改革都来自不同意见，创新就是对现状的扬弃。无论社会科学和自然科学领域，不同意见都面临着旧规则、旧秩序的压力。真理是对谬误的纠正，而真理在开始时只能被少数人掌握。对重大问题的不同意见，开始时也只能是少数人提出。保护不同意见就是保护真理的萌芽，保护和促进改革。"为了使不同意见者不被追究刑罚，也免受其他处分，做到畅所欲言，他提出了制订《不同意见保护法》的主张，虽然我国至今尚未有此法，但保护不同意见者，应是我党、我国政府的一项政治任务。

著名数学家丘成桐院士说："为什么中国至今无人获诺贝尔奖？为什么

会有钱学森之问？症结在于中国学者缺乏科学精神。"什么是科学精神？钱学森说："科学精神最重要的就是创新。"就是对旧有规则、秩序、结论的质疑、挑战和扬弃。这些年，总会有教授这样问笔者，你某书某句话是否有领导说过？我每次听之，都会感到十分的悲凉和难过。我们的知识精英思想尚且如此禁锢，我国的科学如何能发展，民族如何能兴旺？！

真理，永远是由少数人发现的，为此，李四光说："真理哪怕是只见到一线曙光，我们也不能让它的光辉变得暗淡。"为此，我们应该学习马寅初坚持真理的精神。他说："言人之所言，那很容易；言人之所欲言，就不太容易；言人之所不敢言，就更难。我就言人之所欲言，言人之所不敢言。"

一个精神禁锢、不能自由思想的民族，一个不敢对现成学说提出质疑、不能发现真理的民族，一个不能保护思想先驱、保护真理曙光的民族，是没有希望的民族。一个不让自由思想的政府，则是一个误国的政府。

思想解放有多深，改革就有多深；思想解放有多好，改革就有多好。运用老子所倡导的自由精神，推动新一轮的思想解放向纵深发展，这应是当今我国推进改革开放所需要的。

三、变革，必须全面、持续、有序地进行

党的十八大报告指出：必须坚持推进改革开放。牢牢把握这个基本要求，对于充分激发全社会的创造活力，为中国特色社会主义胜利前进提供强大动力具有重大意义。

（一）改革必须是全面的、全方位的。

老子在《道德经》的第二章指出：

有无相生，难易相成，长短相形，高下相倾，音声相和，前后相随。

这句话的意思是，有与无、难与易、长与短、高与下、音与声、前与后，这种相反相成、正反相依关系，在自然界和社会中是普遍并永久地存在的。

老子揭示了世间万物万事内部正反（矛盾）双方存在的相反相成、相依相存的辩证关系。牵一发而动全身，社会事物这种相依相存的关系，就决定了社会改革是不能孤立的、单个的，而必须是全面的、全方位的。

改革开放之初，邓小平喊出了"让一部分人先富起来"的口号。在那视富裕为资本主义、为危险，而视贫穷为光荣、为革命的年代，邓小平提出这一思想是非常正确的。实践已经证明，它对推动个体经济的发展，民族工商业的起步和整个国家经济的壮大起到不可估量的作用。没几年，邓小平又告诫全党，必须重视共同富裕的问题。为什么？因为富与贫是相依相存的。邓小平当初号召一部分人先富起来是为了让他们带动更多的人富起来。但如果任由富者越富，贫者越贫，不仅不合乎社会主义的分配原则，而且会引发社会动荡。遗憾的是过去我们对此给力得很不够，以至分配越发不公，贫富越发悬殊。例如，改革前我国企业人员1级与国家干部最低级的工资水平是基本持平的，企业8级与国家干部17级的工资是相仿的。那时实行的是单轨的退休计付制度，即按同一个折扣标准计付退休金。现在在职的公务员与企业人员的收入比例是否合理，我们姑且不去讨论，但退休制度的不合理是明摆着的。因为公务员比企业人员的退休金高出1倍、2倍甚至3倍以上，而且差距越来越大。这样不合理的退休制度不改革能行吗！

近30年来我国的经济体制方面的一系列改革的确取得了举世瞩目的成绩，腐败却越演越烈。为什么？是因为政治体制的改革没有跟上。广东省省长朱小丹说："权力制约最管用的办法是人民的监督。"人民的监督需要建立起一系列的相应制度，但在人民无权决定官员去留的情况下，人民的监督就无法到位。这就表明，为遏制腐败而进行一系列的配套的政治改革就必须提到议事日程上。

（二）改革必须是持续的。

改革不能毕其功于一役，而应是贯穿于我国未来发展的全过程，也就是说，改革只有进行时，没有完成时。

老子在《道德经》的第四十章指出：

反者，道之动。

这句话的意思是，宇宙万物向它的相反方面运动转化，这是道所固有的本性和法则。

老子在《道德经》的第五十八章又指出：

祸兮，福之所倚；福兮，祸之所伏。孰知其极？

这段话的意思是，祸患的事件中倚伏着幸福的种子，幸福的事件中潜伏着祸患的根苗。那么，祸与福是怎样转化的呢？它们之间存在一个界限，一旦超过这个界限，祸就会转化为福，福就会转化为祸。这叫物极必反。

老子以"反者，道之动"和"孰知其极"（物极必反），揭示了辩证法的否定之否定和质量互变这两大定律。他告诉世人，事物向它的相反方向转化，是一个周而复始、循环往复而没有完结的过程。因此，让事物向有利于社会发展、有利于人类的福祉并防止它向不利的方向转化，正是社会变革的任务和使命，而这种变革是一个没有完结，不断深化的过程。

过去，我们对国企采取了抓大放小等改革措施，也取得了很好的效果。但当今的国企在发展的同时也呈现出不少的问题。如果不作深化的改革，国企就有可能成为腐败的温床，分配不公的基地，劣质服务的堡垒，国有资产甚至会沦落为权贵集团的囊中物。为了不让以上的状况发生，国企的深化改革就不能回避了。

（三）改革，必须有序地进行。

所谓有序，就是要按客观规律办事，按人类社会发展规律办事，按有利于实现中华民族复兴的中国梦的目标办事。

老子在《道德经》的第二十五章指出：

人法地，地法天，天法道，道法自然。

老子告诉世人，万物万事都有其所固有的内在秩序、生命规律和发展趋势。无论是天、地或人类都要尊崇它、遵循它，而不能违背它。老子是在提醒我们，改革不能随心所欲，不能痴心妄为，而必须合乎客观规律、自然理法和人类社会发展的规律。

令人高兴的是，习近平总书记主持起草的党的十八大报告提出了共产党执政，社会主义建设，实现中国梦所必须遵循的规律和理法。它就是："必须坚持人民主体地位，必须坚持解放和发展社会生产力，必须坚持推进改革开放，必须坚持维护社会公平正义，必须坚持走共同富裕道路，必须坚持促进社会和谐，必须坚持和平发展，必须坚持党的领导。"这样我们改革就有了明确的衡量标准，有了可遵循的规律、理法、原则或准则。凡是符合"八大坚持"的改革，我们就坚决推行；凡是不符合"八大坚持"的改革方案，我们就让它胎死腹中；凡是发现改革进程中出现有损于"八大坚持"的，我们就给予及时的检讨和纠正。

只要我们在今天和未来的改革中，切实遵循以上这"八大坚持"，我们就一定能建设起一个富强、民主、文明、和谐的国家，打造出一个自由、平等、公正、法治的社会，培育出爱国、敬业、诚信、友善的国民来，伟大的中华民族的复兴梦也一定得以实现。总之，我们的改革只要遵循"八大坚持"就能避免走错路、走弯路，就能一往无前，从胜利走向胜利。

四、变革、必须善始善终

通过改革促进发展，通过发展实现稳定。这是我国历史上一系列重大变革的经验总结。因此，我们不仅要坚定地实施改革，而且要使每一项改革做到善始善终。

老子在《道德经》的第六十四章指出：

民之从事，常于几成而败之。故慎终如始，则无败事矣。

这段话的意思是，世俗之人做事由于不能善始善终，往往会在事情接近成功的时候遭到失败。所以我们做事必须做到慎始慎终，这样就会少有失败的事了。

变革，是一项既伟大而又艰难的事业，它的成败直接关乎到人民的福祸，国家的兴衰。

宋仁宗支持范仲淹推行的庆历新政失败之后，宋朝的危机日益加深。由于大官僚、大地主的兼并和剥削越来越严重，农业萧条，田赋收入没有保证，可是政府的开销却成倍地增长，这就造成了财政上的困难越来越大。宋神宗即位以后，急于改变这种垂危的局面，巩固自己的统治地位，于是起用王安石主持改革。王安石新法的主要内容有：1. 青苗法：每年春天青黄不接的时候，政府以较低利息贷款或借谷给农民，秋收以后偿还，使农民避免地主豪绅的高利盘剥。2. 免役法：政府向服役的人家收取免役钱，雇人服役，使原来不负担差役的官僚、地主也要出钱。这就减轻了农民的差役负担，保证了他们的生产时间。3. 农田水利法：政府奖励各地开垦荒地，兴修水利，发展农业生产。4. 房田均税法：政府重新丈量土地，按照土地的好坏，规定纳税的数目，官僚、地主不得例外。新法推行之后，全国兴修的水利工程一万多处，灌溉土地达到三千六百多万亩，使人民得到了好处，国家增加了赋税。王安石的变革是从解决社会的不公，尤其是财富分配上的不公着眼和着手的，而这正好触动了大官僚、大地主的既得利益。王安石的变法受到了他们的代理人——朝廷的保守派大臣以及宋仁宗的曹后和英宗的高后的极力反对，宋神宗死后，新法便被废除。北宋也因此失去了难得的一次中兴机会，从而加速走向衰败。

在中国历史上，也有很成功的改革。除了唐玄宗的开元改革之外，还有并不为许多人所知晓的汉武帝所领导的那场改革。

经过文景两帝的苦心经营，汉初的经济已有很大的发展，汉朝政权也得到了巩固；但也出现了社会公平公正缺失日益严重的状况。其主要表现在：1. 地主和豪强大肆兼并土地，使大量农民流离失所。2. 官商勾结，垄断市场，囤积居奇，操控物价，牟取暴利。3. 权贵们生活奢靡。造成的后果是：1. 贫富进一步分化，农民和市民生活艰苦；2. 税收流失，国家财力有限；3. 社会风气受到严重毒化；4. 无地可守、无家可卫的农民不愿为国捐命，过惯了奢靡生活的富家子弟则贪生怕死，以致国土辽阔、人口众多的汉朝在匈奴的烈马强弓之下不堪一击。

汉武帝掌权之后,毫不犹豫地使出了两把刀子,一是软刀子,一是硬刀子。他用软刀子对付地方豪强,命令他们举家迁徙。汉代财富的表现形式主要是土地和房产。政府对豪强的土地和房产进行折价评估,规定凡是财富在300万钱(相当于今天的亿万元)以上的巨富豪门限期一律迁徙到京城北边的茂陵地区,逾期不迁者按抗旨论处。这些豪强只好贱卖土地和房产,政府于是出面把他们手中的千万亩良田收购起来,然后把它分给那些无地的农民。为了帮助农民购买种子和农具,政府向农户提供低息贷款。三年后折成实物偿还。汉武帝这把软刀子,使赤贫农民得以安居乐业,使全国粮食产量和农业税激增;与此同时,那些豪强也在迁徙茂陵的过程中被"均富"了。对于那些勾结官员,搅乱金融,垄断市场,牟取暴利的不法商人,汉武帝使出了他的硬刀子,这就是严刑峻法:判他们以重刑、没收他们的财产。

通过以上软硬兼施的改革措施,使汉初几十年累积起来的贫富分化得到了极大的缓解。汉武帝政权早、中期表现出来的强势,正是在这一变革的基础之上产生的。

以上两个例子首先告诉我们,变革在任何时候都会遇到阻力的,这阻力正是来自既得利益的权贵集团;它同时表明,阻力越大的变革事项,其变革往往显得越发重要,越发紧迫,越发需要我们下定决心把它进行到底。

刘铁男的惊人腐败就给了我们这样的警示:行政审批改革刻不容缓,而且必须进行到底。

行政审批之害,首先是使一大批握有行政审批权的官员变成了腐败分子。在中央的部局一级,在刘铁男之前,已有药监局局长郑筱萸,国土部部长田凤山等被揭露并落马,郑筱萸还被处以极刑。《羊城晚报》报道,广东某县国土局3年4任局长先后被判刑。其实,这在我国握有行政审批权力的基层部门来说,已是屡见不鲜的现象。行政审批孵化出的贪官大大地膨胀了我国我党腐败的社会基础。其次是苦了百姓、苦了地方和企业。2013年7月,《南方都市报》刊发了一篇长文,报道了一个令人悲痛的故事。15年前,一名港商在某省某市购买了一块商住用地，由于规划三番五次地改动，令他无休止地花钱但就是无法开工，从而导致他倾家荡产。这名港商是有能力请客送礼的人，求国家机关办事尚且如此之难，没能力请客送礼的寻常百姓要求政府办事那简直比登天还难了。再次是误了兴国的好机遇。周有光说，第二次世界大战之后，他去美国走了一趟，发现美国的办事效率很高。他又说到日本有一个调查团，对美国的办事效率进行了几个月的调查，结论是，一个美国人可以抵十五个日本人。周有光于是明白了，这正是美国比别的国家富强的一个重要原因，没有政府的办事效率，就不会有国家的发展速度，就不可能有中华民族的伟大复兴。可以说，我国行政审批这种现状是会把我国的发展速度吞噬掉的。因此，这绝不是一件可以等闲视之的小事。

行政审批方面的腐败，损害了党和政府的形象，也加剧了官民关系的对立和紧张。那么，我国的行政审批机关究竟是一个什么样的所在？《羊城晚报》2013年8月13日的时评指出："那是一个权力狂欢的所在，是一个彻底人治化的现代衙门。"

如何医治我国行政审批的痼疾呢？李克强总理提出，一是削权，二是放权。但削权与放权，一定会受到既得利益者的阻挠，因此指望权力部门自我削权和放权，便如同与虎谋皮。再说，只要审批权还存在，无论它掌握在哪一个层级，哪一个人手中，腐败仍然会发生。为此，我们必须针对行政审批出台一套完善有力的管治办法，它应包括：1. 明确审批责任人；2. 确定审批期限；3. 定期公示审批进度；4. 开通投诉渠道；5. 实施问责追责。从而使权力和权力运行受到实实在在的监督。

行政审批制度的改革能慢慢来吗？能不把它改革进行到底吗？答案只能是否定的。尽管改革必然会遇到重重的阻力，但只要我们的治国者以社会的发展为念，以国家的前途为念，以百姓的福祉为念，以舍得一身剐，敢把皇帝拉下马的气概和决心，依靠群众，坚持不懈，就一定能取得成功。

当前，我党正进行一场整风——以反对形式主义、官僚主义、享乐主义与奢靡之风为内容的群众路线教育活动。这是我国将要开展的全面、深化的改革的前哨战。群众欢迎它，但担心它有头无尾，半途而废；贪腐官员与所有的既得利益者则以顶风作案的行动去对抗它，并希望它不了了之。因此我们必须要有壮士断腕的决心，坚忍不拔的意志、科学而有力的措施，并做到善始善终，只有这样才能把我国的改革进行到底，才能迎来中国梦的实现。

改革有风险，但不改革党就会有危险。

老子在《道德经》的第七十八章指出：

天下莫柔弱于水，而攻坚强者莫之能胜。

这句话的意思是，天下没有什么东西比水更为柔弱的了，但攻强摧固的能力没有谁能胜过它的。

萧冬连在他的《国步艰难》一书中指出："如果说世界上有两个坏东西，一个是贪婪的资本，一个是腐败的权力。还有比这更坏的，就是权力与资本的合谋与分账，即所谓权贵资本主义。"权贵资本主义已成为当今中国改革最大的阻力与障碍，为此，我们只有以一种水的攻强摧固气魄去面对它、解决它，才能使我们的改革达至胜利的彼岸。

不改革就不会有已取得了辉煌成就的我国的今天，不改革也就不会有更加美好的我国的明天。"变革者生，守旧者亡"；"天变不足畏，祖宗不足法，人言不足恤"；"改革只有进行时，没有完成时"；改革必须善始善终。它所体现的正是老子的变革创新精神。

第三讲

《道德经》的无为而治精神

在中国古代,有人把《道德经》叫作《无为经》,可见,无为是《道德经》中的一个非常重要的思想。接触《道德经》之初,我曾看过一些解读它的书。有的学者说,"无为"就是少干事或不干事。《道德经》中有一句话,叫作"无为而无不为",有学者把它解读为,表面上什么都不做,背地里什么都敢做。这使我感到很困惑。既然《道德经》是教人学懒的、学坏的,老子为什么要写这样一部书,而它又为何能流传到今天?

那么"无为"究竟是一个怎样的概念呢?

无为、清静无为、无为而治,是意涵相近或相同的概念。

老子在《道德经》的第六十四章指出:

(圣人)辅万物之自然,而不敢为也。

这句话的意思是,心中有道的人只会按合乎自然规律的原则行事,而不会胡作非为。也就是说,无为的精神实质是按自然法则和社会法则办事,而反对不应有的作为或胡作妄为。

美国学者弥尔敦说得好:"无为的真精神,不是一无所为,而是善其所为。"

日本学者福田光同则是这样认识的,他说:"老子的无为,乃是不恣意行事,不孜孜营私,以舍弃一己的一切心思记虑,一依天地自然的理法而行的意思。"

老子在《道德经》的第五十七章指出:

以正治国,以奇用兵,以无事取天下。吾何以知其然哉?以此。

老子这段话的意思是,治国者如能以清静无为的方略治国,以出奇制胜的计策用兵,以不扰民、不伤民的方针施政,就必能令天下太平、百姓安居乐业。我为何知道世情是这样的呢？依据的正是道化天下这个道理。

《史记》记录下这样一首歌颂清静无为的民歌，歌词是："萧何为法，整齐划一。曹参代之，守而勿失。载其清静，民以宁一。"歌词的意思是，萧何与曹参都奉行清静无为政治，百姓因此得以过上好日子。《史记》中还有这样的记载："文帝本修黄老之言，不甚好儒术，其治尚清静无为。"这是说，汉文帝自小用功读《老子》，对儒家学说则不大感兴趣。他推崇的是老子的清静无为政治。这就告诉我们，汉初不仅奉行道家学说，而且是直接打着清静无为的旗号治国的。

可见，无为还是一种施政理念、治国方略。

如果你细读《道德经》则必能有如下的认知：无为，是治国者的爱民为民之为；无为，是治国者的无私奉献之为；无为，是治国者按自然法则行事之为。

一、无为，是治国者的爱民为民之为

老子要求治国者必须做到爱民为民。

（一）对百姓体贴入微，是治国者爱民为民的基本行为准则。

老子在《道德经》的第十章指出：

爱民治国，能无为乎？

这句话的意思是，在以福泽百姓为目的的治国理政中，是否真正践行了清静无为的理念呢？

老子认为，治国者在践行清静无为的治国理政中，应时时自我检讨，自我反省，是否真正做到把百姓的冷暖放在心上，对他们体贴入微呢？

汉文帝即位不久，便发出诏书，让各级政府关心那些无儿无女的老人，关心那些没父没母的孤儿。他指令拨出麻布、绸缎、丝绵给他们做衣服，拨钱给他们购买食品。针对老人牙齿大多不好的实际情况，汉文帝特别指示政府每月发给他们熬粥的大米，还发给他们一定数量的肉，尽量使他们生活愉快。

从汉文帝敬老抚幼的作为，我们可以看到，他对老人、孤儿这份情感是真挚的、虔诚的，他所做的工作是细致和周到的。而且，他是在国家经济非常困难的情况下这样做的。

西汉是在秦末长期战争所造成的废墟中建立起来的，之后又发生了对诸吕的平定战争。汉文帝登基的时候，社会经济一片凋敝，治安一派混乱。可没过几年，全国经济便得到恢复，社会迅速安定下来。显然，这与他体恤百姓、关心百姓的努力是分不开的。

(二) 坚决维护百姓的权益是治国者爱民为民的应有境界。

老子在《道德经》的第四十九章指出：

圣人常无心，以百姓之心为心。

这句话的意思是，有道的治国者不应以自己的意志、自己的欲望作为施政的出发点，而应以百姓的意志、百姓的权益作为施政的最高准则。

老子要求，有道的治国者在治国理政的实践中，必须以百姓的权益为依归，当他们的权利受到损害时必须挺身而出，坚决维护。

打倒"四人帮"之后，万里出任安徽省委书记。他一到任就下乡调研，在淮北农村遇到了一个穿空心棉袄的青年。万里想，如此寒冷的天气下，这青年才穿这点衣服，便问他有什么困难？这青年拉开棉袄，拍拍肚皮说："填饱肚子。"再问他还有什么困难时，这青年仍然回答："填饱肚子。"万里说不出话，悲泪长流。万里接着走进一家农户，只见一个老人和两个姑娘依偎在锅灶口取暖，而这个老人竟然没裤子穿。面对此情此景，万里又一次悲泪横流。在省里召开的一次会议上，万里激动地说："我们有些人搞瞎指挥，什么都管，就是不管农民的死活。"到北京开会时，万里对反对"大包干"的一些中央和地方领导人说："你走你的阳关道，我走我的独木桥，但你别把我的独木桥砍了。"在万里的坚定支持下，安徽全省农村都实行包产到户。并随即取得了大丰收,农民的温饱问题开始得到了解决。

万里的以上作为,体现了中国共产党人爱民为民的崇高境界。

(三)把百姓视作主人,把自己视作仆人,这是治国者爱民为民的思想基石。

老子在《道德经》中的第四十九章指出:

(对于百姓)圣人皆孩之。

这句话的意思是,对老百姓,治国者应像抚育婴儿那样小心地予以呵护。

老子提倡的是一种公仆意识、民本思想、爱民情怀。他要求治国者心中必须装着百姓,因为只有这样才能做到爱民为民。

2010年6月11日,发生了一件震惊全国的打人事件。安徽省马鞍山花山区旅游局局长汪某和他的老婆开车途中与两个中学生发生了摩擦,汪大局长从车上冲出来,给其中一个中学生狠狠地扇一巴掌,巴掌的响声50米外也听得很清晰。局长的老婆不但不劝架,反而说:"打得好!"当越来越多的市民围过来纷纷指责局长夫妇时,汪大局长竟然大喊:"你们知道我是谁吗?我是领导!"他以为使出这样的杀手锏就能把市民吓倒、镇住。不料,围堵局长的市民瞬间增加到几千人,并演变成数千市民与数百防暴警察之间的对峙。为平息事件,马鞍山市的领导和政法部门不得不做出对汪某就地免职和拘留的决定,整个事件持续了4个多小时。一个大人打了一个小孩一巴掌,事件本身并不算大,但却有4000多人自发地、甚至撂下世界杯足球赛不看而参与到事件中来。这是为什么?一方面,是汪某的打人直接引起了百姓的愤怒。大人与小孩发生口头摩擦,作为大人本来应对孩子们让着点,可汪某却以一种主人的心态看待问题,认为中学生对他是一种冒犯,是以下对上的冒犯。在市民的指责下,他不仅不检讨,反而拿自己的领导身份来恫吓。这无疑是火上浇油。另一方面,是汪某打人事件引爆了百姓对汪类官员的积怨。在我们党内、政府内的确有那么一些像汪某这样的人。他们得到一官半职之后,便自以为高人一等,于是高高在上、趾高气扬、飞扬跋扈、不可一世;于是横行乡里，欺压百姓。2009年，陕西省绥德县就发生了这样一件事。该县职中校长高勇为解决学生的助学金问题找县长崔某批字签名，正好碰上崔某要外出，心急的高校长两次打开县长座驾的门，要求他签字再走。事后，高勇竟遭到了停职和拘留。对汪某、崔某这类官员的做派和作为，老百姓真可谓深恶痛绝。

汪某、崔某此类官员的问题症结，就在于他们把主人和仆人的关系颠倒了。一个心中没有百姓的官员也就失掉了爱民为民的精神基石。

胡启立认为："胡耀邦是中国共产党人的良知，是共产党的形象代言人。"胡耀邦一生的言论和实践，他的追求和坚守，洋溢着的是老子的民权至上的民本思想、以民为天的思想。可以说，以民为天的理念就是他人生的精神基石。正是他这一人生基石，决定了他的一生是无私无畏的一生，是以身许国、以身许民的一生，是爱民为民的一生，是对国家和人民赤胆忠心的一生。

正因为以民为天思想无比重要，2012年11月15日，中共中央总书记习近平，在新一届中央政治局常委同中外记者见面会上向全中国全世界宣示：新一届领导"要始终与人民心心相印，与人民同甘共苦，与人民团结奋斗"。在不到2000字的讲话中19处提到"人民"。

二、无为，是治国者按自然法则行事之为

尊重自然法则，严格按自然法则行事，这是老子的无为而治的重要思想。

（一）治国者必须充分认识按自然法则行事的极端重要性。

老子在《道德经》的第十六章指出：

不知常，妄作凶。

这句话的意思是，不遵循客观规律而盲目行动，就必然会招致灾难和凶险。

老子在《道德经》的第十六章指出：

知常容，容乃公，公乃全，全乃天，天乃道，道乃久，没身不殆。

这句话的意思是，善于掌握和遵循规律的治国者，遇事就能从容面对并能无偏无执，无偏无执就能公正无私，公正无私就能合理周全，合理周全就能合乎自然，合乎自然就能与道合真，与道合真就能长治久安，这样终其一生也就不会有什么凶险了。

老子从掌握规律之后就应自觉无私地、公正地处理政事的角度强调了知行合一的思想。他认为，只有这样才能使国家长治久安，也才能使治国者终生平安。

老子在《道德经》的第六十四章再次指出：

辅万物之自然，而不敢为也。

这句话的意思是，治国者只能按合乎自然规律的原则行事，而不应去强作妄为。

老子认为，治国者一当认识了无视规律所带来的凶险和遵循规律而能得到的好处后，就应坚定地毫不含糊地去遵循而不是违背客观规律了。

（二）治国者必须坚定地按客观规律治国理政。

老子在《道德经》的第二十五章指出：

人法地，地法天，天法道，道法自然。

老子告诉世人，万物万事都有其所固有的内在秩序，生命规律和发展趋势，无论是天、地或人类都要尊崇它、遵循它，而不是违背它。

避强击弱，是指导战争的重要原则，也是军事决策必须遵循的规律。

唐太宗即位的第二个月，东突厥的颉利可汗便亲率15万大军进犯唐境。其先头部队已进抵离长安只有40里的渭水北岸，使长安城为之震动。是战还是和，满朝文武展开了激烈的辩论。有的说，突厥实在欺人太甚，反正与突厥这一战迟早都得打，不如现在就跟他拼了。兵部尚书李靖则建议"倾府库赂以求和"。他认为，当下不是与突厥决战的时机，求和方为上策。为此，他主张多给突厥一些钱物，让它退兵。

当时唐朝的情势是怎样的呢？政治方面，由于天下初定，有不少的地方政权还未来得及建立起来。经济方面，连年的内战所造成的田园荒芜、百姓饥饿的境况未见改善，国库极度空虚。军事方面，青壮年在连年的战争中已五去其三，兵源枯竭；对突厥作战主要靠骑兵，而战马更加奇缺。

对于突厥的不时侵扰，唐太宗虽然十分气愤，十分窝火。但他深知在敌强我弱的情势之下，硬拼则是兵家之大忌。于是，他决定采纳李靖的建议，"赂以求和"。

不过，唐太宗毕竟是唐太宗。他求和赔款的做法也别开生面，与众不同。唐太宗求和而不示弱，赔款而不屈辱。他断然把进城刺探军情的突厥使者扣留下来，又布置大军迅速开往前线，然后亲率6个骑兵飞奔到渭水河边。天哪！以7人之寡对15万人之众，是何等的危险啊！但唐太宗毫不畏惧。颉利可汗见对岸冒出了几个骑兵，便跃马冲了过来。当他看见的正是李世民时，不禁大吃一惊，不知如何是好。唐太宗高喊道："颉利可汗，我与你曾订立盟约，互不进犯，你为何背信弃义，侵犯我土。"几句话把颉利问得哑口无言。唐太宗又指着天说："我是天子，你对不住我就是对不住天，颉利可汗，你知道对不住天的后果吗？"颉利不敢回答。突厥士兵本来就迷信，畏惧鬼神，见唐太宗如此威风凛凛，称天子，似天神，都一个个急忙下马，向唐太宗跪拜。这时，忽然鼓声震天，旌旗招展，刀枪耀眼，原来李靖率领的大军已经到达，且已摆开了一字长蛇阵，好不威武。唐太宗声色俱厉地对颉利说："在你面前有两条路，一是我送给你一些钱物，你把士兵带回去，好好生产，好好生活。二是我们就此决一死战。"颉利以为唐军已有准备，怕打起来自己吃亏，便同意议和，引兵退去。

事后，唐太宗励精图治，发展经济，大养马匹，训练军队。贞观四年，打败颉利的时机终于到来了。

这时的突厥，天灾严重，牲畜死亡，百姓挨饿。颉利可汗与突厥可汗矛盾激化，反对颉利的人越来越多。有的部落首领如苑君璋等干脆主动宣布归顺唐朝。

这时的唐朝,社会稳定,经济发展,兵强马壮。

唐太宗断然挥师北进,直捣东突厥大本营,俘获军士十多万人,马匹几十万头,并活捉了颉利可汗,这次决战可谓不费吹灰之力。

前和后战,相隔虽然只有三年,三年前是敌强我弱,三年后是敌弱我强。三年前唐太宗选择和,三年后他选择战,正是遵循了避强击弱的战争规律。

在中国历史上,大凡崇尚清静无为政治的帝王,都有一个特点,就是重视科学决策,遵循客观规律。

(三)治国者还应善于研究、发现、认识客观规律。

老子在《道德经》的第十六章指出:

知常曰明。

这句话的意思是,主动研究新问题,发现新规律,或者加深对已知规律的认识,这是高明的表现。

老子认为遵循规律,按客观规律行事的前提是认识和掌握规律。因此,治国者必须自觉地、主动地去研究新问题、新情况以求发现新规律,或者加深对已知规律的认识,从而提高遵循规律的自觉性。

中华人民共和国成立之后,我党和政府通过土地改革,使全国农民人人拥有土地,帮助他们拥有农具、种子等生产资料,并让农民自主经营。农民的赋税,当时叫公粮的负担也比较轻。于是,农民的生产积极性得到了极大调动,1953年与1949年相比,全国农业经济总量翻了一番多,也为全国经济总量实现75%的增长奠定了基础。

人民公社时期,我国改变了农民对土地的所有权,剥夺了农民的经营权,结果导致了生产上的瞎指挥、农民出工不出力,以及产量下降、社会物质匮缺的局面。

改革开放之后,党和政府尊重农民的选择,允许农民包产到户,让他们重新自主经营土地。这样一来,效果出乎意料的好,粮食产量倍增,市场商品琳琅满目,十分丰富。

面对当时农村的大好形势，笔者于1984年曾写下了一首叫《催耕鸟》的诗：

新逢春月绿山场，布谷声声韵味长。
无桔农夫明季节，有知田子惜禾秧。
一朝劳作三天活，单造耕收两岁粮。
灵鸟不谙今世事，依然催种过冈垟。

这首诗的意思是，时逢新春三月，满山遍野都披上了绿色的新装。有神鸟之誉的布谷鸟欢快地飞翔于山岭田野之间，不断鸣奏"早插早熟"的催耕曲。改革开放之后，农村实行了联产承包制，打碎了身上枷锁的农民有了自主耕作的权利，完全能够驾驭季节，实行科学种田。他们还非常勤奋，一天做完过去几天才能干完的活，耽误农时的情事已经成为历史，从而使粮食产量得到了极大的提高。催耕鸟却不知世间事已发生了如此巨大的变化，依然尽职地奏鸣那"早插早熟"的歌儿。

生产资料所有制的形式、生产经营的模式，必须与农业生产力的发展水平相适应，必须与生产者的意愿和觉悟水平相适应，必须与社会的民主管理水平相适应，这是我们应该并必须遵循的规律。联产承包制，正是我党、我国政府比较了新中国成立初期的正确政策与人民公社时期的错误做法后，加深了对上述客观规律的认识之后所作出的正确决策。

到了20世纪90年代后期，我国农村的土地经营出现了新的情况，就是农民自愿把土地租给大户经营。党和政府对这种现象及时进行调查研究。从而看到这种大户连片集中经营，有利于农业机械的使用，有利于节约耕地用水，有利于科学技术和科学管理的扩展和实施，有利于农业生产产量的提高，于是决定在保障农民合理收取租金的前提下，支持这种土地使用权与经营权相分离的集约经营模式。可以说，这是我党和政府发现农业生产的这一新规律后所采取的正确政策。

群众是社会生活和生产经营的直接实践者，我们在研究新问题、努力发现和认识规律的过程中，必须像习近平总书记所要求的那样，虚心向群众学习，尊重他们的创新精神。

三、无为，是治国者的无私奉献之为

无为，就是以民为本，就是按客观规律办事。那么是不是每个帝王、每个将相、每个地方长官、每个公务员都能够践行它呢？

（一）治国者只有在无私无欲的道德境界之下才能践行清静无为。
老子在《道德经》的第三十七章指出：
无名之朴，夫亦将无欲。不欲以静，天下将自正。
这句话的意思是，治国者只有回归到道的真朴本性，才能去除私欲与妄念。他们只有在没有私欲与妄念，或者少私寡欲的道德境界之下，才有资格、才有可能去践行清静无为。清静无为的施行，也就必能使国家走上安平富足之路。

老子在《道德经》的第六十三章又指出：
为无为，事无事，味无味。
这句话的意思是，圣人只会秉持无私、为民的宗旨并依自然法则而为，而不会私心妄为。圣人只会做有利于百姓，而不会做损害百姓的事。圣人只求衣能蔽体、食能饱腹的平淡生活，而不会追求奢侈的物质享受。

公元前279年，田单用"火牛阵"一举打败了燕国及诸国军队，收复了齐国失地。新君齐襄王便封田单为相国，并把平安城赐予他。田单虽然当上了相国，又有了自己的封地，但依然和从前一样体恤百姓。一个严冬的傍晚，田单返回平安城的途中，发现有个人躺在雪地上，田单停车上前看去，原来这是个老人。田单伸手在老人身上摸了摸，发现老人四肢已经冰凉，只有鼻中尚存微弱的气息。田单没有多想，便把老人抱上车，用自己身体的热度去温暖他。田单带老人回家之后又让家人细心照料，几天之后，老人终于得救了。田单雪地救老人的事迹很快传遍了全国，百姓对他更加尊敬了。

田单被封相国之初，已引起贵族大夫的强烈不满和嫉妒；他当了相国之后，让齐襄公下令阻止贵族大夫横征暴敛、修宅造府、肆意挥霍的行为，这就更惹怒了他们；现在他们又认为田单雪地救老人是收买人心，图谋不轨。他们于是串通起来，到齐襄公面前进谗言，说田单在收买人心，在扩充军队，准备谋反。齐襄公在众多贵族大夫的众口一词面前也信以为真了，并发誓要惩治田单。

　　贵族大夫满怀高兴地离开之后，一名太监跪在齐襄王的面前说："相国虽身居高位，但时时刻刻替百姓着想，他看到战争过后，百姓生活非常艰苦，所以他就跟普通人一样过着节俭的生活，时常出钱救济贫民。不久以前，他看到一个老人即将冻死，就解开衣服，用自己的体温把那位老人救活了。正因为他如此爱百姓，百姓才对他交口称赞。相国当初率军打败了诸国军队，但我国的军队也损伤很大。有些城邑的百姓，因为不堪忍受那些贵族大夫的盘剥，纷纷逃往平安城。相国不仅千方百计照顾他们的生活，并把他们中的青壮年编入军队，进行操练，那是为防备外来的侵略啊！倒是那些贵族大夫，只顾自己享乐，大肆搜刮民财，弄得民不聊生，民怨沸腾，这可是在挖大王的根基啊！"

　　齐襄王听宦官这样说，恍然大悟。第二天的朝会上，那些洋洋得意的贵族大夫在等着看齐襄王下令处置田单的好戏，没想到齐襄王却以诬陷罪惩治了那些贵族大夫。自此，田单更受齐王的信任和百姓的尊敬。田单死后，百姓还把临淄河岸边当年田单救老人的地方称为"田单解裘处"。

　　这个故事告诉我们，只有无私的人，不追求物质享受的人，才能心怀国家，心爱百姓，才能无畏地去做利国利民的事情，而田单就是这样的"三无"（无为、无事、无味）之人、"三无"之高官。"为无为，事无事，味无味"，既是治国者治国必须遵循的准则，也是所有修道建德者应树立的标杆。

　　周朝的第10代国王厉王姬胡，是个贪财爱利的暴君。他要对一些重要物资实行"专利"，由他直接控制。这是一种巧取豪夺、搜刮民膏的办法，不仅遭到老百姓的反对，就是那些开明的官吏也认为不妥当，周厉王却一意孤行。

周厉王的贪婪引起了老百姓的怨恨和咒骂。为了堵住百姓的嘴，他派人对百姓进行监视，只要是议论"专利"的，抓到就杀头。周厉王的倒行逆施终于在三年后引发一次大事件。成千上万的老百姓冲向王宫，要袭击厉王。厉王得到信息提前逃跑了，而且再也不敢返回京城。

老子指出，有的治国者不顾一切地追逐奢华的生活，置百姓于水深火热之中，如此下去只能是官逼民反了。老子把完全背离无私无欲、以民为本的"无为"精神的治国者痛斥为害民误国的强盗头子。周厉王就是老子所痛斥的强盗头子。他被推翻，正是他倒行逆施的必然结果。

"水能载舟亦能覆舟"，作为治国者，理应视民如父母，善于听取社情民意，这样国家才能逐步走向富强。正所谓："百代兴盛依清正，千秋基业仗民心。"这是值得我们深思的。

通过以上两个不同的例子，我们可以看到，清静无为这样的善政，只有有德的人才能践行。

（二）治国者应该自觉修炼成无私奉献的有德之人。

为此，老子给治国者提出了许多去私欲除妄念的具体要求。

老子在《道德经》的第十章指出：

涤除玄鉴，能无疵乎。

这句话的意思是，我们在学道修德中，能否把自身心灵镜面上的污垢清除得干干净净而不留下一丝一毫的私心杂念呢？

老子在《道德经》的第四十九章指出：

圣人之在天下也，歙歙焉为天下浑其心。

这句话的意思是，处于治理天下岗位上的圣人，必须努力收敛与无私慈爱相违背的心志和欲望，做到为天下的百姓而保持一颗清纯洁净的心。

老子在《道德经》的第四十八章还指出：

为学日益，为道日损，损之又损，以至于无为。

这句话的意思是，从事一般性的学习，是为了不断增长知识和技能，而从事学道和修道，则要进行去除私心杂念的自我修炼。治国者只有不断地进行扶正祛邪的自我修炼，才有资格去践行清静无为，并使国家走上安平富足之路。

老子在这里把为学者与为道者的目的作了区分，前者是为了增长知识和技能，后者是为修炼出高尚的德行。

对老子关于修道建德方面的系列论述，也有人称之为"内圣"之道。对老子关于实施清静无为的具体要求，则称之为"外王"之道。内圣外王之道，就是修身治国之道。

周公旦，姓姬名旦，是周武王的弟弟。周武王死后，是他年幼的儿子姬诵继承了王位。周公旦怕诸侯欺成王年幼，就自己摄政，代小侄子成王管理国家大事。周公旦处事公正，生活节俭。为了治理好国家，他把自己完全处于废寝忘食的境地。为了及时处理政务，他洗头时常常中断三次，吃饭时常常三次放下筷子。他辅助成王是无私的，他对国家的管治是非常辛苦的，但却是非常成功的。没有私心的臣子都认为他是大德之人。但周公旦从不以有德者自居，而老是担心自己做得还不够好。他还时常告诫自己的儿子伯禽，要多干对国家有利的事情。周成王长大成人时，周公旦便毫不留恋地还政给成王。周成王的继任者是周康王，由于周公旦长时间的言传身教，成、康两王也比较节俭和勤政，并成就了历史上的"成康之治"。这就是传诵千古的周公辅成王的美好故事。

老子认为，修道建德，以德施人，以德报国，是一个人的终身事业，永无穷尽之期，永无功德完满之日。他希望，有德者千万不要以德者自居，而要不懈地努力。这样才能成为一个真正的大德之人，大写之人。

周公旦一心为民为国操劳，忠心耿耿，呕心沥血，尽心尽力扶持新主，为西周王朝的建立和巩固做出了重大的贡献。其殚精竭虑、甘于奉献的精神是后世执政者的楷模。

通过以上的阐述，我们可以知道，无为是治国者的无私、为民和按自然法则行事之为。无为的宗旨是强国富民，出发点是以民为本，实施方法是按客观规律办事，其根本保证则是治国者的修身建德之道。如果我们把老子的清静无为与科学发展观两相对照，你会发现，清静无为就是古代中国版的科学发展观。

第四讲

《道德经》的人民公仆精神

公务员在当今中国称得上是高收入、高福利、高稳定、高地位的人群，可他们却自认为是弱势群体，这究竟是怎样一回事呢？为此，我向一名县委副书记请教。他说，当今社会有这样一种现象，只要有人与政府或公务员发生纠纷或冲突，无论谁对谁错，几乎所有的群众都会站在与政府和公务员相对立的一边。我明白了，公务员的弱势是一种道义弱势，是他们的以民为本精神和公仆意识缺失造成的。

什么是公仆？公仆就是为公众服务的人。公仆一词最早出现于1871年3月18日成立的巴黎公社所发表的宣言里。该宣言提出了人民群众选举与监督干部，干部要艰苦朴素与廉洁奉公，要关心群众与为群众谋利益的"公仆原则"，明确宣示公社的干部是为人民服务的"公仆"。

《中国共产党章程》第六章第三十三条指出："党的干部是事业的骨干，是人民的公仆。"

我们的老子则早在2500多年前就构建起一套系统、完整而优秀的人民公仆理念。在中国共产党人和中国人民为实现中国梦而奋斗的今天，认真学习和践行老子的公仆精神，具有十分重要的现实意义。

一、公仆，是为官者唯一正确的自我定位

为官者是百姓的仆人、百姓是为官者的主人，每一个公职人员对此都必须有一种清醒的认知。

（一）**为官者必须树立官权民赋的理念。**

为官者是权力的化身。那么，他们的权力是从哪里来的？是天赐的，还

是民赋的？

对这一问题，在不同的历史时期，在不同的社会形态以至不同的社会制度里，说法是不一样的。在我国漫长的封建社会里，儒家宣扬的是皇权天授的天命观。儒家把皇帝叫作天子，天之子。是上天授命他来管理天下、管理百姓的。而皇帝之下百官的权力则是皇帝给的。在中世纪的欧洲，宗教神权势力很大，既控制了欧洲政治，又主导了欧洲的文化。它们与封建统治集团联手，宣扬一种神权观，认为他们的权力来自神的赐予。

老子所处的年代，人们一直生活在天命鬼神的迷雾笼罩之下，而他却不信这个邪，提出了官权民赋的主张。

老子在《道德经》的第三十九章指出：

贵以贱为本，高必以下为基。

这句话的意思是，人民大众虽然好像很卑微，却是高贵的侯王、达官赖以生存的根本。人民大众是一个国家的根基，离开了这个根基，建筑于其上的国家政权就无法存在。

老子在《道德经》的第四十三章又指出：

人之所恶，唯孤寡不谷，而侯王以此为自称也。

这句话的意思是，最令世人所厌恶的是无力自养的孤寡者，然而侯王却以此来称呼自己。

老子在《道德经》的第三十九章还指出：

是以侯王自谓孤寡不谷，此非以贱为本耶？非乎？

这句话的意思说，侯王之所以把自己看作是无力自养的如孤如寡的凡人，正是因为他们懂得卑微的大众才是他们的生存之本，这样说难道会错吗？

老子在《道德经》的第三十九章进一步指出：

是故不欲琭琭如玉，而珞珞如石。

这句话是说，心中有道的侯王不会把自己看作美玉似的那样华贵，而只会自视为质朴坚实的石头那样平凡。

老子以上这几段话告诉我们：1.为官者不是救世主，而是老百姓的供养者。2. 为官者不是羞与老百姓为伍的尊贵者，而是像石头一样平凡的人。3. 为官者不是高居于老百姓之上的主人，而是百姓的仆人。4. 为官者的权位不是天授的，而是民赋的。

一千多年前，唐代杰出的文学家和思想家柳宗元写下了一篇文章，叫《送薛存义之任序》。他在这篇文章中对地方官的身份和职责做了通俗的诠释。

薛存义曾在永州所属的零陵县做过一任代理县令，任职两年。在此期间，他每天清早就起来为百姓做事，夜里还想着如何把百姓的事情办好。他使纳税人感到负担公允，使各种官司得到公平处理。当地百姓无论老少都对他不怀欺诈之心，不露憎恶之情。因为大家都认为薛存义是一个没有白拿百姓的钱，更无对百姓进行敲诈和勒索的好官。

贬任永州司马的柳宗元是薛存义的同乡，两人情谊深厚。当他得知薛调职离任，便带上酒肉为他送行，并写下这篇别序相送。

柳宗元此文的大意是，地方官是百姓的仆役，而不是奴役百姓的豪绅，百姓拿出他们的部分收入来雇佣官吏，目的是要求官吏公平地为自己办事。可现在拿了百姓的钱却不好好地替他们办事的官吏，普天之下到处都是；他们不仅不好好地为百姓办事，还要贪污勒索。假若你家里雇了一个什么人，他接受了你的报酬，却不好好干活还偷你的财物，你这个当主人的一定很震怒，一定会处罚他，甚至赶走他。现在，尽管有许多官员都像这个仆人一样，不仅不好好办事还敲诈主人的钱，而他们的主人却不能像对付家里的仆人那样处置他们。因为他们是统治者，手里有权。所以我们这些为官者就更应该警惕手中的权力才是，否则，就会颠覆自己的仆人身份，就会走到百姓的对立面去。

（二）为官者是人民的公仆，还是人民的主人，是两种完全不同的角色定位。

中国共产党成立之后，的确涌现了一大批舍身为国、舍身为民的英雄，刘胡兰、赵一曼、董存瑞、黄继光等就是他们的代表，还涌现了一大批忧国忧民、为国为民的领导人，周恩来、胡耀邦、焦裕禄、任长霞等就是他们的代表。但毋庸讳言，我们党内的确有许多养尊处优、高高在上的官老爷。这些自称为人民领袖的人到地方巡视，所到之处，封路断行，五步一哨、十步一岗。2012年5月22日，《每周文摘》发表的《解密中南海调研政治》的文章说："吉林乾安则字村村民张志彪回忆说，领导一来，派出所和乡干部便把村里的所有道路都封上了，村里老百姓外出看医生也不行。"地级市的领导人本来就是与百姓生活在一起的地方官，可有些市委书记到下辖区指导工作时竟然接受区委书记的半路迎送。对我国这些领导人如此脱离群众的做派，百姓讥讽为："人民领袖怕人民。"西方国家的总统和总理，我们常称之为资产阶级政客，而他们有的却能够以一个普通百姓的姿态到市场买菜，对此，这些国家的百姓却不会感到惊奇。德国有一任柏林市长一次下班坐公交，由于专注看报纸，没有给身边的老人让座而受到舆论的抨击。此情彼景，着实值得我们中国共产党人深思。

更有甚者，有的一旦权在手，便放开手脚贪赃枉法。

2013年上半年，广州市白云区就揪出了80多个贪官。其中作案金额最大的是张新华。张新华是广州市国营白云农工商联合公司总经理，他利用职权，贱卖国有企业土地，收受他人巨额贿赂人民币9000多万元、港币800多万元，还伙同他人侵吞国有资产合计人民币2.4亿元，落得了坐穿牢底的下场。

诚然，在我党的干部队伍中也有安守公仆本分、密切联系群众的官员，杨善洲就是他们的代表。

杨善洲，是一位曾担任云南省保山地委领导近20年的地厅级干部。他几十年如一日，清廉履职，忘我工作，一心为民。

1975年夏天，杨善洲家的房子因年久失修，每逢下雨便到处漏雨，他的妻子张玉珍专程跑去找已是县委书记的杨善洲。杨善洲听了，掏出身上仅有的30元钱交给妻子说："你把这点钱拿回去，买几个盆接漏雨，暂时艰苦一下。"1978年，保山地委组织部按省委组织部的通知，准备为已经是地委领导的杨善洲一家办理"农转非"手续,杨善洲给制止了。他说:"我们全家都乐意和8亿农民同甘共苦建设农村。"

已身为地委书记的杨善洲仍保持着淳朴的农民本色。一年中安排一半时间下基层,和农民一起锄地栽秧,走家串户,体察农民的困苦。他从不接受吃请,而是吃饭自己掏钱,有时候还会掏腰包给特别困难的老百姓以力所能及的帮助。有一次,他下到一个公社,提出要找该社的书记,接待的干部见来者像个农民,便以书记到县里开会去了为由把他打发了。

1988年,刚退休的杨善洲回到家乡施甸县大亮山种树。办林场初期,资金十分困难,为了解决种苗,他与职工一道到县城的大街捡别人扔掉的果核。一次,杨善洲不小心撞到了一个小伙子的自行车,小伙子冲着他大发雷霆。当这个小伙被街上的行人告知,他骂的是原地委书记时顿时傻了。他于是连忙道歉。杨善洲却说:"是我不小心撞了你,对不起。"杨善洲扎根大亮山,一干就是22年,建成面积五六万亩,价值3亿元的林场,并无偿献给了国家。

杨善洲的一生,就是自觉履行公仆职责和精神的一生。他的高风亮节令人敬仰。

为官者把自己看作是人民的公仆,还是人民的主人,这是完全不同的自我定位。凡取前一种定位的,必能裨益社会,裨益人民,也必能得到人民的拥护和爱戴。而取后一种定位的则必定会站到人民的对立面,危害社会、危害人民,也必定会遭到人民的反对和唾弃。杨善洲和张新华的不同结局就是明证。因此,为官者必须面对是做人民的公仆还是当人民的主人这个极其重要的问题。只做人民的公仆,不做人民的主人,这是为官者唯一的正确选择。

其实,是做人民的公仆还是当人民的主人,不仅关系到为官者自身的成败,也关系到他们所属的党的兴衰。2011年是苏共亡党和苏联解体20周年。苏共亡党、苏联解体的原因很多,但很重要的原因之一是苏共的干部严重背离了公仆的身份。他们以人民的主人自居,窃取各种特权,站到了群众的对立面,彻底失去了民心。历史的教训值得我们记取。

二、公仆，必须以百姓之心为心

"圣人常无心，以百姓之心为心。"这是中国古代版的全心全意为人民服务的思想。我觉得，这应该也是老子对身为公仆的为官者的殷切期望。那么，我们如何才能把它落到实处，落实到我们的行动上呢？

（一）为官者必须树立百姓至上的公仆观。

习近平总书记履职不久，就强调说：我们要虚心向群众学习。"向群众学习"，对某些中国共产党人来说已是一句久违的话语。习总书记现在强调它可谓意味深长。

老子在《道德经》的第五章指出：

天地不仁，以万物为刍狗。圣人不仁，以百姓为刍狗。

这句话的意思是，天地之道没有好恶之念，把自然万物均视为祭坛上的祭品一样，没有高下贵贱之别。圣人也效法这天地之道，把百姓均视同祭坛上的祭品一样，没有高下贵贱之分，而是一律平等。

人生而平等，这是天赋人权。党的十八大也倡导自由、平等、公正、法治的价值观。但我党的一些官员却迷恋儒家的上尊下卑的思想，认为自己高人一等并视百姓为草芥。2011年的一天，安徽省桐城市范岗镇纪委书记李某富在市医院对医生杨辉毒打一个多小时，直把杨打到遍体鳞伤，肩胛骨骨折，锁骨脱位。李打人时还口出狂言："我上面有人，我是纪委书记，我怕谁，打不死你？"李某富这种官员的所作所为，实在令人瞠目结舌，令人痛心疾首。他的心中哪有平等的观念、哪有丝毫的公仆精神。

老子在《道德经》的第四十九章指出：

（对于百姓）圣人皆孩之。

这句话的意思是，对于百姓，为官者应像抚育婴儿那样细心地予以呵护。

老子要求为官者不仅要平等对待老百姓，而且要把他们置于至高无上的地位，视他们为父母、为老师。于是，老子要求崇尚公仆精神的政府，应该是为百姓服务的工具，而不是对百姓施以权力威慑的机器，政府中的官员与百姓应该建立一种平等的、互敬的、互学的和谐关系。

李世民虽为帝王，但他把百姓看得很重。他曾说，历代帝王总觉得百姓离不开自己，但实际上是帝王离不开百姓。为了体验百姓的辛劳，他亲自下地锄草。有一次，京师附近闹蝗灾，唐太宗亲临视察。他把一只蝗虫抓在手上，对它说了这样一番话："人是靠谷物维持生命的，你把它吃了，那是害了百姓。纵使百姓有过错，责任也全在我身上。若你真的有灵性，就吃我的心好了，可千万别害百姓。"说完，他便把那只蝗虫吞进了肚里。

然而，我们有的官员却高踞于群众之上，还动不动对他们施以权力的威慑。1975年笔者在广东某县某大队驻队。一天，公社党委书记突然来到这个队并召开了一个紧急的抢收抗风动员会。他说又一个台风后天将在本地区登陆，我们要抢在台风到来之前，全民行动把成熟的水稻抢割回来，以减少台风带来的损失。有个60岁出头的生产队长站起来说，台风天气一般都有三天以上的过程，现在把熟稻割下来，既无法脱粒更无地方晾干，禾稻割回来都堆放在晒场里淋雨，台风过后恐怕都变成谷芽了，因此，抢割比不抢割的损失可能更大。党委书记大发雷霆，指斥这个发言的队长妖言惑众，并当即宣布撤掉他的队长职务。这队长嘟哝了一句："不听老人言，吃亏在眼前。"党委书记更是怒不可遏，即时宣布他为阶级敌人，与"地富反坏右"一起成了被专政对象。台风过后，风前抢收回来的稻禾果然全部发了芽，发了臭，成了垃圾。这件事给我留下了无法磨灭的记忆。一方面，我为这位有真知有经验又敢讲真话的生产队长的遭遇感到无奈。另一方面，我为这位党委书记的无知感到可悲，更为他手上那无所不能的权力威慑感到可怕。

执政前的共产党，需要群众的掩护和提供情报，需要他们供应粮食和衣物，需要他们给战场运送物资和抬担架。邓小平讲过，老一辈革命家都知道，离开人民群众的支持和掩护，我们几乎一天也生存不下去。因此，共产党和红军能与群众一家亲，不仅能尊重他们，虚心听取他们的意见和建议，甚至能做到为保护他们而献出自己的生命。现在，一些党员干部把群众视为是自己治下的无知无识的卑微小民。向群众学习,对他们来说简直是句大笑话;而动辄进行恐吓则成为他们对付群众的常用法器。

20世纪90年代,美国总统克林顿访问中国西安市,有一个初中女学生问他:"请问总统,您是如何教育美国人民的?"克林顿哈哈大笑地回答:"不是我教育美国人民,而是美国人民教育我。"

这是一段十分值得我们的为官者很好地品味的对话。

一个为官者的公仆意识是否强烈,检验的标准只能是看他是否在思想上尊重群众,政治上代表群众,感情上贴近群众,行动上深入群众,工作上为了群众。离开了群众,就不能称得上是合格的人民公仆。我们的党,我们的为官者只有确立一种人人平等的观念,放弃权力的威慑,才谈得上向群众学习,才有可能发扬公仆的精神,做到以百姓之心为心。习总书记强调向群众学习,就是希望为官者们把群众重新装在心上、置于最高的位置上,敬重他们,改善与他们的关系。一个有良知的共产党人应该认真体察总书记这份良苦用心。

当前我国城管与摊贩的关系为何愈发激化,党群关系、官民关系为何越发紧张?这是前者的官僚和权力意识与后者的维权(作为社会主人的权利)意识碰撞的结果。化解的办法只能是:为官者必须把人民至上的公仆观重新树立起来,把鄙视群众换成敬重群众,把权力意识换成服务意识,把权力威慑换成责任服务,除此之外,别无他途。

毛泽东有一句名言叫作:严重的问题是教育农民。今天我觉得很有必要把它改一改:严重的问题是教育为官者自己。

(二)为官者必须一辈子为百姓做好事,不做坏事。

是否做到一辈子做好事而不做坏事,这是一个公仆是否称职的标志。

老子在《道德经》的第六十章指出:

治大国,若烹小鲜。

这句话的意思是,煎煮小鱼时,火候过了会把它煎糊,翻动过多会令它烂在锅里。治理国家的道理如同烹小鱼一样，既不能给老百姓过多的干扰，更不能给他们以伤害，所以必须小心谨慎。

老子在《道德经》的第四十八章又指出：

取于天下，常以无事。及其有事，不足以取天下。

老子告诉我们，有的治国者，所以得到天下人的信任和爱戴，是因为他们只做有利于百姓而不做损害百姓的事情。如果他们反其道而行之，则必然会失去天下人的敬重和信任，并为之所唾弃。

老子以上述两段话要求为官者必须诚心诚意地为百姓办事，只做有利于他们的事，不做伤害他们的事，而且要善始善终，一辈子如此。

模范共产党员牛玉儒经常说："不要谋着做大官，要谋着做大事。要做人民拍手称快的事、好事、实事。生命一分钟，敬业六十秒。"

牛玉儒参加工作30多年，无论在什么岗位，做什么工作，都极端认真，极端负责。做到干一行，爱一行，钻一行，精一行，为官一任，造福一方。

在担任包头市市长期间，他千方百计解决职工下岗、企业改造等问题。当时包头市的下岗工人占了全内蒙古的一半，上访事件不断发生，牛玉儒深入到第一线，花了三年时间，通过招商引资，救活了一大批企业，从而使工人得以重新就业。

2003年4月，已担任内蒙古自治区副主席的牛玉儒兼任了呼和浩特市市委书记，刚上任5天就碰到了非典，为了打赢这场战斗，牛玉儒搬到办公室住，直接指挥抗击非典，他冒着被传染的危险多次到医院慰问医生护士，探望病人。非典被击退了，牛玉儒也瘦了6斤。

凡是和牛玉儒接触过的人都说他身上永远保持着旺盛的工作热情，对朋友、百姓的挚诚情怀。

从担任呼和浩特市委书记的第一天起，牛玉儒就对市委一班人说："执政为民不是一句空话，我们发展经济，最终目的就是为了提高老百姓的生活水平，让他们享受到经济建设的成果。"

为了加快全市的经济增速，牛玉儒全心扑在工作上。他在呼和浩特工作了493天，其中住院去了90天，200多天在外出差招商引资、余下的时间就是下乡调研。他跑了5万公里，跑遍了呼市的各旗县区。

"干净"干事是牛玉儒的工作准则。2001年冬，他听说一个家庭困难的孩子面临辍学，便拿出1000元叫工作人员送去，并不准说出自己的名字。他的5个兄妹至今仍在老家，两个妹妹和妹夫都是下岗工人，妹妹曾多次找他帮助安排工作。他说："这事我不能管，下岗是全国性的普遍问题，你们自己克服，我手中的权力是人民给的，不属于自己，我不能随意支配。"

很快，呼和浩特的经济增速跃居于我国西部省会的首位，可牛玉儒却倒下去了。2004年8月14日，牛玉儒被病魔夺去生命，年仅51岁。牛玉儒无愧于一个优秀公仆的称号。

在我党的干部队伍中也有一些先做好事后做坏事的人。广东省原政协主席陈绍基，他从事公安政法工作几十年，曾在打击犯罪、保护百姓的生命财产、改善社会治安方面做出了不少贡献。他开头对自己的要求也很严格。做公安厅长时，他住的是该厅科级干部标准的房子，春节他孩子收到的红包，他统一用一个竹篓装起来，节后进行清点，数额稍大一点的，全上交给公安厅纪委。可他当上政法书记之后，便放纵了自己，贪赃枉法，堕落成被人民所唾弃的罪犯。

我们党内还有这样的官员，他们刚走进公务员队伍，便把为民做好事的宗旨抛之脑外，而明目张胆地"卡、拿、要"。广东某县，有个姓叶的小老板，为一张土地产权证到该县国土局跑了3年，请吃、送礼他都不止一次地做了，可土地证就是不给办。无奈之下，他想出来一个法子：一天，他把一瓶煤气扛进了国土局的办公大堂，大堂上的工作人员以为来者是要引爆煤气罐，于是鸡飞狗跳地乱成一团。这时公安人员来了、主管县长也来了。事情闹大之后，土地证才给办了下来。从这些公务员身上实在看不出一点以百姓之心为心的公仆形象。这也告诉我们对公务员进行公仆精神启蒙教育已到了刻不容缓的时候了。

（三）为官者必须树立正确的亲疏观。

老子在《道德经》的第十三章指出：

故贵以身为天下，若可寄天下；爱以身为天下，若可托天下。

这句话的意思是，如果你能够像珍惜自身一样珍惜天下，众人就可以放心把天下交给你治理了。如果你能够像珍爱自己那样珍爱天下人，众人就可以放心把天下人托付给你照料了。

广东某市有个姓麦的市长，常对自己的部下说，如果你能把一个乡的人都当成是自己的父母兄弟姐妹，你就有资格当一个乡的乡长；如果你能把一个县的人都看作是自己的父母兄弟姐妹，你就有资格当一个县的领导。可以说这个市长已经道出了老子这句话的真谛。

20世纪80年代，广东某村同时出了两位县委书记，而且他们的任地正好是两个邻县。甲书记在他的任地给自己的一些乡亲安排了工作，于是家乡的人都说他好。乙书记没有在他的任地上安排任何一个乡亲，也没有给家乡任何特殊利益。尽管任地百姓说他是个好书记，但他家乡的人对他却很不满，说他忘本、忘了根本。这既关乎如何看待为官者的操守，也关乎如何理解和践行正确的亲疏观这个问题。

老子在《道德经》的第五十六章说：

故不可得（亲）而亲，亦不可得（疏）而疏；不可得（利）而利，亦不可得（害）而害；不可得（贵）而贵，亦不可得（贱）而贱。故为下下贵。

这段话的意思是，面对亲人，有道的治国者不会给予特别的亲近与照顾；面对非亲非故的人，他们不会待之疏远与冷漠。面对利禄，他们不会孜孜以求；面对为国为民所应承担的凶险，他们不会避而远之；面对高贵的人，他们不会奉承与献媚；面对卑贱的人，他们不会予以轻蔑与作践。有如此境界的人，便是天下人所推崇的至尊至贵的人了。

为了让为官者做到以百姓之心为心，老子不仅要求他们有爱民之心，还要求他们树立正确的亲疏观、利害观和贵贱观。模范共产党员孔繁森称得上是践行老子上述思想的典范。

孔繁森，山东省聊城人。他当过兵，任过聊城地委宣传部副部长，莘县县委副书记。1979年孔繁森第一次奉调赴藏工作时，亲属都在农村，母亲已年近八旬，妻子体弱多病，三个孩子最大的八岁，最小的只有两岁。家庭的困难可想而知。但他毅然告别了家乡和家人，在西藏一干就是三年。1988年，他又奉调到西藏工作，担任拉萨市副市长。1992年，他第二次赴藏工作期满，本可回到山东工作，与家人团聚，可他接到了担任西藏阿里地委书记的任命，这意味着他将要继续留在西藏工作，他的身份也由援藏的干部变为西藏的干部。面对党的需要，他愉快地赴任了。

阿里地处自治区的西北部，平均海拔4500米，被称为"世界屋脊的屋脊"。阿里的面积相当于两个山东省，而人口仅有6万。这里长年气温零度以下，最低达零下40多度，每年7至8级大风有140天以上，恶劣的自然环境，艰苦的生活条件没有让孔繁森却步。为了摸清阿里的情况，寻找带领群众脱贫致富的法子，他花了两年时间，行程8万多公里，走访了全地区106个乡中的98个，茫茫雪原到处都留下了他深深的足迹。1994年初，一场罕见的特大暴风雪席卷了阿里高原。孔繁森迎着风雪下到县里指挥救灾。救灾途中，饿了就吃一口风干的牛肉，渴了就抓一把雪塞进嘴里。2月27日晚，孔繁森躺在一座牧民的帐篷里，感到心跳加快，胸闷气短，天旋地转。他预感到高原反应的死神正向他逼近，于是挣扎着在笔记本上给公务员小梁写下这样的话："万一我发生不幸，千万别让我的老母亲、家属和孩子知道，请你每月以我的名义给家里写一封报平安的信。"……

1992年，孔繁森在羊日岗乡的地震废墟上，收养了三个藏族孤儿：12岁的曲尼、7岁的曲印和5岁的贡桑。为了让孩子吃好、穿好、上好学，他化名到医院卖了三次血，共900毫升。然而，他自己吸的却是几毛钱一包的低档烟。1994年11月29日，孔繁森被一场车祸夺去了宝贵的生命。地委的同志在清理他的遗物时发现，除了一个袖珍收音机外，再就是几件换洗的衣服，还有仅剩下的8块6角钱。这就是一个地委书记的全部家当。

"故不可得（亲）而亲，亦不可得（疏）而疏；不可得（利）而利，亦不可得（害）而害；不可得（贵）而贵，亦不可得（贱）而贱。"优秀共产党员孔繁森做到了。体现在孔繁森身上的是一种无私无己的大爱精神，是公仆对人民的无私奉献精神。

三、公仆，必须肩负报国为民的使命

宋代学者张载说："为天地立心，为生民立命，为往圣继绝学，为万世开太平。"这正是老子要求公仆应肩负的使命。

（一）为了使命，公仆要有救民护物的大爱精神。

老子在《道德经》的第二十七章指出：

是以圣人常善救人，而无弃人；常善救物，而无弃物：是谓袭明。

这段话的意思是，圣人以救人护物为自己的行为准则，不仅不会唾弃任何人，也不会糟蹋任何物。圣人之所为，体现的正是大道的正大光明品格。

老子在《道德经》的第六十七章指出：

我恒有三宝，持而宝之：一曰慈……夫慈，故能勇。

这句话是说，我（道）永久地拥有三件法宝，并无限地珍爱它。第一件叫慈……所谓慈，就是慈爱、慈悲、慈善。它能使人激发出庇护万民万物的惊人心志和力量。

宋朝的范仲淹从小就懂得立志。一天，他看到一位算命先生，劈头就问："你给算一算，我能不能当宰相？"这个算命先生一辈子从未见过一个小孩口气如此之大，一开口就说要当宰相的，也着实吓了一跳。范仲淹见算命先生的异样反应也有些不好意思，便说："或者你给算一算，我能不能当医生？"算命先生问："你为何选择这两个志愿呢？"范仲淹回答："因为只有良相与良医可以救人。"算命先生为范仲淹的报国为民的博大心胸所感动，便说："你这颗心乃真正的宰相之心，所以，你将来一定可以当宰相的。"

这个范仲淹后来真的当了宰相。正是这个范仲淹统兵守边时不顾个人安危,身先士卒,屡屡击退外敌的入侵,使边疆防线固若金汤。他守边三年,西夏人畏服地说:"小范老子腹中自有数万甲兵。"宋人也赞:"军中有一范,西贼闻之惊破胆。"正是这个范仲淹,为强国富民提出了十项革新政治的建议,为宋仁宗所采纳。新政推行仅几个月,国家的政治局面便焕然一新。正是这个范仲淹,在新政被保守势力强烈反对而遭到废弃,自己也被贬谪到地方之后,仍然做出了许多令人赞叹的政绩。正是这个范仲淹,为政清廉,生活十分节俭。虽官至将相,其"妻子衣食仅能自充"。每当遇到贫困者,他总是倾囊相助。他61岁任杭州知州时,子弟准备向皇上请求修造洛阳的"树园圃",好让清贫的老人颐养晚年。范仲淹拒绝说:"洛阳那么多花园,我到哪里都可以观赏,何必名分上属于自己的才觉得欢乐呢?"还是这个范仲淹,给后世留下了这样的光辉思想:"先天下之忧而忧,后天下之乐而乐。"

这就告诉我们,救人护物的大爱精神,有助于公仆树立起报国为民的志向,推动他们去做一个合格、优秀的公仆。

(二)为了使命,公仆要有上善若水的美德。

老子在《道德经》的第八章说:

上善若水。水善利万物而不争,处众人之所恶,故几于道。

这句话是说,上善的人具有如水一样的品格。水虽然一味地滋育了万物,却不要求得到任何的好处,只把自己栖息在人类所厌恶、所不愿意居住的地方。

水的美德,主要表现在:一是利他性,是一种专门利人,毫不利己的奉献精神,是只施恩泽而不求报偿的大道精神。二是不争性,水对万民万物有万千的功劳,但它不争名逐利,泰然安于低处。这是一种谦下退让的美德。

在清朝,有一个叫于成龙的人,山西人氏。他45岁时被委任为广西罗城县令。他家略有薄产,尚可维持一家的生计。亲人多劝他别去上任,因为他们担心于成龙到广西那样的烟瘴之地有去无回。但于成龙觉得这是报国为民的好机会,所以便毅然上任去。

他在罗城做了很多事情，而最重要的两项：一是肃清匪患，二是大力倡导勤俭之风。几年下来，罗城治安良好，农业有了很大发展，百姓生活也有了改善。

于成龙十分清廉正派，从不动用官银一分一文，几乎天天喝粥，菜也多是豆豉和青菜。有一次，于成龙的大儿子从山西老家来罗城探望父亲，于成龙很高兴，破天荒地买了一只鸭子，煮半只给儿子吃，另外半只腌起来留待过年。百姓得知于大公子来了，都四处相告，于是大家凑了一些钱送来，于成龙坚决不收百姓的钱。百姓见于成龙如此，十分感动，都伏在地上，泪流满面。于成龙也为百姓的真诚流下了眼泪。

之后，于成龙升迁很快，先后担任四川合州知州、武汉知府、福建按察使、直隶巡抚、两江总督。但他不改初衷，始终廉洁自守，勤于政事。

于成龙68岁那年，病死在两江总督任上。临终前，军队中的将军、都统，地方上的各级官员都来探视。他们见到于成龙的床边放着几件官服和冠带，连个柜子也没有；后堂上只有几斗米，几罐豆豉。这些官员见此情景都感动得痛哭失声。

于成龙不是为了生计而是为了报效国家、报效百姓而离家到广西当县令的。可见，他为官是出于报国为民的使命。于成龙45岁出仕，在无任何靠山的情况之下，不到二十年就升迁至两江总督。靠的是他对国家、对百姓的奉献，还有百姓的信任和拥戴。"三年清知府，十万白花银。"于成龙一生都担任要职，且官至封疆大吏，但还是一贫如洗。他终生只为奉献而不为索取，体现的正是毫不利己、专门利人的水的精神。于成龙的政绩官声，就是拿到今天来说，也是一个模范公仆。可见没有上善若水的美德的人，是当不成一个好公仆的，这正是于成龙留给我们的启示。

（三）为了使命，公仆要有舍身为民的担当。

纵观我国的历史，为官者要报国为民，还要有一种舍身为民的担当。

老子在《道德经》的第七十八章指出：

故圣人云:"受国之垢,是谓社稷主;受国之不祥,是谓天下王。"

这句话的意思是,古人说:勇于为国家忍辱负重的,才配做它的领导人;勇于为天下人承担凶险和危难的,才配做他们的领袖。

老子在《道德经》的第二十八章又说:

知其荣,守其辱。为天下谷,为天下谷。常德乃足,复归于朴。

这段话的意思是,世俗人都喜欢追求荣耀,心中有道的人为了真理、为了社会的发展、为了百姓的利益却能直面屈辱、凶险乃至牺牲。这样的有道之人,如同江流所归的大海,为天下人所归心。他们如能使自己的真善之德日益深厚,就如同使自己回复到道的淳朴境界。

在我国的封建社会里,臣子对皇帝进谏历来是风险很高的事情,引致降职、罢官的是平常事,引致杀身之祸的也屡有发生。就是像唐太宗这样开明的皇帝,也会对谏官萌生杀机。有一次,唐太宗退朝回到宫中,怒气冲冲地说:"总有一天,我要杀死这个乡巴佬!"长孙皇后问杀谁,唐太宗说:"魏征常常当众顶撞我,使我下不了台,真可恶。"魏征也知道进谏的凶险,但为了国家的利益、百姓的福祉却能把生死置之度外。贞观中期以后,唐朝经济更加繁荣,政治局面也更加安定,朝廷大臣大都尽力歌颂太平盛世,歌颂唐太宗,魏征却与大臣们大唱反调。这个魏征给唐太宗上了一份奏章,指出他十方面的缺点,希望他警惕,保持贞观初年的好作风。这时的唐太宗求谏的自觉性已有提高。他在张玄素激烈反对修复洛阳宫后曾感慨地说:"以卑犯尊,自古就不易做到,如果不是玄素忠直,如何能如此激烈谏诤呢?"他对魏征这次上的奏章不仅没有反感,反而把它抄写在屏风上,早晚阅读,引而为戒。

贞观十七年,魏征病死了。唐太宗十分悲痛,亲自为他撰写了碑文,他时常怀念魏征说:"魏征死了,我失去了一面镜子。"从某种意义上说,是魏征成全了李世民,又是李世民成全了魏征。

通过以上所述,我们可以知道,为官者要成为一个有报国为民使命感的真正公仆,就必须有一种舍身为民的担当。

官场的历史一再证明,没有高尚情操、崇高使命感的人是当不成好官的,是成不了好公仆的。范仲淹、陆游、王阳明、于成龙、胡耀邦、万里、孔繁森、杨善洲、牛玉儒，就是有高尚情操和崇高使命感的人。

四、公仆，必须懂得功遂身退之道

功遂身退，就是功成身退。老子这一思想对于防止成功者、成功的政党向反面转化具有重大作用和意义。

（一）功遂身退，体现的是道的品格和精神。

老子在《道德经》的第九章指出：

持而盈之，不如其已。揣而锐之，不可长保。金玉满堂，莫之能守。富贵而骄，自遗其咎。功遂身退，天之道也。

这段话的意思是，端持满满的一盆水而不使它外溢，无论如何小心也是很难做得到的。为了使利器保持锋利的状态而不断捶击它，是很容易使之崩裂，甚至折断的。黄金美玉积聚得太多时，要想守住它是不容易做得到的。当一个人富贵之后，如果以富傲世，以富凌人，就必然要招致灾祸。因此，一个人功成名就之后，更应谦虚谨慎，低姿态做人处事；更应自律自爱，淡泊权位名利；更应不恋旧勋，而要再立新功。这样做遵循的正是道的品格和精神。

老子认为，万事万物的转化都有一个"度"，如果越过这个"度"，就会向它的反面转化。老子这一"不盈"或"戒盈"的思想告诉我们，做任何事情都不应过分、过度、过头，而应适可而止。"水满则溢，月满则亏"，万事万物在运动变化中都遵循"物极必反"的规律，一个人如果功成名就之后，不懂得谦虚谨慎，收敛欲望，自律自爱，就可能会走向反面。

清朝的奕譞是一位深谙功遂身退之道的亲王。他是咸丰帝的弟弟，慈禧的妹夫，光绪帝的父亲。他曾与他的六哥奕䜣联手，扳倒肃顺八大臣，从而使慈禧得以掌控清朝廷的实权，他的地位，除慈禧外无人能比。他却格外的恭谨敬慎。他把自己的正房起名为"谦思堂",把自己的书房命名为"退省斋",他还在子女的房中挂上自己写的治家格言:"财也大,产也大,后来子孙祸也大。若问此理是若何?子孙钱多胆也大,天样大事都不怕,不丧身家不肯罢。"

急流勇退不能等同于功遂身退。人人在功成名就之后都隐身退去,这既不现实,也无必要。

一个功成名就的人如果不懂得功遂身退,不但会毁掉他已经成就了的功业,甚至会招来更大的祸患。

当今有这样一些官员,他们在拥有一定的政绩之后往往会有这样的想法和表现。1. 有的自以为有能耐、了不起,于是大耍官威,鄙视下属、作践百姓。2. 有的认为已有的官职与自己的政绩不相称,于是跑官、买官。3. 有的则与社会上的成功商人相比较,认为自己的能力和贡献不比他们逊色,应该像他们那样拥有美色与财富。由于他们不愿意遵循功遂身退之道,自我走向反面、走向毁灭就不可避免的了。

功高无双会使人骄恃,权大无比会使人骄横,威重无敌会使人骄盲。一个国家的主要领导人如不懂得功遂身退,那后果就更严重了。

唐玄宗李隆基在开元年间,由于坚定地奉道而行,从而开创了唐以来从未有过的盛世。然而他没能善始善终,没能继续励精图治,而是居功自傲。他怠于政事,骄奢纵欲;他远君子,而亲小人;他饰非拒谏,喜欢阿谀奉承,结果酿成了八年的安史之乱,使大唐从此走上了不可逆转的衰亡之路。

可见,为官者尤其是居上位者在"功遂"之后能否"身退",不仅是他们个人的政治品德问题,更重要的是,它直接关乎到人民的福祉,国家的兴衰。

(二)不恋旧勋,再立新功,是"功遂身退"思想的精髓所在。

不恋旧勋,再立新功。这是老子的"功遂身退"的精髓所在。因此,它是一种崇高的生命境界,更是一种积极的生存态度。

20世纪80年代,广东有一位很另类的县委书记,无论大会小会,他从不说要保证党的领导此类的话。但他非常强调党员和党员干部的模范带头，并身体力行起表率作用。1.他狠抓办事效率。他要求受理单位在收到申办单位的报告之后，原则上必须在15天内办结、答复、解决。他还宣布成立一个督办室，由自己兼任主任，亲自受理投诉。其实这个督办室既无编制，也无工作人员。奇怪的是在他五年多的任期里，竟没收到一单投诉。整个县委县政府机关就像一部高速运转的机器。群众对此非常满意。2.他让官民亲密无间地相处。他要求县委、县政府大院敞开大门，要求县领导敞开家门，他坚持步行上下班，以此方便百姓直接与县委，县政府领导接触。有一次，有个中年男子来到了这位书记的家门口，开门的正是这位书记自己。书记问来人找谁，这男子说出了这位书记的名字却不认得他。书记于是问，你想让他给你办什么事。这个男子说："我给他做了十八年秘书，我是来问他要工资的。"这位书记知道这个男子是个精神病人，于是把民政局局长叫来，并嘱咐在弄清此人的身份之后，尽量给予一些经济上的帮助。3.他要求政府主动为百姓做好事办实事。有一次，县办主任在理发店听到有人发泄不满："我们打江山的受穷，他们坐江山的享福。"说话的是一位复员回乡的抗美援朝时的伤残军人。这位书记得知后，即与政府商量，随即决定给所有援朝战争前的复员兵按月发给生活津贴。这个复员兵说："一句牢骚话引出来这样的好结果，这种感觉真好。"这位书记主政这个县的五年里，共建成大、中桥梁17座，其经济总量以年平均24%以上的速度增长，城乡居民储蓄翻了4倍多，社会也呈现一派和谐景象。这个县的干部群众至今仍很怀恋那个年代，说那时的党好、政府好。

这个县委书记说，共产党执政的合法性，来自百姓对她的信任和拥护，而不是来自对它本身的反复强调。我们这个党不能靠吃老本过日子。因此，对党的基层领导来说，说一千道一万，不如做出成绩让大家看。我想，这个县委书记的这番言行体现的，正是老子"功遂身退"中的再立新功的思想。

2012年初，中共中央政治局委员、广东省委书记汪洋指出："我们必须破除人民幸福是党和政府恩赐的错误认识。"这一论断令人耳目一新，令人振聋发聩。它对共产党是中国人民的救世主的认知是一种颠覆，而对只有人民才是历史的创造者的唯物史观，对老子所主张的民权至上的民本思想及公仆精神则是一种回归。"没有共产党就没有新中国"这首歌，是人民群众对中国共产党在建党和新中国成立过程中所建下丰功伟绩的肯定与歌颂，但它毕竟不是一种科学的表述，因为"从来就没有什么救世主，也没有神仙皇帝"（引自《国际歌》）。我不是要否定这首歌，也不是反对去唱这首歌。但我主张中国共产党人，特别是为官者应以一种健康的心态去唱它。我们应该看到，有的共产党人被这首歌的歌声所陶醉，变得飘飘然起来。他们被飘离了大地，飘离了人民大众，他们在不知不觉中把自己当成了救世主，当成了人民的大救星，当成了人民的主子和恩人，而忘掉了自己的公仆身份。他们因此高高在上，养尊处优，飞扬跋扈，玩忽职守，以权贪腐……所以，我们千万要记住，谦虚谨慎，淡泊名利，不恋旧勋，再立新功，才是我们今天的共产党人应有的认知和心态。

我深信，如果公务员们都能切实践行老子的公仆思想，牢记习近平同志说的"要把人民放在心中最高位置"，就一定能成为一个好公仆。

第五讲

《道德经》的守廉反腐精神

2012年最高人民法院向"两会"的报告披露：2011年全国贪污受贿的案件有32567件，涉及44506名官员，按一年365天算，平均每天被刑法处理的贪官达122人，令人触目惊心！

习近平总书记在2013年4月19日于中央政治局集体学习时强调："实现中华民族伟大复兴的中国梦，必须坚持党要管党、从严治党，积极借鉴我国历史上优秀廉政文化，不断提高党的领导水平和执政水平、提高拒腐防变和抵御风险能力，确保始终成为中国特色社会主义事业的坚强领导核心。"

老子的《道德经》中就蕴含着丰富而优秀的廉政文化。

一、守廉反腐必须从为官者的自律做起

老子在《道德经》的第十九章指出：

见素抱朴，少私寡欲，绝学无忧。

这段话的意思是，追求纯洁，抱持真朴；减损私心，收敛欲望。使他们能够抵制一切罪恶的、极端自私自利的世俗观念，以摆脱忧患的困扰。

清朝乾隆、嘉庆时期的和珅，是中国历史上最大的贪官。和珅有房屋5处，共2790间。当铺75座、银庄43座、古玩铺13座。和珅拥有的珠宝仅是珍珠手链就有200多串，比皇宫里还多3倍。和珅拥有的金银珠宝等浮财共值2.39亿两白银。有学者计算过，和珅的财产总值约等于当时清朝15年财政收入的总和。

有一位与和珅同朝为官的官员叫王尔烈，却有双肩明月，两袖清风之誉。不知嘉庆是出于进一步考验他，还是想让他在退休前捞上一把，特地把王尔

烈派去当铸钱的官。3年后离任时,他带走了3个铜钱,是铸钱时用过的模子,已经作废了的。嘉庆帝问王尔烈:"这回可安度晚年了吧?"言外之意是你铸钱3年,应捞到不少了。王尔烈笑了笑说:"几亩薄田,一望春风一望雨;数间草房,半仓农器半仓书。这是我出仕时拥有的家产,至今仍然只有这么多。"嘉庆帝说:"不会吧,你再查一查。"王尔烈感到很奇怪,难道我带走3个废模子他都知道?于是从袖筒里取出那3块溜光发亮的铜钱,说:"我本想留作纪念,如果皇上认为不妥,我就交出来。"嘉庆帝见王尔烈如此清廉,十分感动,说:"你不愧是双肩明月的清官。"

和珅如此贪婪,而与这个大贪官同朝为官的王尔烈却能固守清廉,这是为什么?因为他能够严格要求自己,自律自爱。可见自律对一个官员的守廉反腐是何等的重要。

(一) 高尚情操是为官者自律的道德保证。

作为公仆的为官者,只有全心全意为人民大众谋福利的义务,而无贪赃枉法、谋取私利的任何权利,为此,老子十分强调为官者的操守,要求他们廉洁自律。

老子在《道德经》的第四十九章指出:

圣人之在天下也,歙歙焉为天下浑其心。

老子要求为官者们必须以一种诚惶诚恐的心态,努力收敛与无私、慈爱相违背的心志和欲望,做到为天下百姓而保持一颗清纯洁净的心。

为了使为官者能够保持这份清纯洁净的心,老子还要求他们自觉进行去除私心妄念的自我修炼。

老子在《道德经》中的第四十八章指出:

为学日益,为道日损。损之又损,以至于无为,无为而无不为。

老子告诉我们,从事一般性的学习,是为了不断增长知识和技能;而从事修道,则要进行去除私心妄念的自我修炼。这种纯洁和美化心灵的自我修炼不是一次完成的,只有不断地扶正祛邪,才能使自己达到无私欲、无妄念的无为境界，有了这样的境界，才有资格去践行清静无为政治，并使国家走上安平富足之路。

老子的《道德经》蕴含有人类史上最高尚的道德精神，最好的修身建德之道。我们的为官者只要认真学习它，践行它，就能成为一个情操高尚的人，成为一个固守清廉的人，并做到终其一生，矢志不渝。

北宋的包拯以品德高尚、清正廉洁、执法严明而著称于世。他六十大寿时，宋仁宗爱其廉洁，决定替他做寿以示嘉奖，包拯只好遵命。大寿那一天，包拯却特命包贵守住大门拒礼。第一个来送礼祝寿的是皇上派来的大太监。包贵无奈，拿出红纸让他写下理由。太监写道："德高望重一品卿，日夜操劳似魏征。今日皇上把礼送，拒之门外礼不通。"包拯看后，在太监的诗后面写了四句："铁面无私丹心忠，做官最怕叨念功。操劳本是分内事，拒礼为开廉洁风。"太监看了回条，只好捧着礼品回宫。

第二个来送礼的是包拯的好友张奎，他说："别人的礼可以不收，我的礼可必须收下。"他于是写道："同窗同师同乡人，同科同榜同殿臣。无话不谈肝胆照，怎能拒礼南衙门。"包拯回谢道："你我本是知音人，肝胆相照心相印。寿日薄酒促膝谈，胜似送礼染俗尘。"

包贵就如此这般的把所有的礼物都挡之门外，无论他们是皇亲国戚，还是大官富商。

最后来了一个手捧月月红的送礼人，自称名叫"赵钱孙李"。来人见包贵对这姓名感到疑惑，于是解释说："相爷做寿，是众百姓推荐我来送礼的。"他接着念了四句顺口溜："花开花落无间断，春去春来不相关，但愿相爷长健在，勤为百姓除贪官。"包拯闻讯，亲自走了出来，双手接过花盆后说："赵钱孙李张王陈，好花一盆黎民情，一日三餐抚心间，丹心要学月月红。"包拯让包贵捧出一坛寿酒作为回礼，并让来人代问乡亲好。

包拯所以能顶住压力，拒收寿礼，以保一生清廉，皆为他的高尚情操所使然。

（二）良知与责任是为官者自律的精神动力。

晚清有个大官，叫翁同龢。这个翁同龢不仅自己不贪，还敢于阻止慈禧太后贪。当时有这样一项惯例，户部每年都从各省进缴的机动银中抽出一部分调入内务府专供慈禧私用。翁同龢主持户部时竟把这一惯例取消了。有一回，有一个官员把一份回扣送给翁同龢，说这是清政府向外国借款的回扣。这位官员还告诉他，这回扣慈禧也有一份。翁同龢不仅严词拒绝，还把慈禧收回扣的事告诉了光绪帝。得罪了比皇帝还厉害的慈禧，自然不会有好果子吃，不会有好下场。翁同龢被罢斥还乡了。他两手空空回到家乡，靠亲友、门生接济以度余生。但他对自己的作为一点也不后悔。翁同龢自知没有能力使大清天下变成朗朗乾坤，为什么仍不放弃跟贪腐势力作战呢？因为他有良知、有责任、有信念、有追求。他就像固守在清廉阵地上的无畏战士。剩下一个人也要坚持战斗下去。

翁同龢作为一个封建士大夫，对反贪守廉尚能如此执着、如此认真，我们的共产党员、我们的公务员是否应该做得比他更好呢？这是翁同龢留给我们的思考。

那么，翁同龢的良知、责任来自哪里呢？

老子在《道德经》的第六十七章指出：

我（道）恒有三宝，持而宝之。一曰慈……夫慈故能勇。

老子告诉我们，道永远地抱持住三件法宝，并无限地珍爱它、尊崇它。第一件法宝叫慈，慈就是爱心，博爱之心。这爱心能迸发出庇护万民万物的惊人勇敢和力量。

老子在《道德经》的第八十一章指出：

天之道，利而不害。圣人之道，为而不争。

老子告诉世人，天道只会施益于万民万物，而不会加害于他们。圣人也只会为百姓、社会奉献，而不会去向他们索取。

老子在《道德经》的第十五章还指出：

古之善为道者……旷兮，其若谷。

老子告诉我们，古代那些修道有成的人，好像空旷宽阔、容量无限的溪谷似的胸怀宽广。他们不仅心系家国天下，而且情牵百姓黎民。

也就是说，人们的良知、责任、信念、追求，来自他们的博爱之心，来自他们利而不害、为而不争的好生之德，来自他们心系祖国、心系百姓的家国情怀。

20世纪80年代，广东有这样一位芝麻官：他任公社党委书记的头个春节，有一社办企业给他家送来了一个组合柜，这柜的售价相当于当时一个科级干部全年的工资。节后上班的第一天，他雇人把这个柜子运回公社机关大院公开拍卖，拍卖的钱退给企业办入账。这件事很快就在全公社范围内传开了，从此再也没人敢给他送礼了。他当县委书记的头个春节，县上也有单位和个人给他家送钱。春节后，他把钱交公了，并在干部大会上作了通报。他不仅不贪污、不受贿，就是一些不涉及违犯法纪的钱他也不收。1988年，一位澳门同胞给他送来一封信，信中装有5000元港币。他信中文字的意思是，看到家乡近几年的巨大变化，使他心存感激，特送上小茶资以表敬意。这位县委书记让办公室主任把这5000元送往县教育局，以这位乡亲的名义捐给了县教育基金会。他这种公开的拒贪做法，不仅对送礼者起到阻吓效果，对县里的各级领导干部也起到很好的示范作用。在他主政这个县的5年中，全县干部教师队伍中没有发生过一起经济刑事案件。他就这样为一方土地撑起了一片洁净的天空。

"甘守清廉报家国，不为贪赃羞儿孙"、"百代兴盛依清正，千秋基业仗民心。"这个县委书记为什么会见钱不贪、见物不受呢？他说，一方面是出于他的良知；另一方面他要为官场的清明、社会的公正、国家的安康尽一份责任。

一个小小芝麻官尚且有一份尽良知、尽责任的党国情怀、家国情怀，那么，我们的居上位者是否也应拷问一下自己的良知，追问一下自己的责任呢？

（三）领导的模范作用是为官者自律的榜样力量。

常言说，其身正，不令而行；其身不正，虽令不行。人类的历史告诉我们，世界没有一个奢靡无度、荒淫无度的昏君能令其政权阳光、社会清明的。为此，老子特别要求治国者尤其是身居高位的他们必须起模范带头作用。

老子在《道德经》的第二章指出：

是以圣人处无为之事，行不言之教。

这句话的意思是，为了使百姓富足、民风淳厚，圣人应自觉地依自然无为的原则施政；并做到以身作则，对百姓进行潜移默化的引导。

老子在《道德经》的第六十三章又指出：

为无为，事无事，味无味。

这句话是说，圣人只会秉持无私、为民的宗旨并依自然法则而为，而不会私心妄为。圣人只会做有利于百姓，而不会做损害百姓的事情。圣人只求衣能蔽体、食能饱腹的平淡生活，而不会追求奢侈的物质享受。只有做到这"三无"，即无为、无事、无味的领导者，才能做到廉洁清正，才能起到模范的作用。

老子在《道德经》的第四十三章还指出：

不言之教，无为之益，天下希能及之矣。

这句话的意思是，道不会用语言去教化世人，只会以实际行动对人类奉献一切。可惜的是，不是很多人都能了解道这种作用，更不知以它为榜样了。

老子通过以上几段话要求治国者尤其是居上位的治国者做到，吃苦在前，享福在后，以身作则，模范带头。

唐朝大历年间，皇帝下诏任命杨绾为宰相。许多官员闻讯，纷纷自动整改。御史中丞崔宽，非常富有，财产很多，他家中花园里的楼台亭榭不仅数量多，而且美轮美奂，堪称天下第一。崔宽得知杨绾当宰相的当天，就主动拆毁花园中的亭台楼榭。郭子仪在平定安史之乱，收复京师方面立下了大功。可以说，他是挽救唐朝廷的不二功臣，并赐封为汾阳王，其威望权势除皇帝外，无人能比。就是这个郭子仪，闻知杨绾当宰相的消息后，也自动把家中的乐妓裁减了五分之四。为什么，因为杨绾是当时唐朝有名的清官。他为人俭朴，痛恨奢靡，而且行事果敢。为此，朝中官员没有不为之震栗和收敛的。

近几年，人们常能看到一些每月收入只有千把元甚至数百元的工退人员、低薪人员一百二百地捐款救灾救人；也看到一些收入高于他们百十倍的高官和高管，在百万、千万，甚至亿万元地贪污受贿。如此一来，每当我们的领导干部在台上作学雷锋的动员报告时，都会引来台下这样的讥讽："你们在学和珅，却要我们做雷锋。"笔者曾与某县国土局的一名股长进行了一次对话，我问："你们如此卡、拿、要，良心上就不感到丝毫的愧疚吗？"这股长哈哈大笑地回答："那些当大官的，尚且百万、千万、亿万地大把地捞，我们吃点、要点、拿点算得上什么啊！"可见，各级领导干部未能在守廉反腐方面带头自律，这正是腐败愈演愈烈和世风日下的重要原因。

习近平总书记履职之后，召开的第一次政治局会议，就审议通过了关于改进工作作风，密切联系群众的八项规定。习近平还强调："打铁还须自身硬。"他要求从自己做起，从中央政治局做起。这就抓住了根本，也使广大公务员的自律有了榜样。

权力具有一种天然的腐败魔力，而这种魔力是非常强大的。2013年7月，河北省张家口市沽源县平定堡镇委书记叶某，利用女儿结婚的机会，请客上千，敛财数十万。生日酒、婚嫁酒、新房入住酒，甚至送丧酒，已成为官员们多年来敛财的几道法门，在中央"八项规定"已施行大半年的今天，在群众路线教育实践活动如火如荼地开展的今天，在中央三令五申反对利用各种喜庆酒会敛财腐败的今天，叶某仍敢顶风作案，可见权力之恶是何等的顽强。因此，单靠笼子还不足以消除权力的魔性，于是，李克强总理指出："要给权力涂上防腐剂。"就是要求我们的官员、我们的掌权人要有对抗腐败的意志和能力，它就是自律力。

二、守廉反腐必须落实监督

美国总统小布什于2002年的一次演说中指出："人类千万年的历史，最为珍贵的不是令人炫目的科技，不是浩瀚的大师们的经典著作，不是政客们天花乱坠的演讲,而是实现了对统治者的驯服,实现了把他们关在笼子里的梦想。因为只有驯服了他们,实现了把他们关起来,才不至于害人,才不会有恃强凌弱,才会给无助的老人和流离失所的乞丐以温暖的家。我就是在笼子里为大家演讲的。"

这是小布什对民主监督的体会。他认为,民主监督文化的诞生,民主监督制度的建立,是人类历史上最伟大、最圣洁、最珍贵的文化政治成果。

为什么要对权力进行监督?在西方,有专门研究权力罪恶的学者。他们发现,权力是一把双刃剑,既能造福社会、造福人类;也能祸国殃民。权力一旦失去监督,就有可能变成祸害社会、祸害人类的力量,并会把行使这种权力的人变成魔鬼。

中纪委培训处处长李永忠指出:"当权力失去20%的监督时,它就会蠢蠢欲动;当权力失去40%的监督时,它就会破门而出;当权力失去60%的监督时,它就会铤而走险;当权力失去80%的监督时,它就会践踏一切法律;当权力失去100%的监督时,它就不怕上断头台。

权力不能没有监督,这也是老子对我国上古的民主政治与后来的反民主政治审视之后得出的结论。

(一)百姓拥有对为官者监督的合法权。

老子在《道德经》的第三十九章指出:

故贵以贱为本,高必以下为基。是以侯王自谓孤寡不谷。此非以贱为本耶,非乎?

这段话的意思是,卑微的大众,是侯王这些尊贵者的生存之本,也是他们安身立命的根基。侯王之所以把自己视为无力自养的如孤如寡的凡人,正是因为他们懂得卑微的大众才是他们的衣食父母,这样说难道会错吗?

老子在告诉世人,老百姓是国家的主体,国家的主人。

老子在《道德经》的第四十九章又指出:

(对于百姓)圣人皆孩之。

这句话是说，侯王、为官者应像抚育婴儿那样细心地呵护老百姓。

老子认为，百姓是为官者的主人，为官者则是老百姓的仆人。

正因为老百姓是国家的主体，为官者的主人，所以他们就有监督为官者的合法权利。

蜀国丞相诸葛亮在街亭一战中，错用了马谡，招致失败。他于是向天下公布了自己的错误，又给自己降级罚薪，还要求同僚勤攻自己的过失。诸葛亮为什么会这样做？因为他认为，天下人是自己的主人。

广州某单位领导在回答记者提问时说："我拉屎要不要告诉你？臭不臭要不要告诉你？"他对来自百姓监督的抗拒之情可谓溢于言表。事实上，有不少为官者对群众的监督是缺乏思想准备的。因此，只有当他们深刻领会老子以上的思想，才能诚心地接受监督。

（二）监督是带强制性的。

为了防止权力魔化，我们不但要对权力和掌握权力的为官者实施监督，而且要实施强制性的监督。

老子在《道德经》的第三十七章指出：

化而欲作，吾镇之无名之朴。

这句话的意思是，一旦发现为官者私心膨胀，损民害政，就应用道的精神去引导以至强制他们改邪归正。

老子在这里使用了一个"镇"字，镇压的"镇"，这就告诉我们，监督是带强制性的。

对此，我们可以从两方面来理解：

1. 在监督面前无特权。

不喜欢受监督是人性的弱点。汪洋同志说："纪律面前人人平等，遵守纪律没有特权，执行纪律没有例外。"这是说，作为党和政府的各级主要领导人，应带头并自觉接受监督，带头并自觉遵守纪律。可是，有的领导在制订纪律，制订监督条例时却有意识地把自己排除在外。例如，为了防止公车私用，某市用卫星定位系统对公车进行监管，但该市出台的文件却赋予市的主要领导的用车不受监督监管的特权。诸葛亮和李世民之所以值得赞扬，是因为他们为了国家和百姓的福祉而能做到自觉抑制自身人性的弱点，自觉并带头接受监督。

2. 监督所以必须强制，这既是维护国家和百姓利益不受损害的需要，也是确保为官者终生平安的需要。

原国家发改委副主任、原能源局局长刘铁男，利用手中权力大肆受贿。2013年5月11日下午，当中纪委人员和6名全副武装的特警找到刘铁男时，他即时跪倒在地，浑身发抖，语无伦次地说："我有罪，有死罪，我交代，全部交代，现在就交代，求求不要把我带走，我太想过平常人生活了。"

如果当初监督到位，刘铁男也自觉接受监督，还会有这跪天跪地求饶这一幕发生吗！真可谓早知今日，何必当初？！

（三）监督必须依靠广大人民群众。

老子在《道德经》的第四十九章指出：

（对为官者）百姓皆注其耳目焉。

这句话的意思是，对于为官者，老百姓应注意听其言，观其行，对他们实施监督。

老子这句话有两层意思：其一是老百姓有权对为官者进行监督；其二是对为官者的监督必须依靠广大老百姓。

据有关统计资料显示，在全国检察机关查办的案件中，80%以上来自群众的举报，在中央国家机关各部委的纪检监督机构查处的大案要案中，90%以上是来自群众的揭发。在国外，许多国家90%以上的腐败案件也是通过民众监督查办的。这些国家的民众不仅揭发检举贪腐的官员，而且监督司法部门对被举报者侦查处理的过程。

实践证明，哪里的人民群众监督作用发挥得好，哪里的腐败现象就比较少，腐败分子生活在人民大众这个汪洋大海中，他们的劣行很难逃脱那无数的火眼金睛。所以，腐败分子最怕的就是人民大众的监督和举报。

由于时代的进步，民众对官员的监督今天又多了一种手段和阵地，这就是网络监督。从近几年的情况看，网络已成为畅达民意、鞭挞腐败的便捷而有效的手段，在对权力的监督中拥有比其他手段更为强大的威力。如山西的"表哥"杨某才，山西的房嫂、房媳，南京的"至尊王"局长，都是由网络以最快的速度揭露出来的。一项民意调查表明，75%的人选择用"网络曝光"的方式对为官者实施监督。他们认为，其好处有：1.快捷省时；2.能推动相关部门火速介入办案，减少包庇现象的发生；3.威慑力大，既能使腐败分子不寒而栗，也能在社会上起到激浊扬清的作用。"网络曝光"的副作用，我们可以通过引导使之化解或减少，但千万不能对网络举报采取一种敌意和打击的态度。

正因为群众监督威力之强大，所以有不少的政治家都主张让人民来监督政府。

美国伟大的政治家杰斐逊说："没有民众的监督，政府就会蜕化变质，民众是自己政府唯一可靠的看守人。"

1945年7月，毛泽东在延安与民主人士黄炎培作了一次被誉为"千秋窑洞对"的著名对话。黄炎培问毛泽东："历史上许多政权'其兴也勃焉，其亡也忽焉'，形成了一种周期率，共产党执政后有没有跳出这个周期支配的新路？"毛泽东答："我们已经找到新路，我们能跳出这个周期率。这条新路就是民主。只有让人民来监督政府，政府才不敢松懈。只有人人起来负责，才不会人亡政息。"诚然，毛泽东此话是正确的。

李克强总理在两会期间回答中外记者提问时强调："要让权力在公开透明的环境中运行，使人民能够更为充分和有效地进行监督。"

习近平同志在十二届全国人民代表大会当选为国家主席后发表讲话时，则表示要自觉接受人民的监督。他说："我将忠实履行宪法赋予的职责，忠于祖国，忠于人民，恪尽职守，夙夜在公，为民服务，为国尽力，自觉接受人民监督。"

据《人民日报》的子报《环球日报》的民调显示：期待一场新革命的受访者竟然占到49%以上（见2013年3月12日该报英文版），面对如此触目惊心的数据，我党的有识之士认为："不反腐败，亡党亡国。"可是，面对这样的严峻局面，过去好长一段时间，我们老是回避、粉饰、掩盖问题，致使问题拖成难题，难题拖成老大难题，以致积重难返。"共产党执政是历史的选择、人民的选择。"既然如此，我们每个党员就应自觉做好自己，我们党就应不遗余力地建设好自己，全心全意为国家的强大、民族的振兴、人民的幸福而奉献，以不辜负历史和人民的这种选择。现在的问题是，有些人对这句话津津乐道，陶醉不已。他们仿佛认为，既然历史、人民选择了共产党，又有谁能奈我何？其实，历史上所有的政权，都可以说是历史选择的结果，秦始皇的秦朝，苏联的共产党政权，难道不是历史的选择吗？可前者活不过15年，后者也只维持了70年。可见，历史、人民是完全可以对任何政权做出新的选择的。

　　人类的历史告诉我们，世间没有不被终结的朝代，而每个朝代终结的重要原因都是其政权之严重腐败，不改革反腐，或改革反腐不成功，就会亡党亡国。这正是历史给予我们的启示。对政治家而言，每个时代有每个时代的使命和责任。毛泽东、周恩来这一辈政治家肩负和完成的是建党建国的使命和大业；邓小平这一辈政治家通过改革开放而肩负和完成的是兴党兴国的使命和大业；通过成功改革反腐以救党救国、强党强国，则是未来10年至20年间，我国的政治家必须肩负和完成的使命和大业。这一使命和大业，今天已经落在了以习近平为总书记的新的领导集体的肩上。

　　国家兴亡，匹夫有责。面对改革反腐以救党救国的使命和大业，每一个有良知、有责任心和有使命感的中国共产党人，包括那些既得利益者，都应该以一种舍我其谁的气概和担当，甚至以一种壮士断臂的自我决绝的精神，从我做起，从今天做起，用行动来支持当今的党中央去完成这一救党救国、强党强国的大业。

第六讲

《道德经》的民主选举精神

民主选举作为一项政治制度，从世界历史的视角上说，主要是近200多年来的社会现象。民主选举对社会历史的健康发展，对人类的福祉都有着非凡的意义。

公元前400多年的希腊城邦进行了民主选举的尝试，但人类历史上最早提出民主选举思想的是中国的老子。

马克思在《法兰西内战》一书中指出："为了防止国家和国家机关由社会公仆变为社会主人"，就必须"把行政司法和国民教育方面的一切职位交给由普选选出来的人担任，而且规定选举者可以随时撤换被选举者"。

党的十八大提出把中国建设成为富强、民主、文明、和谐的中国特色社会主义国家的目标。对于我国的民主选举，《八二宪法》的第34条也作了规定。可见，民主选举是我国今天和未来公民生活的重要内容。

那么，老子的民主选举思想有着怎样的内涵，它能否帮助我国的政治生活走上康庄发展之路呢？

一、官由民选是老子选举思想的灵魂

在我国古代，实行的是一种推举和禅让相结合的制度。到了封建社会，实行的则是胜者为王以及帝王世袭的家天下制度，皇帝以下的官员由皇帝任命。老子在我国封建社会的初期，就高瞻远瞩地提出了官由民选的主张。

老子在《道德经》的第六十六章指出：
是以圣人处上而民不重，处前而民不害。是以天下乐推而不厌。以其不争，故天下莫能与之争。

这段话的意思是，对于那些一旦处于发号施令高位而仍能使百姓不会感到受压迫、受伤害的圣人，天下人只有拥戴之心而无厌恶之情。具有这样品德的圣人尽管不去争当领袖，而百姓偏偏选择他们；这样，普天之下就没有人能与之相争了。

老子明确地提出了反对胜者为王、反对世袭的家天下，而实行官由民选的主张。

那么，民众的选官权利来自哪里？又为什么要实行官由民选呢？

（一）民众的选官权利来自它的国家主人地位。

老子在《道德经》的第三十九章指出：

故贵以贱为本，高必以下为基。是以侯王自谓孤寡不谷，此非以贱为本耶，非乎？

这段话的意思是，卑微的大众是侯王这些尊贵者的生存之本，也是他们安身立命的根基。侯王之所以把自己视为无力自养的如孤如寡的凡人，是因为他们懂得卑微的大众才是他们的衣食父母。这样说，难道会错吗？

老子在《道德经》的第四十九章又指出：

圣人皆孩之。

这句话的意思是，对于老百姓，治国的圣人应像抚育婴儿那样小心地予以呵护。

老子明确指出：百姓是国家的主人，是为官者的主人，而为官者则是百姓的仆人。

中国共产党向来宣示，人民是国家的主人。《中国共产党章程》第六章第三十三条指出："党的干部是事业的骨干，是人民的公仆。"马克思十分推崇的巴黎公社所发表的宣言则明确规定：公社的干部是为人民服务的"公仆"，公社干部由人民群众选举产生，并由人民监督。

可见，人民的选官权利，正是来自他们的这种国家主人地位，来自他们是为官者的主人这种地位。

（二）民主选举是告别暴力更迭政权的康庄大道。

人类社会自出现私有制之后，世界上所有国家政权的更迭，几乎没有不是通过暴力的对抗来完成的。只要对历史有些许了解的人都能认识到：以暴易暴的政权更迭方式是一个没完没了的恶性循环过程；这些由武力催生的政权都难以摆脱独裁专制的性质；无论是更迭政权的战争，还是这些由武力催生的政权之暴政所产生的伤害，承受者永远是国家和广大的百姓。

老子在《道德经》的第二十七章指出：

圣人常善救人，而无弃人；常善救物，而无弃物。

这句话的意思是，圣人以救人护物为自己的行为准则，他们不会唾弃任何人，也不会糟蹋任何物。

有着博爱之心的老子，既反对战争，又憎恨暴政，为此，他反对胜者为王，而主张贤者为王，反对世袭的家天下，而主张由民选官。

直到 18 世纪，这个世界才出现了一个伟人。他以一种伟大崇高的人格把老子这一官由民选的主张变为社会现实。这个伟人是美国人，叫乔治·华盛顿。在美国的独立战争中，华盛顿任总司令。美国建国后，他被选为美国总统。他于 1797 年第二届总统任期期满后，拒绝连选连任和继续担任公职，并回到家乡过平民生活。自此，美国总统依照他主持制定的宪法规定，由人民直接投票选举产生。

华盛顿的伟大就在于：1. 他打下江山而不把江山据为己有，他不做国王，不终生担任公职，更不把"王位"传给子孙，而当时世界各国的王位几乎都是世袭的；2. 他开创了人类近代社会由人民直接选举国家领导人的新时代。

自此之后的两百多年中，美国国内没有发生过为夺取政权而发动的战争，也没有军事政变。这个在殖民地基础上建立起来的国家。经过一百多年的和平建设，便成了全世界最为发达、最为强大的国家。

在美国，总统实行由人民直接选举，政权实行和平过渡之后的历史时期里，我国曾发生了三次大规模的以更迭政权为目的的战争。一是太平天国运动。二是辛亥革命，包括清朝被终结之后的军阀混战。三是国共战争。中国的国力就在这样的政权更迭的战争中被日渐削弱，一向经济发达、国力强盛的中国曾一度成为全世界最贫穷的国家之一。我不是说，辛亥革命、国共战争不应该进行。长期起着阻碍中国社会发展作用的满清政权早就应被推翻了。国民党政权严重腐败，丧失民心，因此它被推翻则是咎由自取。我是说，如果我国在1797年后就有了民主选举的话，这样的夺权战争就可避免，中国就不至于出现那样的贫弱不堪的局面。

历史已经证明，只有民主选举才能告别更迭政权的暴力。才能保护人民的生命财产不受蹂躏和伤害，才能保证社会的健康发展。

（三）由民选官是巩固共产党执政地位的不二法门。

乍看到这一命题，有的读者也许会感到很惊诧。如果你耐着性子看完本节的论述，也许会毫无保留地认同它、认可它。

我先说两个故事，这是驻加勒比海国家苏里南的我国原大使讲述的。一天，一位年约三十七八岁的女华侨带着一个六岁的男孩出现在上海浦东机场。她要乘机回苏里南。但她被告知，她的男孩只有该国的出生证而没有该国的护照，西班牙航班不允许其登机。女华侨要求使用机场的电话与该国的外交部部长通话。外交部部长能接一个普通国民的电话吗？机场的工作人员认为这个华侨异想天开，是摆谱，是精神病。可他们哪能想到，该国外交部部长真的接听了这个华侨的电话，并立即与中国外交部沟通，从而帮助这对母子顺利地登上了回苏里南的飞机。第二则故事是这样的：那是一个星期天，苏里南的几个印第安人，因一块土地的领证问题，到该国的总统府找总统。总统府的门卫告诉他们，今天是星期天，总统没有上班，建议来人到总统家里去见总统，并把总统家的地址告诉了他们。于是，几个印第安人来到了总统的家门口。总统费内蒂安这时正在家休息。这位总统闻说有人来找，不敢拖延即时出门见来访者，他身上的睡衣、脚下的拖鞋也来不及换。他与来访者商定，下个星期三到总统府一起商量解决。报界报道了这件事，但他们并没有对总统的亲民表现，急百姓之所急的表现予以歌颂，相反对总统未能主动去解决百姓的问题提出了批评。因为在他们的国度里，总统亲民、为民做事那是理所当然的事情。这位大使最后指出，苏里南的总统、外交部部长之所以能有这样的表现，因为总统是由人民直接选举的，他必须对人民负责、为人民服务；外交部部长是由总统提名，再经人民选出的议会通过任命的，他必须既要对总统负责，又要对人民负责，而只有做到对人民负责，才能实现对总统负责。

老子在《道德经》的第四十九章指出：

圣人常无心，以百姓之心为心。

老子要求治国者，必须以百姓的权益为依归，急他们之所急，图他们之所图。对此，苏里南的总统和外交部部长做到了。

下面我再讲两则故事。

2013年5月20日，河北省兴隆县孤山子镇党委书记梁某男，接受该县某税务局副局长张某铭的私人宴请。梁手里端着米饭，嘴里吃着猪肉，却边吃边骂起来："老百姓就是这副德行！不能给脸，给脸不要脸！"

福建省一个外逃的厅级干部，在美国公开说：在中国，只要有一个顶头上司护着你，你哪怕把天下人都得罪了、伤害了也没关系。下面的这个故事则给这个外逃官员之名言作了最好的诠释。

2005年的一天，广东某县的县委书记遇上了一件非常棘手的事情。顶头上司让他在该县搞"迁私坟入公墓"的试点，并要求他消灭县里的所有私坟。经过几天激烈的思想斗争，他不仅下定了决心，而且有了摧毁私坟的办法，还亲自草拟了《关于清理乱葬坟墓的通告》这样一份地方政府的法规。他把文稿交给了秘书小陈，让他推敲一下文句是否有不够完善的地方。陈秘书是一位法学硕士，文稿让他惊呆了。法学有一常识或基本法理，通俗地说叫管后不管前，即新法规出台之后，只对之后发生的事情产生法律效力，而不能管辖新法规生效之前的事情。火葬，在我国是20世纪70年代才开始的事情。火葬法规出台之后新建的土坟，我们称之为乱葬坟墓未尝不可，而给之前的历史坟墓冠上"乱葬坟墓"的恶名则万万不可。在20世纪70年代前，我国哪朝哪代哪届政府都没有立下不许土葬的法规，它们出现的时候既无法可犯，也没规可违，"乱"在哪里？因此，"乱葬坟墓"无疑是一种非法定义，是违犯法理的。《通告》中没有对私坟迁移的补偿条款。坟地不管权属如何，面积大小，一律收归地方政府而不给补偿，这是对公民财产权的公然剥夺。百姓要把私坟移入公墓园，每座坟大约要花万元以上，包括墓位费和迁葬费，一个家庭如有10个私坟就要开支十多万元，以后还要每年交墓园管理费。政府一个文件就要让百姓平白无故地花这许多钱，甚至还会使一些人倾家荡产，这是对公民财产权的变相侵犯与剥夺。再令这陈秘书不能明白的是，该县是个山区县，全县的私墓绝大部分都分布在山岭之上，有的坟墓所处的地段就是一万年后恐怕也不会被开发。我们应采取开发到哪里，私坟搬迁的事就解决到哪里的方针才是，又何必去做那些有的是成千上万年后才需要做的事呢？陈秘书于是鼓起勇气说："书记同志，我能否说点看法？"书记说："我知道你要说什么。'乱葬'是个非法定义，我也懂；但不借用它，就师出无名，就名不正，言不顺。补偿，是个天文数字。全县公务员就是不发两年工资也填不平这个坑。难道我想去干这种人神共愤的事？但我有什么办法！"陈秘书明白了：为了取悦于顶头上司，宁可得罪天下人、伤害天下人。

上述《通告》发出之后，没有人叫好，更无人响应。对此，书记同志可谓意料之中，不过他还有三板斧。

他规定公职人员包括教师不在规定时限内迁坟的，一律停发工资，且不得上班。为了保住饭碗，在高压之下，这些公务人员、教职人员只好老老实实地迁坟去。在一个县里，上述人员能占多大的比例啊，况且他们中有不少还是外地来的，县委书记便是个外地人。

为了逼迁，书记同志又使出了他的第二板斧，出台了一个《严禁拜祭乱葬坟墓的通告》。笔者认为，通过扫墓祭祖表达一种敬宗礼祖之情，这是中华民族的优良传统。胡锦涛总书记于2013年9月13日偕夫人刘永清回安徽前往坟地祭祖，弘扬的正是这一传统。总之，扫墓祭祖是每一个炎黄子孙的正当权利。陈秘书当时看了这则《通告》的文本之后，心里想，这又是一个公然侵害百姓正当权利的恶法。不过他没有再提醒书记同志，因为他知道那是徒劳无功的事。这年的清明期间，该县出动军警，守村封路，阻止百姓上山拜祭祖先的活动。百姓的扫墓活动虽然被封杀了，但迁坟的进度仍无起色。他们说："我们就是不迁，政府难道能把几十万百姓都关进监狱？"书记同志于是使出了他的第三板斧。

这个县有一座何家墓，墓主人是宋朝的一位大官，该墓已有900多年的历史。何公的当代子孙有五万多人，分布在广东、广西数十个村庄。书记同志说，做工作要懂得抓主要矛盾，何家墓历史最长，何氏族群最大，摧毁何家墓，迁坟之难就能迎刃而解。在强大的政府权力面前，族群再大也是弱小的，一个深夜，何家墓被推平了。

何家墓虽然被摧毁了，但由于广大百姓的坚决抵制，所谓的清理乱葬坟墓运动也就戛然而止，不了了之。县委书记同志则由于坚决执行上司的意旨，并为之奋不顾身，于是很快得到了提拔。

老子在《道德经》的第六十章指出：

治大国，若烹小鲜。

这句话的意思是，煎煮小鱼时，如果火候过了会把它煎糊，如果翻动过多会令它烂在锅里。治理国家的道理如同烹小鱼一样，既不能给老百姓过多的干扰，更不能给他们以伤害，所以必须小心谨慎。

上述两个故事的主人公都有一个共同之处，就是把百姓视为贱民。对百姓，他们可以谩骂之，可以用恶法对付之，他们的心态和作为与老子对治国者的要求完全背道而驰。

老子在《道德经》的第十五章指出：

古之善为道者……浑兮，其若浊。

这句话的意思是，古代那些修道有成的人，好像一泓清泉注入一江浊水没法分清彼此似的无离无间，永远与百姓平等亲密相处。

上述故事的主人公们虽与百姓朝夕相处相见，彼此的心却隔着十万八千里。

近年，我曾接触过这个县的一些百姓，他们把当地的政府叫官府，把一些官叫作狗官。他们说："我们不指望官府能为我们服务，只企求他们能让我们过上几天安稳的日子。"这是多么令人心酸的话语啊。

中国经过近三十多年的建设得到了飞速发展，国力强大了，中国人在外国人面前也挺起腰杆了，照理说，共产党的威望应如日中天般的崇高才是，可现实却非如此。为什么？除了党内的严重贪腐之外，一些地方政府、地方官员对百姓的无视和伤害应是一个重要因素。

这些地方政府、地方官员为什么会如此蔑视百姓、作践百姓？因为决定他们去留的不是百姓，而是上司。为了取悦上司，他们不怕得罪百姓，也不惜伤害百姓。这种状况只有到百姓有权决定他们去留的时候才能改变。只有当他们做到把对百姓负责与对党而不是某个上司负责相统一的时候，官民的关系才能改善，地方政府的形象才能改善，到那时，党的威望也自然能得到提升。

封建社会时的皇帝封官制与当今社会一把手主宰的授官制相比，两者有着明显不同。前者，除皇帝外或皇帝授权之外，任何一级政府首长都不拥有对下级官员的任免权。为此，在封建社会里屡屡出现敢于抵制上司的不当作为的官员。清朝第一廉吏于成龙任四川合州知州时，有一次郡守派人送来一张帖子索取鲜鱼。于成龙不以为然地说："民脂民膏都被搜刮尽了，我哪里弄鲜鱼去。"硬是把上司的要挟顶了回去。今天，任何一级党的一把手都有权决定下属的升迁与罢免，有权决定他们的荣辱甚至生死。这正是官员的"宁可得罪天下人，也不能失悦于一把手"的心态形成的原因。

"百代兴盛依清正，千秋基业仗民心。""现在某些地方的官民关系如何？相信无须赘述也不影响人们的理解。最极端的例子是，当一些官员遭遇灾难时，也常常引来幸灾乐祸的声音。这种幸灾乐祸的社会心态尽管是非理性的，但我们应当从中领悟人心的向背，反思个中的根源。"（引自2013年10月17日的《羊城晚报》）。

提升党的威望，需要采取多种措施，但唯有还权于民，让百姓拥有决定官员去留的权力，才能从根本上改变官员的高高在上的"主人"心态，才能使他们老老实实与百姓平起平坐并接受群众的监督，才能使地方政权成为真正为百姓服务的工具，才能防止政权异化为伤害百姓、作践百姓的机器，才能使官员重新获得百姓的信任和尊重。如此，党的威望自然得到提高，党的执政地位也自然得以巩固。

二、创造优于西方的具有中国特色的选举模式

老子的民选思想诞生的时代虽然久远，却是那样的现代和优秀。如果我们认真按它的要求去做，不仅能选出优秀的、百姓满意的治国官员，还能避免党派恶斗、族群撕裂、竞选者生仇的西方选举模式的弊端，更能消除选举战中所造成的金钱和物资上的严重浪费。

（一）有志于为官者必须以自己的德、才、能接受百姓的选择。

老子十分强调有志于治国者们的德才能的培养，要求他们必须自觉修道建德。

老子在《道德经》的第五十九章指出：

早服谓之重积德，重积德则无不克。

这句话的意思是，对于一个有志于当治国者的人来说，必须首先立志潜心修道建德，只有尽早修道才能使德行日益深厚。德行深厚了，就能无往而不胜。

老子在《道德经》的第十章又指出：

涤除玄鉴，能无疵乎？

老子要求有志于当治国者的人，在学道修德中要做到三省吾身，经常问问自己是否已真正把心灵镜面上的污垢清除得干干净净而没有留下一丝一毫的私心杂念。

老子在《道德经》的第六十七章还指出：

夫慈，故能勇；俭，故能广；不敢为天下先，故能成器长。

这段话的意思是，所谓"慈"，就是慈爱、慈悲、慈善，对人类有一种慈爱、慈悲、慈善之心，它可激发出庇护万民的惊人勇敢和力量。所谓"俭"，就是勤俭、节俭、爱惜天下万物，使奢侈之风不长，从而使天下万物得以正常繁衍，所谓"不敢为天下先"，就是在权位名利面前，永不与人相争。具有以上品德的人受人爱戴，所以能成为领袖人物。

北宋年间，江南有个大家庭。这家庭的主人年轻时是个风流才子，妻妾成群，生下了一大堆儿子。随着时光的流逝，老爷子进入了风烛残年，这时，他意识到应该交班了，可是交给哪一个儿子好呢？他一时拿不定主意。儿子们知道父亲的心思之后，一场围绕家庭管理权的争夺战便展开了。儿子们为此斗得势不两立。但有个儿子却表现得很"出格"，他完全置身于这场争斗之外，一如既往地默默地做他的分内事，他就是老爷子最小的儿子。老爷子觉得这小儿子一向工作踏实，处事公道，孝敬父母，尊敬哥嫂，爱护侄辈，且多次用自己的钱救助困难的人。想到小儿子这许多的好处，老爷子打消了他原先的传大不传小的念头。一天，他把家人召集起来，把象征家庭最高权力的一串钥匙交给了小儿子。意料不到的是，会上响起了热烈的掌声，那些哥哥嫂嫂都拥护老爷子的决定。

自觉奉道修德，以自己的才能和贤德去接受百姓的选择，这是老子民选思想的重要内涵。老爷子的小儿子虽然不是有志于当治国者的人，而他在德才方面的修为，在面对权位上所表现的不争之德，实在值得有意为官的人引为借鉴。

（二）老子为百姓提供了择官的标准。

作为选举人的老百姓，应选择怎样的官员，老子也为我们提供了衡量、鉴别、选择的标准。

老子在《道德经》的第六十六章指出：
是以圣人欲上民，必以言下之；欲先民，必以身后之。

这段话的意思是，要想成为百姓领袖的人，其心应愈加谦虚，其言应愈加谦逊，并做到把自己的利益置于百姓的利益之后。

老子在《道德经》的第十三章又指出：

故贵以身为天下，若可寄天下；爱以身为天下，若可托天下。

这段话的意思是，你如果能够像珍惜自身一样珍惜天下，天下人就可以放心把天下交给你治理了；如果你能够像珍爱自身一样珍爱天下人，大家就可以放心把天下人托付给你照料了。

老子在《道德经》的第七十八章还指出：

圣人云："受国之垢，是谓社稷主；受国之不祥，是谓天下王。"

这段话的意思是，勇于为国家忍辱负重的，才配做它的领导人，勇于为天下人承担凶险与危难的，才配做他们的领袖。

就这样，老子为我们提出了选官的标准：1.他们能把百姓的利益置于至高无上的地位。2.他们对百姓有一颗慈爱之心。3.他们能勇于负责、敢于担当。

传说，尧舜在位的时候，中华大地曾发生了特大的洪水灾害。洪水冲塌了房屋、淹没了田地，还淹死了许多人。为了解除百姓的疾苦，舜命大禹领导治水。

为了消除洪水灾害，大禹和助手在外辛勤奔走了十三年。他们吃的是粗糙的食物、穿的是补了又补的旧衣烂衫，经常露宿野外。有人在山上摔死了，就在山上刨个坑埋掉；有人在水边淹死了，就在河里葬。活着的人为死者举行了表示哀悼的简单仪式之后，立即又投入紧张的劳动。

大禹身先士卒，样样带头。他经常脸顾不得洗，插在头发上的簪掉了也顾不得捡起来。由于长年累月地泡在水里，他的脚指甲都脱落了，小腿的汗毛也掉光了。他手下的人个个都感动得流泪。

大禹在治水的十三年中，曾三次路过家门而不入。第一次经过家门口，他听到自己新生的儿子正在呱呱啼哭，妻子由于生产的痛苦正在呻吟。他的助手都劝他进去看看，他害怕耽误工作而没有进去。第二次经过家门口时，抱在妻子怀里的儿子，使劲地挥动小手在喊爸爸。大禹深情地向妻儿挥了挥手,还是没有走进家门。第三次经过家门口时,已经十多岁的儿子走过来使劲地把他往家里拉。大禹爱抚着儿子的头顶,让儿子告诉妈妈,爸爸治水工作忙,没空回家,又匆忙地离开了。

就这样,大禹终于把水患治好了。

老子认为,只有那些心中充满大爱的人,才能把自己的利益置于百姓的利益之后,才能做到像珍惜、珍爱自己那样珍惜、珍爱天下和天下人,才能做到为了国家的安康、大众的福祉而勇于承受凶险与危难。对此,大禹都做到了。由于百姓的拥戴,他做了舜的继承人。

大公无私,有大爱之心,凶险、危难面前勇于为民担当,如果我们按照老子提出的这些标准去衡量参选者,就一定能够选出爱民治国的好官来。

(三)老子把民主选举植根于高尚的道德理念之上。

老子把民主选举植根于他提出的至真、至善、至美的道德理念之上,并受它的保障和约束。因为,只有以一种无私之心、为公之情、不争之德、和谐之道、诚信之念、公平之理去规范选举,这种选举才能是健康的、公正的。

1. 老子用一种不争之德去规范选举。

老子在《道德经》的第八十一章指出:

天之道,利而不害。圣人之道,为而不争。

这段话的意思是,天道只会施益于万民万物,而不会加害于他们。圣人只会对百姓、对社会奉献,而不会去向他们索取。

老子在《道德经》的第十五章又指出:

古之善为道者……旷兮,其若谷。

这段话的意思是,古代那些善于修道行道的人,就好像空旷宽阔,容量无限的溪谷似的胸怀宽广,既能心系家国天下,情牵百姓黎民,又有容人之量。

老子通过这两段话告诉我们,圣人胸怀广阔,心系家国天下。他们把权位视作为百姓服务的平台和舞台。为此,他们乐意以自己的德、才、能接受百姓的挑选，甚至能把机会相让，而不会为之不择手段地争逐，在他们身上表现出来的正是一种无私之心、不争之德。

春秋时期的齐桓公，认为鲍叔牙有治国之才，对自己忠心耿耿，又有辅助自己当上国君的大功，这样的条件无人能比，因此决定任用他为国相。鲍叔牙却把管仲推荐给齐桓公，说管仲才是治国图霸的人才。管仲和鲍叔牙辅助齐桓公40多年，把齐国治理得国富兵强，也使齐桓公得以成为春秋时代的第一位霸主。无独有偶，战国时期的秦孝公很欣赏百里奚的才能，决定任用他为丞相。百里奚却把蹇叔推举给秦孝公，认为他才是当丞相的材料。秦国在蹇叔和百里奚的治理下，国力很快强大起来，从而为秦王嬴政统一中国奠定了基础。

鲍叔牙、百里奚在权位上表现出来的无私之心、为公之情、不争之德是十分值得我们学习和效法的。如果参加竞选的人都能胸怀老子提倡的不争之德，就能使民主选举建立在一种高尚的道德情操之上，保证选举的健康进行。

2. 老子又主张用一种和谐之道去规范选举。

老子在《道德经》的第五十五章指出：

知和曰常，知常曰明。

这句话的意思是，和合、和谐，是自然、社会、人生，也是生命的真谛。能够有此认识，才算真正了解到"和"的精髓。

老子在《道德经》的第六十三章又指出：

大小、多少，报怨以德。

这句话的意思是，矛盾怨恨是由小到大，由少而多地发展积累起来的，因此，人们应该努力把它扑灭在萌芽的状态之中。矛盾、怨恨一旦不幸形成，也应以德报怨，用德去化解。

和生万物、和兴万事，一个家庭是如此，一个国家也是如此，如果我们的选举人和被选举人都能用这种精神武装自己、约束自己，选举中的族群对立和割裂就不会发生，社会就能和谐如一。

3. 老子还主张用一种诚信之念去规范选举。

老子在《道德经》的第六十五章指出：

以智治国，国之贼也；不以智治国，国之福也。

这段话的意思是，如果治国者以诈术权谋治国，无疑是祸害国家的贼子，如果他们不以这种心术治国，则是国之幸、民之福。

老子主张在选举中要做到拒伪诈而行诚信。按照老子这一要求，我们在选举中必须禁绝互相攻击、互相抹黑的竞选手法，禁绝像陈水扁那样用两颗子弹改变选举结果的阴谋诡诈行为。

我想，如果我们参照老子的以上思想，对我国的民主选举进行具体的设计，认真的试验，反复的摸索，我们一定能打造出既能体现民主、公正、文明、和谐的社会价值观；又能充分体现人民意志和当家做主精神；还能避免西方选举所表现出来的弊端，而具有中国特色的选举模式。

一个廉洁、爱民、勤政、开明的共产党，不仅是我国社会稳定、经济健康发展的强大要素，也是我国民主选举的强大组织保障。我们深信共产党一定能自觉更新观念，自觉顺应潮流、顺应民意；能善待自己，善待百姓；能相信自己，相信百姓；能开明执政、依法执政，进而能为老子式、中国式的选举提供有力的组织保证。

三、积极稳妥地推进我国的基层民主选举

民主的本义是主权在民。由选民用选票选举出国家的各级权力机关，决定各级政府的领导人，不仅是民主的应有之义，更是民主的主要内涵。民主选举，是宪法赋予我国每个公民的神圣权利，它自然也是我国今天和未来体制改革的重要内容。

（一）不失时机地让基层普选上路。

由民选官不仅是治理腐败、防止国家机关工作人员由社会公仆变为社会主人，巩固共产党执政地位的不二法宝，也是回应公民日益增长的政治参与

等权利诉求的需要，还是推动祖国统一的需要，更是提高中国国际地位的需要。

老子在《道德经》的第八章指出：

政善治，事善能，动善时。

这句话的意思是，说到治国，圣人必能实施清静无为政治，其合乎时宜的举措不仅能事事顺遂，还能得到天下人的拥护。

党内、政府内贪腐的日益严重，机关工作效率的日益低下，官民关系的日益紧张，表明了一把手主宰的等级授官制已到了非改不可的时候了。

(二) 认真做好县镇一级的普选试点。

这里说的普选不是一步到位的全面普选，而是镇县先行的民主选举路子。

老子在《道德经》的第六十三章指出：

天下难事，必作于易；天下大事，必作于细。

这段话的意思是，天下的难事，必须从最容易处着手。天下的大事，必须从最小的事情做起。

在过去的十多年中，我党的文件中经常会出现"积极稳妥推进政治体制改革"的文字。一直以来，稳妥被理解为维持现状，这正是我党在政治体制改革方面少有作为以至不作为的原因所在。维持和谐可以，但维持现状、维持矛盾不可以。因为维持现状等于不承担责任，维持矛盾等于激化矛盾。其实"稳妥"应被理解为认真做好准备、做好设计、做好试验，把工作做扎实。

说到基层的选举，有几个问题是必须认真对待的。

1. 对候选人的提名权和提名程序。

民意测验、组织考察、党委决定，或者领导授意、组织考察、党委决定，这是现行的应对选举候选人提名的方式和程序。实行普选，则应增加选民对官员候选人提名上的权重。我主张，首先按选民比例选出推举候选人的代表。这些代表由选区选民推举票决产生，而不是由别的什么权力单位或什么领导指定或提名产生。县镇政府、人大的官员候选人由同级党委和选民代表共同提名并票决，始初的提名如此，最终的提名仍应如此。至于党委与选民代表提名的分量谁轻谁重，按什么分量比计算，可作进一步的讨论和设计。重要的是，一把手在整个提名过程中只拥有一人一票的权力。

2. 候选人的差额。

县镇的选举必须是差额的选举。从选举的本义上说，没有差额、没有选民选择空间的选举不叫选举，而只能叫奉命投票。这种情况在县镇的普选中是不应该出现的。

3. 全程公开。

候选人提名的过程要公开，选举过程要公开，选举结果包括得票情况都应公开。

毋庸讳言，从某种意义上说，普选就是为了限制一把手的权力。如果选举继续为一把手操控，这样的选举就会流于形式，卖官买官之风就会更加盛行。再者，当选人仍然会知道他的官位是一把手之恩赐，于是只会敬畏、感恩一把手，而不会敬畏、感恩百姓；只会视恩赐者为主子，而不会视百姓为主人；只会倾心孝敬主子，而不会服务百姓。一句话，它与官由民选的宗旨是背道而驰的。

（三）当务之急是遏止选举的异化。

改革开放之后，我国的选举已进行了30多年，从一些地方选举的做法之变化，我们似乎看到了一条轨迹，这是一条走向异化的轨迹。它实在值得中国共产党人和一切志士仁人为之思考，为之警醒。

1. 20世纪80年代的选举新风。

笔者在20世纪的80年代曾亲历了县、市、省的多场选举。

1980年，是广东省斗门县于改革开放后举行的首次党委换届选举。我当时是该县宣传部的一名干事，以工作人员的身份参加了这次会议。这次党代会的代表尽管都是各级党组织提名当选的，但他们的意志、意愿、人格在这次换届选举得到了应有的尊重。大会主席团没有给代表施予任何政治压力，代表可以完全凭自己的意愿投票。选举结果，有4名原常委落选，会后其中3人按科级安排，1人按副科级安排。四年后，他们中有两人重新回到县几套领导班子的行列之中。这次换届选举使党的能上能下、优胜劣汰的干部政策得到了体现，全县人民都有一种如沐春风的感觉。

1984年，是斗门县党委于改革开放后的第二次换届选举。这次会议前的一个月，笔者被任命为这个县的县委书记，会议报到前的一个晚上，市工作组组长对我说："要以代表团为单位成立临时党委或支部，要求代表以党性保证选举的顺利进行。"他还强调"你年纪轻、资历浅，更应把工作做到家。"我很不以他的意见为然。我实在不愿意接受代表在政治压力下投给我的选票。或者说，我想要的是真实的而不是虚假的选票。在代表团团长会议上，我宣布：这次党代表大会不成立临时党委，也不需要作什么以党性保证选举顺利进行之类的动员，每个代表都可以按自己的意愿投票。工作组长急坏了，质问我："如果你落选了，你该怎么办？"我说："回去继续当我的公社书记（那时候市委还没有来得及免去我这一职务）。"他又问："那我该怎么办？"我告诉他，如果这种情况真的发生了，我会主动承担所有责任。也许谁也没有想到，我竟以高票（离满票只差6票）当选县委委员（为常委候选人中的最高票），之后全票当选为县委书记。事后有人对我说，如果我施政治压力给代表的话，我不一定能得到这么高的选票。事前，我没有想过这个问题，事后思之，觉得这分析入情入理。这使我悟出了一个道理，选举不能无视尊重，党员需要尊重，代表需要尊重。

1988年，我参加了广东省委的换届选举。这次选举给我留下最深刻的记忆是，省委书记的得票不高，或者说险些落选。也许这位书记事前对此已有思想准备，但他并没有为此做些什么。既没有宣布成立临时党委，也没有要求代表以党性保证候选人当选。他以一种坦然的姿态接受代表的选择，表现出一个老共产党员的高风亮节。

我认为上述三场选举基本体现了代表的意志。

2. 90年代，选举迅速走向异化。

20世纪90年代开始，不少地方的选举骤然"严肃"起来。与会代表不仅被要求以党性来保证选举的顺利进行，还被要求保证组织所提出的候选人全部且高票当选。代表不能自由表达自己的意愿，而只能绝对地服从组织的旨令。

这是一起发生在20世纪最后一二年的事情，广东某县政府换届，选举县长时，由于出现了非上级指定的候选人，结果候选县长得票不过半。市委主管领导大怒之后提出要求，补选时必须保证市委提出的候选人以百分之百的得票当选。他还提出了三条规定：第一，代表一律不得带笔进入会场。第二，代表手中的选票只要没有出现候选人之外的名字，便视为候选人得票。第三，代表如要另选他人必须到主席台用大会准备下的笔填写。结果一票不差，候选县长以百分之百的得票当选！代表们刚离开会场便骂起娘来……其实，第一轮的县长选举，代表所提的另一个候选人也是共产党员，也是个县委副书记。真可谓"本是同根生，相煎何太急？"

那么，一级党组织要求代表奉命投票，或代表违背自己的意愿投票，是不是就是有党性的表现呢？

经党的十一届五中全会审议通过，于1980年3月5日公布的《关于党内政治生活的若干准则》的第九条规定："党内选举要充分体现选举人的意志。"也就是说，共产党组织能切实保证代表在选举中充分体现自己的意志的才是有党性的表现。代表不惧压力在选举中坚持表达自己意志的，才是有党性的表现。而妨碍选举人自由表达意志的作为，恰恰违犯了共产党的党性。在高压之下进行的选举不叫选举，而是选举的异化，异化的选举。

3. 异化的选举导致了人命事件。

2012年，某省某市发生了一件因选举而死人的事件。2012年12月，某省某市召开了选举省人大代表的会议。最后的选举结果是，内定的候选人全部当选，省委书记和该市市委书记的得票均在95%以上，因为得票不是百分之一百，市委书记大发雷霆。主持这次选举的该市人大副主任承受不住压力……

一场场"胜利"的异化选举，不仅使像罗荫国说的："腐败分子提拔腐败分子"得以通行无阻，也在一点一滴地销蚀着党的威望，销蚀着党执政的合法地位。对于这种选举的异化，我们是否有深省的必要呢？

第七讲

《道德经》的民主法治精神

党的十八大提出了民主法治社会的发展目标。

西方的一些国家经过多年的探索和实践,已建立起比较健康、比较完善、比较行之有效的民主法治制度,从而使其国内的公民权利得到了较好的保障,从而给了我们有益的借鉴。

不过,这种民主法治思想,不是西方人的原创,因为早在2000多年前,我国的老子已对它进行了深入而全面的讨论。今天,我们学习它、践行它,对我国的民主法治社会建设是大有裨益的。

一、人民民主是现代国家政治的基本特征

民主的本义是主权在民。人民民主,就是人民当家做主。老子的民主思想说的是人民之权。即孙中山先生所说的民权。

老子的《道德经》只有五千言,却用了不少文字论说他的民为邦本、民权至上的民主思想。他的民权思想就是植根于他所提出的民为邦本、民权至上的理念之上的。老子民权思想的内涵是丰富的,理念是先进的。

(一) 人民的财产权和生存权不受侵犯。

生存权是人的所有民主权利的基础之权,为此,老子十分重视老百姓的生存权,以及其生命所赖以存在和维持的财产权。

老子在《道德经》的第七十五章指出:

民之饥者,以其上食税之多也,是以饥。……民之轻死者,以其上生生之厚也,是以轻死。

这段话的意思是，百姓所以受饥挨饿，是由于统治者收税过重。所以说民众饥饿，正是税重造成的。百姓所以把死看得很轻，敢于以死对抗政府，是由于统治者过分追求物质享受而盘剥民众所致。所以说百姓敢于以死对抗政府，正是统治者为了自己的享受而过度压榨民众所造成。

于是老子劝告统治者切莫把老百姓逼到不能生存的地步。

老子在《道德经》的第七十二章指出：

无狎其所居，无厌其所生。

这句话的意思是，统治者千万别把老百姓逼到不得安居的境地，也不要把他们压榨到无法生存下去的地步。

老子进而警告，统治者如果不尊重百姓的财产权和生存权，就会招致官逼民反。

老子在《道德经》的第七十四章指出：

民不畏死，奈何以死惧之？

这句话的意思是，暴政苛政之下，老百姓没有了活路就必定会作拼死的反抗。老百姓到了连死都不怕的境地，再以死亡相恐吓，难道还会有作用吗？

老子在《道德经》的第七十二章又指出：

民不畏威，则大威至矣。

这句话的意思是，当老百姓被逼到不再畏惧统治者的威权时，更大的社会危机就要发生了。

历史告诉我们，我国以往的改朝换代的战争几乎无不是由于统治者严重侵犯百姓的财产权、生存权而引发的。现实也告诉我们，当今我国有不少群体事件正是地方政府无视百姓的财产权和生存权而导致的。因此，我们应切实保障百姓的财产权和生存权。

（二）人民的选举权应得到尊重。

人民有权决定官员的去留，是老子民权思想的重要内容。由人民用手中的选票选出各级权力机构和各级政府，这是现代社会的重要标志；也是现代国家人民所应拥有的权利。

老子在《道德经》的第六十六章指出：

是以圣人欲上民，必以言下之；欲先民，必以身后之。是以圣人处上而民不重，处前而民不害。是以天下乐推而不厌。以其不争，故天下莫能与之争。

这段话的意思是，圣人想成为百姓的领袖，其心应愈加谦虚，其言应愈加谦逊，并做到把自己的利益置于百姓的利益之后。对那些一旦处于发号施令高位而仍能使百姓不会感到受压迫、受伤害的圣人，天下人只有拥戴之心而无厌恶之情。这样的圣人尽管不去争当领袖，而百姓偏偏选择他们。如此一来，普天之下也就没有谁能与之相争了。

为了国家的长治久安，百姓的幸福，老子主张贤者为王，而反对胜者为王；主张由民择官，而反对世袭的家天下和禅让制。为此，他要求有志成为治国者的人，以自己的德行，才能去参与竞争，而把选择权交给老百姓。

(三) 人民监督官员的民主权利不可缺失。

老子不仅主张百姓有权选官，而且有权罢免那些表现不好的官员。百姓对官员的有效监督，既是保证多数官员不失为官本色，又是及时揭露和处置不法官员的有效途径。

老子在《道德经》的第四十九章指出：

（对治国者）百姓皆注其耳焉。

这句话的意思是，对治国者，老百姓应注意听其言观其行，对他们实施监督。

老子在《道德经》的第三十七章又指出：

侯王若能守之，万物将自化。化而欲作，吾将镇之无名之朴。无名之朴，夫亦将无欲。

这段话的意思是，治国者如能信守道，遵循道、百姓自能共享和谐、升平与富足。如果治国者不能善始善终，以致私欲复萌，损民害政，我们就应运用道的精神强制他们改邪归正。他们如能再度以道的朴实品格与精神来约束自己，就能再度去除私欲与妄念，重新做个好官。

老子告诉我们：1. 监督官员是百姓的神圣权利。2. 百姓对官员的监督是带强制性的。3. 百姓的监督是防止官员腐败的最有力的手段。世界各国的官场历史表明，老子关于百姓对官员监督的思想是无比正确的。

（四）人民的自由权应得到保护。

什么是自由？自由是法律所许可的或不禁止的权利。我国现行宪法规定："公民有言论、出版、集会、结社、游行、示威的自由"。党的十八大报告则把"自由"列入了社会主义核心价值观中。可见，自由是公民的一项十分重要的权利。作为一个真正的人民政治家，老子不仅关注百姓的生存权、财产权、选举权和监督权，也关注他们的自由权。

老子在《道德经》的第十七章指出：

太上，不知有之。

这句话的意思是，通过实施无为政治，能使百姓仿佛感觉不到它存在的政府是最好的政府。政府只是为百姓服务的工具，而不是施百姓以权力威慑的国家机器。在这样的政府治理下，百姓享有充分的自由、民主权利，并与政府相安无事。

老子在《道德经》的第五十七章又指出：

故圣人云：我无为而民自化，我好静而民自正，我无事而民自富，我无欲而民自朴。

这段话的意思是，有道的治国者都懂得，只要奉行清静无为政治，做到对民不施搅扰之政，不举严酷之法，不课重苛之税，而让百姓自我做主，自我发展，自我完善，他们自能淳厚素朴，安平富足。

2012年《羊城晚报》刊登了一篇《没见过的官就是好官》的文章。说的是，汉恒帝延熹四年，朝廷将会稽太守刘宠调至洛阳任司空，几个山中老汉前往送行的故事。会稽属下的山阴县若邪山中有五六位老汉闻知刘宠奉命离任，便带上一百钱出山为太守送行。他们见到刘宠时说，我们是山谷中鄙陋之人，从来没见过太守。只知道以前的太守，派官吏日日到民间征收赋税和摊派徭役，至夜不绝，或狗吠竟夕，民不得安。而您任职以来，从来未派人催征税赋，乡间竟"狗不夜吠，民不见吏"。说完硬要太守将钱收下。太守坚决不收，说他即使做出了一点政绩，那也是父老乡亲辛勤劳动的结果。最后推脱不掉，收下每人一枚钱。

"大跃进"时期的我国农村，强迫命令成风，那时组织大批干部下乡当"田头警察"，农民播什么谷种，插秧采用什么规格，施什么肥料，都要由这些干部说了算。1972年仲春的一天，南方某县的县委书记顶着呼啸的北风，到农村督促春耕春种。他到了一个生产大队，看到大田上没人插秧便火冒三丈。他把该大队的支部书记找来，责问："现在是争分夺秒抢插的时候，你们为何不插秧，社员都到哪里去了？"支部书记说："今天刮北风，不宜插秧。"县委书记怒斥道："管它东南西北风，我命令你们给我插，谁敢违抗，我就撤谁的职！"支部书记没有办法，只好让社员下田插秧。后来人们看到，在南风的天气下后插的禾苗，比刮北风那天插下的长势还要好。总之，那年月，农民是在政府的威权下劳动，而完全没有生产的自主权的。

老子的话和这两个故事告诉我们，只要政府固守服务的宗旨，而不以权力相威慑；只做自己应该做的事情，而不给百姓添麻烦，百姓的生产经营自主权和言论自由权等多种权利才能得到尊重与保障。也只有这样，才能国泰民安。

（五）人民获得政府优质服务的权利应得以确保。

人民拥有获得政府优质服务的权利，或者说，人民有被服务的权利，这是老子民权思想的重要内涵。由于老子把治国者定位为人民的仆人，把政府定位为服务人民的工具，于是人民享有政府和官员全心全意的服务便是天经地义的事了。

老子在《道德经》的第四十九章指出：

（对百姓）圣人皆孩之。

这句话的意思是，对百姓，治国者应像抚育婴儿那样小心地予以呵护。

老子在《道德经》的第四十九章指出：

圣人常无心，以百姓之心为心。

这句话的意思是，有道的治国者不应以自己的意志、自己的欲望作为施政的出发点，而应以百姓的意志、百姓的权益作为施政的最高准则。

给人民提供优质的服务，是政府、官员的义务；享有政府、官员的优质服务，这是人民的权利。这，才是官民关系的真谛。政府、官员履行了这样的义务，人民得到了这样的权利，就必能出现国泰民安、天下太平的局面。

老子生活在我国奴隶社会向封建社会过渡的历史时期。那时候，君权神授、君权至上的观念笼罩朝野，在当时的学术界的眼中，百姓只是群氓，是臣民、子民、顺民，甚至是刁民。就在那种百姓根本没有社会地位可言的社会政治氛围之下，老子以人民政治家的情怀和眼光，对以上理念进行了根本性的颠覆。提出了人民至上，主权在民、权为民赋的民权观。我国的《八二宪法》规定，"中华人民共和国一切权力属于人民"，可见老子的民权思想与我国宪法的总体精神是一致的。我国当今官场腐败、官民对立的根本原因就在于一些党员、一些官员心中只有党权、官权，而无民权。所以笔者认为在现阶段开展的群众路线教育中加强对老子的民权思想的学习和践行，是很有必要的。

那么，西方的民主文化与老子的民主文化有何异同呢？

经过200多年的努力，西方把民主作为一种政治制度建立起来，这对人类是一个很大的贡献。但西方的民主文化也存在明显的弊端。在国家利己主义的驱动下，一些国家对内讲自由，对外行专制；对内讲民主，对外行霸权；对内讲平等，对外行欺凌；对内讲人道，对外行狗道（把别国人当狗看待）；对内讲人权，对外行屠杀；对内讲博爱，对外行掠夺。有个国家，打着人权、人道的旗号，在不到一百年的时间里，对外用兵一百余次，而这些用兵绝大多数都是非正义的，从而给很多国家的人民带来了深重的灾难。他们这种得不到高尚道德理念维护和约束的二元结构、双重标准的民主文化，不仅无法解决其国内党派恶斗、政客弄权等问题，而且对别国人民犯下了一宗又一宗的反人类罪。他们今后如不改弦更张，人类还将要继续承受它的伤害。这是值得当今人类所警惕的。

老子的民主文化则不同。它植根于老子提出的至真至善至美的道德理念之上，并受它的保障和约束。因为只有以一种无私之心、慈爱之情、公正之理、诚信之念去维护和制约民主的施行，民主才不会走样。因此，在实现中华民族伟大复兴的今天，我们需要的应该是老子式的中国民主，而不是别的。

二、奏响法治中国的时代强音

2013年秋，安徽阜阳市一名刚大学毕业的学生到派出所办理户口补录时，受到了民警李某臣敲诈1500元。刚入社会就遭遇这样的事情，她顿感社会的险恶。这名大学生不但得不到政府的良好服务，反而受到勒索。这件事告诉我们，百姓的民主权利是需要法治为之维护和保障的。

为了保障人民民主，必须加强法治，使民主制度化、法律化。

法治，就是以法治国，依法治国。法治兴则国兴，法治强则国强。法治的对立面是人治。人治是封建专制社会的特质，法治则是现代国家必须奉行的治国理念，人治之下难有社会的公平与公正，要实现公平与公正则必须实行法治。

（一）法治，必须坚持独立司法和司法公开的原则。

党的十八大报告指出："确保审判机关、检察机关依法独立公开行使审判权、检察权。"

老子在《道德经》的第七十四章指出：

常有司杀者杀，夫代司杀者杀，是谓代大匠斫。夫代大匠斫，希有不伤其手者矣。

这段话的意思是，国家应成立专门的常设机构来行使打击惩处罪犯的权力。如果有人越俎代庖替司法机构惩处罪犯，就好比一个外行人替代木匠去加工木料一样，是很容易伤及自己和他人的。

老子主张独立司法，认为上至帝王、下至百姓都不应拥有惩处罪犯的权力，更不能擅主生杀之权。生活在2000多年前的老子就提出由司法部门独立司法的思想，这是非常了不起的。那么，为什么要独立司法呢？

1. 独立司法是防止冤假错案发生之必需。独立司法就是由主理检察官、主理法官独立依法对罪犯行使检察权和审判权，并实行对司法执法的终身负责制。主理检察官和法官，有专业知识，有办案经验，也就是说他们具有别的官员难以具备的知识和经验，这对公正司法是有利的。再者，检察官和法官个人要对所办案件终身负责，办成错案会被追究责任，仅从个人切身利益考虑，他们也会自觉排除各方的干扰，抵制上头的压力，抗御金钱的引诱，公正地行使他们的职权。

2. 独立司法是推动司法公开的良好契机。

司法不透明甚至暗箱操作，是诸多司法不公的直接原因。因此，司法公开与司法公正有着必然的因果关系。司法公开包括司法人员信息的公开，司法过程的公开，司法文件的公开，司法结果的公开以及司法监督的公开等。尽管司法公开是司法公正的重要保障，但那些有权干预司法的人却不乐意看到它变为现实。由主理检察官和法官独立行使检察权和审判权之后，他们不再有权对司法进行干扰了，从而使司法公开真正做到水到渠成。

3. 独立司法是减少司法腐败、党内腐败的有力措施。

长久以来，有的地方党委和政法委一直凌驾在公检法司等国家机关之上，甚至取代了他们的职权。多年来出现的一些错案冤案，有不少就是政法委的非法干扰造成的。如河南赵作海的"杀人案"，当时受理该案的检察院和法院的工作人员就认为证据不足而几次发回重新侦查，但迫于上级党委和政法委的压力，只好硬判"死缓"。11年后真相大白，却没有人对这起冤案负责。事实上，党委书记、政法委书记非法干扰办案，不仅为司法不公推波助澜，而且也使自己陷入了腐败的泥潭之中。广东的陈绍基、王华元就是利用司法搞腐败的高官。我相信,独立司法之后,司法腐败、党内腐败一定会大为减少。

(二) 法治,必须坚持法律面前人人平等。

坚持法律面前人人平等,法律才具正当性、合理性和权威性。法律面前人人平等的法理是建立在人生而平等的思想之上的。

老子在《道德经》的第5章指出:

天地不仁,以万物为刍狗。圣人不仁,以百姓为刍狗。

这段话的意思是,天地之道没有偏好和偏恶之念,把自然万物均视同祭坛上的祭品一样,没有高下贵贱之别。圣人也效法这天地之道,把百姓均视同祭坛上的祭品一样,没有高下贵贱之分,而是一律平等。

在人类社会中,无论是达官显贵,还是布衣百姓,是豪商巨贾还是贩夫走卒,都生而平等,没有等级上的差别。

现代西方的法学是在人人平等的思想基础上建立起来的。然而,法律面前人人平等的法理,在新中国成立之后很长的时间里却不为社会广泛接受。20世纪60年代末,我曾为这个问题请教我国某政法大学的一名教师。他说法律面前人人平等,是西方的法律话语,是骗人的把戏。我们是无产阶级专政的国家,被专政阶级、被专政分子没有权利跟我们讲平等,在法律面前也是一样。事实上,我国当时的政府和司法部门就是这样做的。

1962年冬的一天,我国南方某大队某生产队派了两个青年社员去烧荒,即是把水稻田里的禾秆放火烧了做肥料。他们俩,一个是地主的儿子,一个是贫农的后代。不料,一阵狂风把带火的禾秆卷到了山上,引起了一场山林大火。两个青年虽奋不顾身地灭火,山上还是烧掉了一片林木。事后,地主的儿子以纵火罪判了10年徒刑,判词中还有阶级报复的字词。贫农的后代则被当地树为救火英雄。

这种法律的不公,在今天的人们看来,也许会觉得不可思议,而在大搞阶级斗争的那个年代却是司空见惯的事。

不过在我国历史上,曾出现了不少敢于坚持王子犯法与庶民同罪的法官。

唐高宗时，有个叫李元纮的人，担任雍州郡司户参军，负责管理户籍和司法。他为人正派，处理案件很公正。一次，有寺院僧人向他状告太平公主强占寺院磨坊。太平公主是唐高宗之女，武则天所生，仗着朝廷的权势，经常胡作非为，各等官员不仅不敢惹她，还曲意逢迎她。这个案子对李元纮实在是一个极大的挑战。他把案情查明之后，当即判决太平公主将庙产磨坊归还寺院。李元纮的上司、御史大夫兼雍州刺史窦怀贞知道这件事后，大惊，于是找到李元纮说："咱们怎敢得罪太平公主？赶紧改判吧！"李元纮听罢，提笔在原判书上写了九个大字："南山可移，判不可摇也。"

法律面前人人平等，这是法治的基本精神。没有法律面前的人人平等，法律自身就失去其公正性，法治就没法实施，法治社会就没法实现。因此，我们所有的司法人员都应以李元纮为榜样，以一种大无畏的精神去捍卫法律面前人人平等这一根本法则。

（三）法治，必须要求司法人员坚守职业良知。

政法系统作为强力机关，掌握着政府权力中最厉害的权力。它可以决定人们的自由和财产归属，还掌握生杀予夺大权。可以说，几乎所有的社会经济生活，都可能被政法权力介入。如此无边的权力，既容易成为腐败的高危区，也容易成为挟权自重的高发区。再说，司法是社会公正的最后一道防线，公正司法，就是让人民群众在每一个司法案件中都能感受到公平与公正。从某种意义上说，司法人员就是公平正义的使者。这都要求他们必须有公平正义使者的意识和担当，坚守职业良知，"做现代包公"。

1. 为民司法是司法人员必须坚守的职业良知，也是他们为民请命的力量源泉。

坚持施法为民，改进司法工作作风，进一步增强人民群众的安全感和满意度，这是坚持法治的出发点和落脚点。

老子在《道德经》的第四十九章指出：

圣人常无心，以百姓之心为心。

这句话的意思是，有道的治国者不应以自己的意志、自己的欲望作为施政的出发点；而应以百姓的意志、百姓的权益作为施政的最高准则。

对司法机关和司法人员来说，就是要做到以百姓的意志、百姓的权益作为施法的最高准则。

多年来，我国的大多数司法人员无愧于公平正义使者的角色，勤勤恳恳，忠于职守，有的还为之付出了宝贵的生命。但亦警亦贼，以权谋利的害群之马也大有人在。原广东健力宝集团董事长张海的减刑腐败案，违法涉案人员就有24人，其中司法监狱系统的就有11人。司法人员贪赃枉法之严重由此可见。因此，为了把司法为民落到实处，我们司法机关、司法人员，一定要把执法为民作为根本宗旨和核心价值理念，牢记我们的权力来自人民，解决我是谁、为了谁、依靠谁的问题，解决以百姓的权益为依归的信念问题，这些问题都解决好了，我们坚守职业良知就有了强大精神力量的支撑。

2. 求实司法是司法人员必须坚守的职业良知，也是他们忠于职责的本分。

求实就是不唯上、不唯亲、不唯友，只为实，这个"实"就是实事求是，尊重客观事实。这是司法人员应有的本色和本分。

老子在《道德经》的第五十六章指出：

不可得（亲）而亲，亦不可得（疏）而疏；不可得（利）而利，亦不可得（害）而害；不可得（贵）而贵，亦不可得（贱）而贱，故为天下贵。

这段话的意思是，面对亲人，心中有道的人不会给予特别的亲近与关照；面对非亲非故的人，他们不会待之疏远与冷漠。面对利禄，他们不会孜孜以求；面对为国为民应承担的凶险，他们不会避而远之。面对高贵的人，他们不会奉承与献媚；面对卑贱的人，他们不会予以轻蔑与作践。有了如此境界的人，便是天下人所推崇的至尊至贵的人了。

老子要求我们的司法人员在办案的过程中，不受来自亲疏、利害、贵贱诸多因素的影响和左右，坚持法律面前人人平等，平等对待每一个人，客观看待每一件事，一切以事实为准绳。

3. 清廉司法是司法人员必须坚守的职业良知，也是他们安身立命之根本。

清廉，是司法人员坚守职业良知的思想基础，是司法公正的前提，也是他们安身立命之根本。贪婪，则是司法人员职业良知泯灭的毒药，是司法公正的大敌。

老子在《道德经》的第四十九章指出：

圣人之在天下也，歙歙然为天下浑其心。

这句话的意思是，治理天下的圣人，必须努力收敛与无私、慈爱相违背的心志和欲望，为天下百姓保持一颗清纯洁净的心。

司法腐败是最可怕的腐败，因为贪赃必枉法，更何况司法机关和司法人员是维护公平正义的最后一道防线，这就要求身为公平正义的使者必须认真遵循老子的教导做到两袖清风，一身正气。

为了确保廉洁司法，我们必须保持反腐败的高压态势，坚决清除司法部门中的蛀虫、败类。另一方面则要加强整个司法队伍的道德建设，用中华民族的优秀道德精神武装自己、修炼自己。还应要求他们做到：1. 在收入上不要盲目攀比，落个"钱在银行，身在牢房"的结局；2. 面对各种诱惑时要时刻保持警惕，以守法守纪作为最好的自我保护措施；3. 要自觉并诚心接受人民的监督，在信息化时代，监督无处不在，对此应存一种敬畏之心，只有让人人都懂得廉洁司法是自己安身立命的根本，整个司法队伍的道德建设才能走上正轨。

总之，政法干警要想群众之所想，急群众之所急，做到对群众深恶痛绝的事零容忍，对群众急需急盼的事零懈怠，树立惩恶扬善、执法如山的浩然正气，才可能有司法的公正、法治的进步。

老子提出了人人平等的法律、法治原则，也倡导了博爱、人道的慈悲精神，这对我们今天推进法治建设是大有裨益的。

党的十八大之后，以习近平为总书记的党中央非常重视民主、法治的建设，并推出了许多重大措施，为此，我们有理由对我国民主法治的未来充满信心。

第八讲

《道德经》的和谐社会精神

党的十八大提出了包括"和谐"在内的社会主义核心价值观，提出了包括"和谐社会"在内的国家发展目标。

和谐社会，是一种和睦融洽的生活状态，在这样的社会中，每个人都能够感受到生活的安逸和美好，因此是一种理想的社会模式。

"和谐"思想是我国传统文化的重要内容之一，不少人以为，我国的"和谐"思想是由儒家所倡导。孔子及其弟子曾提出了"和为贵"与"中庸"等著名的思想观念，并在我国和世界产生了很大影响。而事实上，老子的和谐思想不仅产生更早，而且是我国第一个最为根本、最为系统、最为科学的和谐观。

老子在《道德经》的第五十五章指出：

知和曰常，知常曰明。

这句话的意思是，和合、和谐，是自然、社会、人生，也是生命的真谛，只有懂得这个道理，才算认识到"和"的精髓。它，正是老子和谐观的理论基础。老子的和谐观，折射了中华民族祈盼和顺、崇尚和美、追求和谐的美好愿望，开创了中国思想文化史上宣扬和谐思想、追求和谐目标的先河。

老子和谐思想，内涵十分丰富，它包括社会和谐、国与国之间的和谐、人与大自然的和谐、人之生命体内的和谐以及身心的和谐等。本讲仅从当下我国的国情出发，就社会和谐这个命题展开讨论。

一、重民本，促进官民融洽，是实现和谐社会的关键

老子在《道德经》的第二章指出：

是以圣人处无为之事，行不言之教。

这句话的意思是，为了使百姓富足、民风淳厚，治国者必须自觉依自然无为的理念施政，并做到以身作则，树立榜样，对百姓进行潜移默化的引导。

官风清，民风朴；官风恶，则民风必刁。历史告诉我们，官场不清明的情况之下，任何历史阶段都不可能有和谐社会出现。正因为官员在治国中处于主导地位，所以他们在和谐社会的建设方面也应起主导作用，以自己的模范行动，在实现官民和谐的基础上促进整个社会的和谐。

习近平在2014年2月的中央集体学习会上指出："培育和弘扬社会主义核心价值观必须立足中华优秀传统文化。……深入挖掘和阐发中华优秀传统文化中讲仁爱、重民本、守诚信、崇正义、尚和合、求大同的时代价值，使中华优秀传统文化成为涵养社会主义核心价值观的重要源泉。"重民本的思想不仅具有普世意义，习近平强调它更有其鲜明的现实针对性。

民权至上的民本思想是老子政治学说中的核心理念，尤其值得我们当下的为官者认真学习与践行。

老子的民本思想主要有如下几个方面的内容：1.百姓是国家的主人，为官者是百姓的仆人；2.百姓的生存权、财产权、自由权不容侵犯，他们的选举权和监督权应得到尊重，他们的被服务的权利应得到保障；3.为官者、政府只能做有利于百姓而不能做有害于他们的事情。

中国共产党是一个有着重民本传统的党，战争时期干部群众水乳交融，官民一家亲。不少党员、干部为了百姓的安全不惜牺牲自己的生命。执政之后，官民的亲情虽有淡化的趋势，但直到20世纪的80年代，许多为官者的心中仍装着百姓，他们重民情、知民怨，主动为百姓排忧解难。令人忧虑的是，20世纪90年代以来，在我国某些地方，官与民的这种仆人与主人的地位在急剧的逆转中，严重破坏着政府与百姓、官与民的和谐关系。为了官民的和

谐，我们必须反对权力的贪渎、权力的傲慢和权力的淫乱。

（一）权力的贪渎必须清算。

有人说无官不贪。我不相信我国官员贪腐的程度如此之高，但我相信官场的贪腐的确很严重。2014年，仅广东就挖出了95名腐败厅官，平均每4天就查出一个来。官员如此贪腐，官民关系能和谐吗？国家还有未来吗？有人对反贪腐斗争前景感到忧心。他们说，被清查的面如此之大，可能会损害社会的稳定。腐败是当今中国社会不稳定的主要因素，通过反腐，消除了这个因素，社会只会走向稳定，而不会相反。因此，反腐斗争进行得越彻底，社会就越稳定。有人担心老虎打多了，会影响中国的国际形象。2013年8月，法国《诺曼底新闻》称：中国以往反腐存在一些死角，比如石油领域，但这次能够做到不留死角，体现了中国新领导班子的反腐决心。2013年12月，美国微软网英文网（cmsn）刊登了一篇题为《中国惩处官僚主义、享乐主义和慵懒官员》的文章，引发美国网民热议，在文章下点击"支持"的人高达78.9%。美国网民还留言："这是一个负责任政府的良好开端，看来并不像有人说的'装样子'那么简单。我们什么时候也能有个'中纪委'呢？"可见，老虎有多少打多少，打得越坚决、越彻底，中国的国际形象只会变得越好，而不会变得越坏。

老子在《道德经》的第六十四章指出：

民之从事，常于几成而败之。故慎终如此，则无败事矣。

这段话的意思是，世俗之人做事由于不能善始善终，往往会在事情接近成功的时候遭到失败。所以，我们做事必须做到慎始慎终，这样就会少有失败的事了。

贪腐严重并不可怕，可怕的是我们不敢面对它，不能坚决地、持久地、彻底地清算它。如果我们前热后冷、前紧后松、虎头蛇尾，就必定会功亏一篑、一败涂地。如果任由权力的贪渎发展下去，不仅官民和谐、社会和谐没法达至，而且会亡党亡国。因此，对于权力的贪渎，我们只能坚决地打击它、清算它，而不能畏惧它、原谅它，除此别无选择。所以李克强说："对于腐败分子和腐败行为，我们实行的是'零容忍'。中国是法治国家，不论是谁、不论职位高低，法律面前人人平等。只要是侵犯了党纪国法，就要依法依纪严肃查处、惩治。"

（二）权力的傲慢必须抑止。

老子在《道德经》的第四十九章指出：

（对百姓）圣人皆孩之。

这句话的意思是，对百姓，治国者应像抚育婴儿那样小心地予以呵护。

老子认为，政府有服务百姓的义务，百姓有被服务的权利，这与中国共产党向来宣示的"全心全意为人民服务"的宗旨是一致的。然而，当今我国一些百姓却没有这种幸运，因为他们有时面对的是一些政府和官员的权力傲慢。

2013年安徽省颍上县国土局发生了一起干部醉后被忘在车上身亡的事件。被逼请客的人叫吴云。吴云是当地农民，在北京打工20年，有了些积蓄便回乡办了个小电子厂。2010年，吴云从该县红星镇购了1亩的国有土地，可土地证却一直办不下来。2012年，吴云投资150万元的工厂建成投产，由于订货量的增大，厂里需要货款增加生产设备，但贷款需要有土地证的工厂作抵押，他于是就开始跑国土局。吴云说：单是2013年上半年，他跑国土局就跑了100多趟，一趟要跑70公里，天天跟上班一样，可土地证就是办不下来。由于工厂设备不足，没法按订单交货，吴云不得不接受订货方的3次罚款，积蓄用完了只好咬牙借了30万元高利贷来运转。吴云说，这大半年里他没少请客，至于请了多少回，他不敢说。2013年7月10日的这一天，他又跑国土局。这次他原本没有打算请客，可在回厂的路上，国土局的王副股长给他打来电话，让他到城北的竹鹅饭店商量点事。到了那里，他看到除王股长外，还有国土局的副局长周某，及该局的办公室副主任闫某等五人。吃饱喝足之后，是闫某送王股长回家，可醉意蒙眬的闫某直接把车开回自己的家，将王某遗忘在楼下车里。当天下午4时30分，车内的王某被发现已被高温烤死了。

如果说，拿钱办事的权力还算是良心未泯的权力的话，颍上县国土局这种不顾业主死活，只顾收礼吃喝却不给办事的权力则是傲慢到良心丧尽的权力了。

以下这个事例表现出的权力之傲慢与冷酷，则更会让更多的百姓感同身受。

南方某县，某家族的祖坟于十年前被政府平毁了，坟地被他们没收了，遗骨遗物也不知去向。族人一直气愤难平，要求在已经成为厂区的原址重修坟墓。该族的长老是个很理智的人，一直在做族人的工作，以免与政府发生大规模的冲突。为了安抚族人的情绪，2013年下半年，该长老给当地镇政府写了一封信，希望政府给点象征性的补偿，返还骸骨和遗物，族内自行择地修墓，并表示愿与镇领导见面协商。镇政府不仅拒绝见面，而且三天两头地派人到这个家族的始祖村进行恫吓。与此同时，镇委书记花了一个月的时间精心炮制了一封措词强硬的复信。信中不仅完全拒绝这个家族的合理要求，还硬说当年镇府所为完全是依法行事。见镇领导如此的无理和无礼，族老于是草就了一封回敬信。镇委书记看到这封信时，虽被气到眼生火，头冒烟，但半句反驳的话也说不出来。之后，恫吓是没有了，但依旧是拒绝见面，拒绝协商，拒绝补偿。

以上两件事均发生在2013年，发生在中央颁布的"八项规定"和"反四风"以及开展群众路线教育活动之后，可见，权力的傲慢何等的顽固与顽强。尽管它只是发生在个别基层政府、个别官员身上，但如不及时干预并制止这类事件的再次发生，官与民、政府与百姓就无法实现真正的和谐。

（三）权力的淫乱必须纠正。

老子在《道德经》的第六十章指出：

治大国，若烹小鲜。

这句话的意思是，煎煮小鱼时，如果火候过了会把它煎糊，如果翻动过多会令它烂在锅里，治理国家的道理如同烹小鱼一样，既不能给老百姓过多的干扰，更不能给他们以伤害，所以必须小心谨慎。

2013年8月，福建省闽侯县教师林鑫和张兴发夫妻双双被调往镇党政办协助拆迁工作，目的是拆掉女方父母的房子。为了保住丈夫的教师职位，林鑫与张兴发被迫办理了离婚手续。因为他们担心在拆迁父母房子的问题上不予配合，可能会被双双撤职。为了解决拆迁，闽侯县官方使出如此手段，纯粹是一种权力淫乱，更何况发出调动文件的竟是该县的组织部。

从多年的维稳状况看，有些地方对上访、上诉人员采取围追堵截关等系列手段，所谓关是把上述人员关进私设的监牢里，关进疯人院。这是对人民的法定权利的公然蔑视和肆无忌惮的践踏。结果自然是越维越不稳。这种维稳不仅是方法上的错误，而且是立足点的错误。维稳者不是把百姓看作是国家主人而是当作敌人，对他们的权益不是加以维护，而是进一步加以伤害，结果加剧了矛盾，导致更多更大的群体事件和冲突，也加剧了社会的不和谐，总之立足点错了，就必定一切皆错。

一个承认人民是国家主人的政府，无论做什么事都应以维护百姓的权益为最高行为准则，这是老子的思想，也是共产党的一贯主张。维护社会大局的稳定符合广大百姓的根本利益，是政府和百姓的共同要求。因此，维稳的根本在于维权。所以，习近平同志指出："维稳，要把促进社会公平正义作为核心价值追求，把保障人民安居乐业作为根本目标。"

无论是老子所主张的，还是我国宪法规定的，百姓都有生命、财产、人身自由不受侵犯的权利，他们的选举权、监督权、思想言论自由权、生产经营自主权以及被服务权都应该受到维护和保障。在维稳中对上访、对投诉人员采取围追堵截关等手段明显侵犯了他们的以上权利。一些贪腐分子趁机对揭发自己的人进行报复和陷害则更值得我们警惕。对上访上诉人员实行围追堵截关实际上是一种权力淫乱，它不仅无法达到维稳的目标，由于激化了矛盾，反而增加了不安定的因素。

权力贪渎、权力傲慢、权力淫乱都是权力腐败。它由来已久，可谓积重难返,那么积重之后能返吗?其实,积重难返主要是形容事情的严重性,唐朝丞相魏征曾说:大乱易治、乱极易治。所以我们也可以说"积重易返"。这是因为"积重"之后,更能凝聚共识,更能使有历史使命感的领导人痛下决心,更能得到广大人民的支持,从而上下一心,上下合力去解决它、清扫它。党的十八大以后,我国的党风、政风已朝着正面的方向发展。官员权力的贪婪已得到抑制;上访静坐示威等群体性事件在下降之中。更令人高兴的是,不少官员对人民已生起了一份敬畏之心。最近,我与一位从警已有30年的派出所所长有过一次交谈,他说,过去,我们一直在扮演管束人民的角色,现在才知道错了,因为政府只能是为百姓服务的工具。

二、从家风建设抓起,提升全民的道德水准,是实现和谐社会的基础

央视在马年春节大张旗鼓地开展了一个关于家规家风是什么的采访活动,引起了各阶层人士的广泛兴趣和关注,个中原因值得我们为之深思。

我认为,家风话题所以备受关切,首先是反映出了人们对当今我国社会道德状况不佳的焦虑,对社会风气得以好转的渴望。

2013年,中国货物贸易总额已超过美国而成为世界冠军,这与全球第二经济体、最大外汇储备国、最大出口国一起构成了中国传奇,而这仅仅用了30多年的时间。然而我国的社会道德建设的现状却不能令人满意。贪污腐败、诈骗卖假、铺张浪费、乱倒垃圾、乱扔果皮纸屑、随地吐痰、在国内外的旅游景点乱涂乱画等丑恶行为和歪风邪气实在令国人汗颜。最近一段时间,医患矛盾激化,患者及其家属大闹医院、伤害医生。他们这种行径不管有什么理由,都是一种犯罪,理应受到谴责和惩处。不过事态的造成原因却不是单边的,医者父母心的渐行渐远,却是不争的事实。如此的社会风气显然是实现和谐社会的重大障碍,换句话说,要实现和谐社会,就必须下大气力去提高国民的道德水准。

老子在《道德经》的第三章指出：

是以圣人之治，虚其心，实其腹；弱其志，强其骨。常使民无知无欲，使夫智者不敢为也。

这段话的意思是，圣人的治国之道就在于：一方面，净化百姓的心灵，消除其竞逐于名利场上的心志；另一方面，保障他们的温饱，增强其体魄。圣人通过不懈的言教与身教，使人们不生伪诈之心、贪婪之念，并令那些自以为聪明的狡诈之人也不敢恣意妄为。

老子要求治国者必须实行道德建设和经济建设两手抓。只有这样才能使百姓富足、世风日上、社会和谐。

当今我国国民道德水准不高，是政府对道德建设重视不够吗？显然不是，究其原因，我认为主要有以下几个方面。

一是"文化大革命"的现世报。老子在《道德经》的第三十章指出："其事好还"。这句话的意思是，人类会从自己的错误中得到报应和惩罚。"文化大革命"摧毁了中华民族的道德精神，摧毁了作为人的道德行为底线，其恶果就不可避免地会在后来的中国社会中显现出来。所以说，我国今天社会道德状况不能令人满意，正是"文化大革命"对今天社会的报应与惩罚。

二是没有及时地把中华优秀传统文化置于应有的位置上。2009年，广东某县的县委书记在一个月内把《再生的老子》看了四遍。他说《道德经》中的修身治国理念很优秀，对公务员队伍的建设很有帮助，于是他对该县的老子学会筹建很支持，主动安排办公用房并拨给经费。然而，该学会的成立大会他却不敢出席。鉴于与会的有两位是原省的领导，还有十多位是现职或退休的厅级干部，他于是派了县委宣传部部长参加。这位部长在会场里仅坐了10分钟便跑掉了。她说，老子思想不是党的指导思想，让我参加这样的会不是要让我犯错误吗！她还下令县里的广播电视台不得宣传这个会。德国前总理施罗德在他任上时，曾通过电视呼吁："每个德国家庭都应买一本中国的《道德经》，以帮助解决人们思想上的困惑。"在当下的我国，有的官员竟把优秀的老子文化视为洪水猛兽。这种现象、这种反差，实在叫人哭笑不得。

三是政府官员没有带好头。常言说，其身正，不令而行；其身不正，虽令不行。老子深谙此中道理，于是特别强调治国者行"不言之教"的重要性，不幸的是，我国的一些官员却以自己的疯狂贪腐破坏着社会的道德建设。

四是长期忽视家风的建设。家风是中国传统文化和道德在每个家庭中的传承。家庭是社会的细胞，良好的家风、族风，必然会形成良好的社会风气，这是中华民族优秀传统能否延续的关键。可惜的是，长期以来家风建设不仅被忽视而且被禁锢。今天，我们为了提高国民的道德水准这个目标而从家风建设抓起，这就抓到了根本、抓住了源头，回归到社会道德建设的正确轨道。正因如此，央视的家风采访活动才会引发各阶层人士热烈、正面的反响。

老子不仅告诫治国者不要忽略社会的道德建设，还提出了科学、系统的人类必须遵循的道德行为规范，还对人们修身养德和社会道德建设应遵从的途径作了精辟的论述。

老子在《道德经》的第五十四章指出：

修之于身，其德乃真。修之于家，其德乃余。修之于乡，其德乃长。修之于邦，其德乃丰。修之于天下，其德乃普。故以身观身，以家观家，以乡观乡，以邦观邦，以天下观天下。

这段话的意思是，去私欲除妄念，从我做起，这是修道建德的真谛。修道者把它扩展到全家，必能德化家人，使之形成道德传家的良好家风。再把它扩展到全乡，必能德化乡人，使之培育起淳朴的乡风民情。又把它扩展到全邦，必能德化邦人，使之酿造出良好的社会风尚。进而把它扩展到天下，必能德化天下之人，使它出现升平祥和的社会气象。这样，我们就可以从一个人的德行看到其他人的德行，从一个家的家风看到其他家的家风，从一个乡的风情看到其他乡的风情，从一个邦的风尚看到其他邦的风尚，从一个国家的气象看到全天下的气象。

老子告诉我们：第一，修身建德的真谛是为公去私，求善舍恶。就是说，为公为善应该是优秀家风的特质。第二，一个家的家风要靠主人的身体力行去营造和发扬光大。第三，家风对整个社会风尚的影响是一种加乘关系，一个家的好家风不仅能德化家人，也能德化乡人、邦人以至天下人。第四，家庭、家族是社会的细胞，要提高整个社会的道德水准就必须从家风建设做起。

家风是什么？

我们先来讲讲家训和家规。

家训，也叫家教。它指的是对子孙立身处世、持家治业的教诲，是一个家庭、家族道德规范的重要组成部分。家训可短可长，短者只有几个字或十几个字，如"以孝为先，以诚为本"；"老老实实做人，认认真真做事"；"清白、正直、进取、忧国、忧民"。长者，有的数十字，有的数百字。如山西的邹氏家训就有144个字，山西省万荣县流传的《训字歌》则有八百多字。

家规，也叫家法。它指的是一个家庭或家族所制订的行为规范，或者说行事规矩。它同样是一个家庭或家族道德规范的一部分。如电视剧《乔家大院》的山西祁县乔家，就有不准纳妾、不准虐仆、不准嫖妓、不准吸毒、不准赌博、不准酗酒的"六不准"家法。

还有把家训和家规合而为一的。如我国的原主要领导人李先念就要求他的孩子做到："做普通人的工作，不要当官，不要经商，更不要出名，把工作做好就行。"他还说："你们谁要经商，就打断你们的腿。"

家风，则是一个家庭或家族的风气、风格和风尚。它是由当一个家庭或家族的家教、家规形成家庭、家族的公众行为习惯之后所表现出来的风尚。家风也就是一个家庭或家族的文化。

我国广东有一个家族。这个家族的始祖是隋朝的一位大将军，他为国捐躯后，获赠一品光禄大夫，宿国公。这位始祖的遗训是"惟诚与孝，文经武纬振家声"。该族后人又根据其始祖一生的言行，概括出"志存高远，自强不息，诗书立人，勤俭兴家，报国为民，淡泊名利，崇尚公义，乐善好施"的32字家风。这家训家风便构成了该家族的传承文化。在这种家族文化的哺育下，该家族就有了一股永不枯竭的永远向上的力量。从而使这个家族成为一个出英雄的家族，人才辈出的家族。北宋时，该家族的一房六代出了四个进士，八个大官，可谓一门四进士，六代八公卿。南宋的文天祥、陆九渊及明代的中信大夫宋朱畴都曾为该家族的族谱作序。序言中用了"九子十知州"的赞语，极言该家族人口虽少，但成才者众。新中国成立之后，这个家族也出了很多人才。县团级以上官员200多人，副高以上学者200多人，成功商人200多人。其中有中国工程院院士、国防部授予的全军战斗英雄。《建国60年广东100位贡献人物》中，该家族就占了两位。而这个家族当今的人口只有40多万，在广东生活的不足30万。这个家族还有一个特点就是犯罪率特别低。

从这个例子，我们可以看到，优秀的家族文化对家族成员的积极哺育作用。

民国时期的卢作孚，出生于四川的一个普通农民家庭。他自学成才，20多岁办报，31岁创立四川通俗教育馆。32岁以8000元创办民生轮船公司，十年后，相继在上海、南京、武汉、宜昌等地设立分公司，从一艘只有70余吨的客船发展到有130多艘约36000吨的船队，职工7000多人，使他成了名副其实的"船王"。

卢作孚克勤克俭，严于律己，虽创办了民生公司，而他只拥有该公司1%的股份。他担任国家交通部部长、全国粮食局局长和民生公司总裁等职务，却只领交通部部长一份工资，全家仅靠这份工资度日。为了节省，全家的衣服全是他夫人一针一线做的。

国民党高官张群说，卢作孚是"一个没有受过学校教育的学者，一个没有现代个人享受要求的现代实业家，一个没有钱的大亨"。梁漱溟誉他为："胸怀高旷，公而忘私，为而不有，庶几可比之于古之圣贤"。被西方人称为"伟人"的晏阳初则赞他为"一位完人，长处太多太多的完人"。

卢作孚说："但愿人人都为园艺师，把社会布置成花园一样美丽；人人都为建筑师，把社会一切事业都建筑完成。"他又说："人生的快慰不是享受幸福，而是创造幸福；不在创造个人幸福，供个人欣赏；而在创造公众幸福，与公众一同享受。"卢作孚此等境界高远的话自然就成了卢家的家训、家风。

卢作孚的孙女卢晓蓉说："卢家没有出败家的人，也是因为无家可败。我们家族传承的不是财富上的，而是精神上的。"

卢作孚的大儿子卢国维，从青少年时就走上了一条报效国家的道路。他参加了中国远征军，受尽磨难。抗战结束，他考进了父亲的民生公司做技术员。之后，他从香港回到国内，带着全家到位于重庆郊区的民生机器厂落户，一呆就是28年。改革伊始，全社会对商业、市场经济都很陌生，政府想到了当年为社会做出了贡献的民营企业家的后人，于是年近花甲的卢国维走进了为国家招商引资的崭新业务领域。通过他的关系引进外资上亿美元，创建项目数十个，可他没有向国家要过一分钱的回报。

卢晓蓉，这个在"文革"中被耽误的一代，居然拿起了笔，为把卢作孚推向社会耗尽了心血。她意识到卢作孚这一历史人物存在的社会价值，于是尽心地为一切愿意研究卢作孚的人提供方便。她尽一切努力出版有关卢作孚的书籍：文集、画传、小说、剧本……

随着卢作孚对当今社会的回归，我们必能越来越感受到，一个伟人的家训、家风，不仅是一个家庭的精神财富，而且是整个民族、整个社会的精神财富。

那么，应如何开展我们的家风建设呢？

家风建设，从小的方面说，它关系到每个人、每个家庭的命运。从大的方面说，它关系到社会的和谐、国家的文明、民族的振兴。因此，它应成为每个家庭——无论它是名门还是寒户，每个人——无论他是官宦还是百姓的自觉行动。

1. 选好参照系，制订出优秀的家训和家规。

家训家规，是治家之经，是做人的标尺，是"述立身治家之法，辨证时俗之谬，以训子孙"的法宝。一个家有了好的家训家规，就如同有了一股永远向上的精气神，以保家兴业旺。

老子在《道德经》的第六十二章指出：

美言可以市尊。

这句话的意思是，能体现大道精神的美好言词和健康的社会价值观，能得到世人的珍惜和尊崇，并受到它的教化。

因此，无论是修订先辈传下来的家训家规，还是重新制订的家训家规，都应以传统文化中的优秀道德精神，以及党的十八大提出的社会主义核心价值观作为参照系，使新的家训家规既符合新时代的道德价值精神，又能更好地激励自己和后人永远向善上进。

2. 家长、父母应成为遵守家训家规的模范。

老子在《道德经》的第六十二章指出：

美行可以加人。

这句话的意思是，善为道者的美好行为对世人能起到不言而教的榜样作用。

2013年12月15日早上，从南京打工回来82岁的范明月骑着自行车回家时，被两名骑着电瓶车的少年从后面撞倒，导致椎体骨折。撞人的少年是邻村的孩子，在得知其中一少年的母亲胡女士赶到医院付医疗费后，范明月的大儿子范家正与老父亲商量之后决定，不要对方付医疗费。他们的理由是，两少年不是故意的，只当作是自己跌倒的吧。再说，两少年的家也不富裕。其实范明月一家也很穷，要不82岁的她就不会去南京打工了。之后，胡女士几次到医院交钱，都被拒绝了。胡女士要到医院护理照顾老人，也被拒绝了。他们说，不要耽误他们打工赚钱。胡女士不停感叹："真是遇到好人了。"范家为什么能这样做，因为这个家有一种爱心的传承，他们不仅爱家人，也爱他人，遇事想着别人而宁愿自己吃亏。这就是榜样的力量。

因此，家长、父母不仅要让自己的孩子知道自家的家训家规是什么，还要在践行上起模范作用，以此言传身教，就能形成好的家风，并代代相传。

党员干部特别是领导干部更应带头制订好自家的家训和家规，把它内化为自己的精神追求，外化为自己的实际行动，用自己的模范行为和高尚人格感召群众，带动群众，推动全社会家风的建设。

3. 精心指导，合力推动，坚持不懈。

重议家风，自然会使人想象着大家庭的温暖，想象着诗礼传家的荣光。

家有家风，是一件有品位、有格调的事情。家风的传承实质上是传统文化的传承，需要从个人到家庭再到族群、社会做出长久而笃定的努力，需要官民的合力，需要政府与国家媒体以一种坚持不懈的韧性，精心指导，长期推动。

善于发现新事物，以满腔的热情支持新事物，这应是"精心指导"的一项不可或缺的任务。我最近了解到，南方有些家族计划设立自家的历史博物馆。我还看到了两份建馆计划书。计划书上显示，其建馆宗旨是："把家族的优秀文化加以挖掘、抢救、整理，用先人的优秀品德、历史成就、报国业绩、优良的家教家风激励后人好学上进，为国家的强大、社会的公正、人民的幸福贡献力量"。两计划书都设有一个瞻仰室，展出本家族历代为国捐躯者的英名和事迹，这是一种把家风教育与爱国主义教育融为一体的做法。家族文化是中华民族文化的细胞，家族历史是国家历史的一部分，这两个家族的建馆计划书传递的完全是一种正能量的讯息。这样的对国家只有百利而无一害的新生事物，我们实在没有理由不加以欢迎与扶持。

正因为家风建设对于提高国民的道德水准、构建和谐社会是如此的重要，所以，习近平总书记在乙未羊年春节团拜会上强调，要注重家庭、家教、家风的建设。

三、推进行政司法公正，维护收入分配公平，是实现和谐社会的保障

行政司法不公、收入分配不公，这是当今中国社会的突出问题，为了推进和谐社会的建设，我们必须勇敢地面对它，认真地解决它。

（一）政府行政、司法执法必须做到公平正义。

政府是否做到公正行政，司法能否做到公正执法，关系到人民的祸福、国家的安危，因此，必须认真对待。

1. 政府行政必须公正。

老子在《道德经》的第五章指出：

天地不仁，以万物为刍狗；圣人不仁，以百姓为刍狗。

这句话的意思是，天地之道没有偏好和偏恶之念，把自然万物均视同祭坛上的祭品一样，没有高下贵贱之别。圣人也效法这天地之道，把百姓均视同祭坛上的祭品一样，没有高下贵贱之分，而是一律平等。

老子在《道德经》的第四十八章又指出：

取于天下，常以无事。及其有事，不足以取天下。

这段话的意思是，有的治国者，之所以得到天下人的信任和爱戴，是因为他们只做有利于百姓的事情。如果治国者反其道而行之，则必然会失去天下人的敬重和信任，并受到他们的唾弃。

为了社会的和谐，老子要求治国者必须秉持人人平等的理念、一辈子只做对百姓有利的事情这一原则去行政和执法。

2. 司法执法必须公正。

法治兴则国兴，法治强则国强。而法治这一兴国强国效果是以司法机关执法的公正为前提的。司法机关和司法人员是维护公平正义的最后一道防线，因此，他们就承担着维护法律正义与公平的重大使命与责任。

正义是公正的义理，包括社会正义、政治正义和法律正义。正义是人类社会的美德和崇高价值理想。正义的基本含义就是："使每一个社会成员都应得到与其相适应的合理的平等对待。"通俗地说：就是"得其所应得，罚其所应罚"。

老子在《道德经》的第二十七章指出：

是以圣人常善救人，而无弃人……是谓袭明。

这段话的意思是，圣人有博大的爱心，只会全心全意去救护每一个人，而不会唾弃任何人。它体现的正是道的光明正大的品格。

老子在《道德经》的第三十七章指出：

无名之朴，夫亦将无欲；不欲以静，天下将自正。

这句话的意思是，治国者如能重新以道的质朴品格与精神约束自己，就能再度去除私欲妄念。他们只有在没有私欲与妄念的道德境界之下，才有可能更好地践行清静无为政治，并使天下回归于正义与安宁。

老子要求治国者，尤其是司法官员必须以一种无私之心、慈爱之情平等地对待每一个人，才能使法律安守于正义，使天下得以太平。

然而，徇私舞弊者，在当今中国的司法队伍中依然存在。

1. 刑讯逼供，酿成冤假错案。有的司法人员没有仁爱之心，自以为高人一等，在办案中屡屡施行刑讯逼供，酿成一个又一个的错案、冤案，甚至令嫌疑人被活活折磨而死的现象也时有发生。

2. 把私情带入执法，徇私枉法。这两年，为什么社会上会出现老人跌倒无人扶，小孩被车撞倒没人理的现象。因为在这之前，华东地区曾发生过有人扶了跌倒老人反被诬告、被处罚的枉法案件，而主理法官正好是老人的亲戚。

3. 官官相护，冤屈好人。《民主与法制》曾报道了一起官告民，导致民自杀的案件。河北涉县农民崔文田被人状告，这本来是一起并不复杂的民事纠纷案，却因原告是个镇委副书记，法官便偏听偏信，进行枉法裁判。崔文田感到走投无路，便悬梁自尽。其妻停尸家中，为冤死的丈夫上访。真相大白之后，虽然一审法官被追究了刑事责任，镇委副书记也被撤了职，但二审法官和作伪证者仍逍遥法外。

这样的司法不公践踏了人的道德底线，摧毁了法律的正义，败坏了社会风气，更损害了社会的和谐。

（二）社会的收入分配必须走向公平。

我国社会成员收入差距的不断扩大，可谓冰冻三尺，非一日之寒。2006年，我国城镇居民的人均可支配收入为11759元，而农村居民的人均纯收入仅为3587元，两者之比为3.28∶1；高低收入群体差距悬殊。2006年，我国20%低收入者的收入只占总收入或消费总额的4.66%，而20%高收入者的收入则占到了总收入或消费总额的49.99%；基尼系数进一步拉大。据国家统计局测算，我国的基尼系数1991年为0.282，此后逐年攀升，2004年已达到了

0.469，远远超过了国际警戒线。如今，公务员与国企人员的高收入、高稳定、高福利与非国有企业人员的低收入、低稳定、低福利形成鲜明对照，公务员与企业人员退休待遇的天壤之别，还有权贵集团的巧取豪夺等，已使我国的社会财富越来越集中到少数人的手里，从而使富者越富，贫者越贫。

习近平同志最近指出："人心向背关系党的生死存亡。"为了社会和谐、国家的前途命运，我们应敢于直面收入分配上的不公，下决心去解决它。

1. 要解决收入分配不公，必须树立共同富裕的思想。

老子在《道德经》的第七十七章指出：

天之道，损有余而补不足；人之道则不然，损不足以奉有余。孰能以有余奉于天下？唯有道者。

这段话的意思是，天道的收入分配观，是减损有余而增益不足，使有余与不足持衡。世俗人的收入分配观，是通过对贫弱者的剥夺去奉养那些富贵者，从而使富者越富，贫者越贫。谁能做到以己之有余去救助那些贫弱的人呢？只有那些得道的人。

均贫富，共同富裕是老子的思想。正如习近平同志说的，这也是社会主义的本质特征。由于中国人长期受上尊下卑思想的影响，共同富裕的思想并不容易成为人们的普遍共识。2014年3月两会期间，有代表、委员以中央副部长20万年薪为例，说还比不上一些企业部门经理的收入高，于是认为没有差距的收入分配是最大的不公，最不合理的分配。我认为，这样的比照是不科学的，首先因为企业的部门经理并不是人人的年薪都是20万元。再说，作为公务员的副部长，应与下级公务员比，与企业退休人员比。广东省人大常委会财政监督工作调研组所掌握的数据是：全省企业职工基本养老金每月平均为1821元（全国是1521元），城市居民养老金每人每月只有253元。调研组成员表示，城市居民每月这份养老金都不够买一袋米。这样对比之后，我觉得20万年薪的副部长就不应感到委屈了。我国当前收入分配的改革如果按以上的代表委员的思路进行的话，我相信其结果只能是差距越来越大，富者越来越富，贫者越来越贫。所以我认为，要解决收入分配不公，必须树立共同富裕的思想。

2. 要解决收入分配不公，领导者心中必须装有群众。

老子在《道德经》的第十三章指出：

贵以身为天下，若可寄天下；爱以身为天下，若可托天下。

这句话的意思是，你如果能够像珍惜自身一样珍惜天下，众人就可以放心把天下交给你治理了。如果你能够像珍爱自己一样珍爱天下人，众人就可以放心把天下人托付给你照料了。

老子要求治国者应该做到胸怀天下，心装百姓。

工人阶级过去是一个响当当的阶级，而在实行养老金双轨制后的今天，退休工人有不少却成了名副其实的弱势群体。申领和入住廉租房、经适房的主要是这个群体中的家庭。改革开放前一级工人与28级干部、八级工人与20级干部，无论是在职还是退休后的收入基本是持平的，现在两者的经济状况和地位则已经不可同日而语了。西藏地区的公务员与企业人员退休金的人均比例是100:75，其他省的比例则是2:1、3:1甚至更低。

为此，我认为，在为公务员涨工资的同时，应多考虑那些弱势群体的福祉，不要把前者与后者的收入差距进一步拉大，而是尽量使之收窄。

是否做到关心爱护弱势群体，这是现代社会判别政府和官员优劣的重要标尺。因此，我们在进行收入分配改革时，必须坚持共同富裕的理念，必须坚持重民本的思想，否则，就会使改革走入死胡同，使社会不同阶层之间更加的不和谐。

3. 要解决收入分配不公，应努力降低行政成本。

麻雀虽小，亦五脏俱全。它告诉我们人口少的国家其行政成本相对要高些，人口多的国家其行政成本则应相对低些。中国是世界上人口最多的国家，因此最有可能使其行政成本保持在世界各国最低的水平上。然而，令人不解的是中国的行政成本竟然是世界第一。中国的行政管理费用占全国财政总收入的比例已从1978年的4%上升到2005年的24%，2008年的26%，2012年的28%。而世界上的一些主要国家，其行政管理费用一般只占到财政收入的

3%至6%，最高的美国也不超过10%。中国行政成本居世界第一。这不是一种骄傲，而是一种耻辱。它既是一种腐败，更是一种分配不公。要把行政成本大大地降下来，我认为应从两方面着手：

①精兵简政。

中国当今的官（吃财政饭的人）民比是多少？2005年，当时的国务院参事任玉玲指出："我国的官民比已达到1:26，比西汉时高出306倍，比清末高出35倍。"同年，中央党校教授周天勇说："中国实际由国家供养的公务员和准公务员性质的人员超过7000万人，官民比例高达1:18。"总之，在中国是官满为患。20世纪80年代，县一级只有县委书记一人有秘书的设置，90年代后，却莫明其妙地任命了一批县长助理，这些科级助理实际上成为县长和副县长的助手和秘书，上行下效，有的局长（县里的局长）也堂而皇之地配起秘书来了。实践证明，官多必然导致层次多，官僚作风多，扯皮多，文山会海多，最后收获的自然是政府的效率低、服务差。而且，官多则是造成行政成本高起的重要因素。有人主张把吃皇粮的砍掉三分之一，我则认为应朝砍去三分之二的目标努力。

②狠刹三公高起歪风。

所谓"三公"，就是公车、公宴、公游。几年前，有一位退休教师对我说：西方有个"加拿大"，东方有个"大家拿"。真可谓一语中的，一针见血。1978年到2003年，我国的行政经费从52.90亿元增加到4691.26亿元，25年增长了104倍。由国家发改委、财政部和国家统计局公布的一份调查报告透露，2005年到2012年，每年行政经费的增加额度大概是以千亿元的速度递增。这些钱是怎么花的呢？以下是一份调查报告中的两个例子，比如，一部车一年的维修花了10万块钱；另一部车一年换了40个轮胎，平均每周换一个。这其中的大部分费用落入了谁的口袋，这几乎是人所共知的秘密。2013年，全国人大代表刘满仓指出，每年各级政府官员公车私用费用达2000多亿元，几乎和2006年的国防开支相近。南方某地有一名县委常委，定期用公款宴请自己的姨妈姑爹，经常用公款与自己的另一半去旅游，见到中意的和田玉或其他什么珍贵的东西，自然也不会忘了用公款埋单。后来纪委告诉她，要给她处分。她说，有一官半职的人，谁不这样做，再说那些千万、亿万元的大贪你们不去查，却抓住我那点小问题不放，这也太欺负人了吧！她觉得自己实在是太委屈了。可见，"三公"背后的是严重的腐败，严重的分配不公。对此，老百姓早就知道。因此，面对它、解决它，既是反腐败的需要，更是解决收入分配不公的需要。

政治成本高，是一个国家社会管理水平低的表现，绝不是什么光彩的事。中华民族是个伟大的民族，我们应该有个目标，争取在若干年之内，甩掉行政成本世界冠军的封号。当我国的行政成本下降到美国的水平之下时，我们打赢的不仅是一场政治翻身仗，更是一场经济翻身仗。从行政成本中节省20%左右的财政收入，能办多少事啊！

4．要解决收入分配不公，还需提倡慈善境界。

有经济学家提出了社会财富三次分配的理论。第一次分配的主体是企业。第二次分配的主体是政府。第三次分配的主体是一切有经济能力的人。

老子在《道德经》的第三十三章指出：

知足者，富也。

这句话的意思是，知足的人，才是最富有的人。

老子在《道德经》的第四十六章又指出：

知足之足，常足矣。

这句话的意思是，知足才能满足，才能永久地满足。

老子在《道德经》的第七十七章又指出：

天之道，损有余而补不足。

这句话的意思是，天道的社会财产分配观是减损有余而增益不足的，使有余与不足持衡。

老子在《道德经》的第八十一章再次指出：

圣人无积，既以为人己愈有，既以与人己愈多。

这句话的意思是，怀抱济世为民情怀的有道之人，会毫无保留地把自己的所有所能奉献社会、服务民众，他们越是把自己拥有的给予别人、给予社会，越是感到自己富有，因为他们从中收获了快乐、收获了精神境界的升华。

老子主张在处理社会财富分配方面要提倡慈善行为。而慈善是体现在"损有余而补不足"和"圣人无积"的精神境界之上。当人们接受了老子的以上思想之后，就不会视慈善行为为施舍、为恩赐，而会把它视作一份道德责任、社会责任，从而自觉地以己之所能、所有去回报社会、回报百姓。

香港电视广播有限公司荣誉主席邵逸夫于 2014 年 1 月逝世，享年 107 岁。有人送来挽联："逸劳筹划成家为国功勋盖世，夫力精勤影业创新拓展惊天"。为什么说他功勋盖世？因为他终生热心慈善，47.5 亿元港币捐赠金额，6013 栋"逸夫楼"几乎遍布半个中国。

李嘉诚是香港的成功商人，他用三分之一的财产设立一个慈善基金会。

邵逸夫、李嘉诚，模范践行了老子提倡的慈善境界，为解决社会财富分配不公贡献了自己的力量。

总之，只要我们做到：重民本，促进官民融洽；从家风建设抓起，提升全民的道德水准；推动行政司法公正，维护收入分配公平，就一定能实现和谐社会的发展目标。

第九讲

《道德经》的无私奉献精神

无私奉献，是社会责任感的集中表现。它是一种态度，一种行动，也是一种信念，更是一种境界。无私奉献可以是一句问候，一个微笑，一声赞许，一种举手之劳；更可以是一种轰轰烈烈的行动。它可以让人感到温暖、欣喜、振奋；可以令贫弱得以救助、正义得以伸张、危亡得以消解、社会得以进步……因此，无私奉献是一种强大的社会正能量。

无私奉献，是老子伦理学说中的核心精神，今天我们学习它、践行它，对促进我国社会的道德建设，对助推中华民族伟大复兴的中国梦的实现，都有着十分重要的意义。

一、无私奉献是一种最高尚的道德精神

无私奉献作为一种道德理念，是怎样产生的，为什么是最为高尚的伦理精神，这是需要和值得我们去研究和探讨的。

（一）**无私奉献精神来自先人对大自然景物的感悟及对它的仿效。**

西方人恪守的道德，来自上帝的旨意，都记载在《圣经》里。中国人的道德则是来自对大自然景物的感悟。天做帐地做床，日月赐予热量与光明；天地日月给人类和万物如此不尽的好处，却不要求任何回报。我们的先人于是从中悟出了一种"无私"精神，它就是天、地、日、月的精神。这样，《周易》就有了"天无私覆，地无私载、日月无私照"的话。这就是我们今天说的无私奉献这一道德理念的初始来源。

我们的先人不仅从大自然景物中感悟出这种"无私奉献精神"，而且身

体力行地仿效它、践行它。《盘古开天地》、《女娲炼石补天》、《尧舜禅让》、《大禹治水》，是我国上古时代流传下来的故事。它讲述的都是我们的先祖践行无私奉献精神的感人事迹。

老子在《道德经》的第七十章指出：

言有宗，事有君。

这句话的意思是，老子的言论出自上古以来流行的大道传统，是从遵道行道的先人身上总结出来的，因此是有根有源的。

可见，无私奉献精神是我们的先人从大自然景物中感悟出来，又是为他们所忠实践行的道德精神。因此，它是中华民族与生俱来、根深蒂固的传统美德。

（二）无私奉献精神植根于大爱的情感之上。

老子在《道德经》的第六十七章指出：

我（道）恒有三宝，持而宝之；一曰慈……夫慈，故能勇……夫慈，以战则胜，以守则固。

老子告诉我们，道永远地抱持着三件法宝，并无限地珍爱它们，尊崇它们。第一件法宝叫慈，慈就是爱心、博爱之心。这爱心能喷发出庇护万民万物的惊人勇敢和力量。把爱激发出来的勇敢和力量用以对付暴虐之敌，必能万众一心，其战必胜；把它用于守土为民，必能众志成城，其守必固。

我国春秋时期，有许多诸侯国，今天的陕西、山西、河南一带，就分布着秦、晋、郑多国。秦国在西、郑国在东、晋国在中间。公元前627年，郑国和晋国的国君同时去世，两国都在忙着办丧事。有一个叫杞子的，是潜伏在郑国的秦国奸细，他认为这是灭掉郑国的好时机，便建议秦穆公发兵前来偷袭，并说他已做好内应的准备。

秦穆公于是命令大将孟明视率领5万大军去执行灭郑的任务。秦穆公特地盼咐孟明视：1. 要神速进军，以迅雷不及掩耳之势攻击郑国。2. 要保守秘密，不能让郑国知道秦军此次行动的意图。

秦国到郑国的路程是1200里，也就是说只有20天左右的行程。秦国的军队顺利地通过了晋国，之后进入了滑国。滑国位于郑国的北面，是郑的邻国，眼看郑国就要落入秦国的手里。

一天，突然有人拦住秦军的去路，大声喊道："郑国使臣弦高求见将军。"孟明视大吃一惊，心想：郑国怎么会派使臣到这里呢？

其实，弦高不是郑国的使臣，而是郑国的一个牛贩子。贩牛路上，他获得了一个准确的消息，秦国派出大军攻打郑国，正在路上行进。弦高听了又惊慌又着急。他想，郑国正在办丧事，一定不会有什么防备，我得赶快回去报告才是，可时间已经来不及了，怎么办呢？他急中生智，一面派人抄小路回国报信，一面挑选了十二头肥牛，亲自赶着朝秦军来的方向迎上去。

孟明视见到弦高，警惕地问："你到这儿干什么？"弦高说："我国国君听说将军带兵路过敝国，特意派我前来慰问。先送上十二头肥牛，以表示敝国的一点心意。"孟明视说："贵国国君新立，我国国君担心晋国乘机侵犯你们，叫我带兵前来援助，此外别无他意。"弦高说："我们郑国夹在大国之间，为了自己的安全，日夜小心防范着，要是谁敢侵犯我们，我们不会让他得到好处的。请将军放心好了。"孟明视又问："照你的说法，郑国就用不着我们的帮助了？"弦高说："如果贵军要到郑国小住，我们可以供应你们粮食和草料，保卫你们的安全。"孟明视想了一会儿，改口说："我们这次就不到你们郑国去了，请回吧。"

弦高走后，孟明视便下令攻打滑国。

副将们都给弄糊涂了，问孟明视，为什么不打郑国而攻打滑国？孟明视说："我们千里跋涉，就是为了出其不意和杞子里应外合。没想到，人家郑国已经知道了咱们的出兵用意，早就做了防御准备。我们远离国土，如果再冒失攻打郑国，不仅打不了胜仗，可能还会上当吃亏。"孟明视又说："如今之计，我们不如打下滑国以作交差，也算没有白走一场。"

弦高以一人之力，巧退秦国大军。这就是我国历史上有名的牛贩子救国的故事。

这个故事，现在说起来很轻松，但对当时的弦高来说，却是一场生死抉择和考验。大家想想，如果孟明视不中计，弦高便是死路一条。又如果郑国新立的国君是个糊涂蛋，不理解弦高的满腔爱国热忱，认为他胆大包天，冒充使臣破坏郑秦关系，定他一个欺君之罪，弦高也得死。真可谓左是死右也是死。那么，弦高当时有没有想到这种种的风险呢？也许有，也许没有。为了救国，他不仅献出了十二头肥牛，而且可能要献出自己的生命。这是什么精神？无私奉献的精神！弦高之所以能有如此的无私奉献行动，是出于他对祖国的爱、对国中百姓的爱。因为他不愿看着自己的国家被毁灭，百姓受蹂躏。

这些年，我们从电视、报纸看到不少作为父母或儿女的，为对方献出自己的一个肾的报道。他们为什么能做出如此大的牺牲，为对方奉献？因为他们都深爱着对方——父母爱自己的儿女，儿女爱自己的父母。

可见，爱是无私奉献的情感基础，无私奉献是植根于大爱的精神之上，是受爱心驱动的。

（三）无私奉献精神的精髓是利他与不争。

老子在《道德经》的第八章指出：

上善若水。水善利万物而不争，处众人之所恶，故几于道。

这句话的意思是，上善的人，具有如水一样的品格。水虽然一味地滋育万物，却不要求得到任何的好处，只把自己栖息在人类所厌恶、所不愿意居住的地方。水的这种品格最接近道的境界。

老子告诉我们，水的美德主要表现在它的利他性。是一种专门利人、毫不利己的奉献精神，是只施恩泽而不求报偿的大道精神。

浙江有个叫何国苗的人，是一个地地道道的农民。他只有初中文化，但获得了87项发明专利，正是靠着这些发明，发了家致了富。何国苗虽然富了，但仍保持节俭的本色。他没有富丽堂皇的居所，没有高级豪华的轿车。不回家就餐时经常吃盒饭。出差时，他通常白天办事，晚上坐卧铺车往返，尽量少住酒店。这既是为了节省，也是为了不浪费工作时间。他不讲享受，而是把钱用在企业的再发展和做慈善上。20多年里，他在慈善公益方面便花了至少1700万元。一次，广东南方电视台请他到广州接受采访。他下飞机后自己乘的士到电视台而拒绝接送。他还婉拒了该台的吃请而独自到街上吃盒饭。他接受采访时说，他做善事是出自一种感恩之心。他告诉人们，他所在的村庄有6000多居民，他一家是从外地行乞到这个村里的。当时，他一家八口，三个有病，是这里的村民收留了他们，还凑钱给他家盖了一间30平方米的住房，他与妻子、女儿和母亲至今还住在这个房子里。当然，他也感恩这个改革开放后的社会。他说，他认为自己做善事是一件很平常、很自然的事，他不觉得自己有多贤德和多伟大，但感到很快乐，全家都很快乐。

  一个能拿出1700万元做慈善的人，只住一间只有30平方米的房子，也没有豪华轿车，出差坐公交，晚上不住酒店而睡卧铺车，不回家就餐就经常吃盒饭，为的是把钱用在企业的再发展，用在慈善事业上。这是什么精神？是一种利他精神，是只施恩泽而不求回报的精神，是专门利人、毫不利己的无私奉献精神。

  老子还指出，水的美德还表现在它的不争性。水对万民万物有千万的功劳，但它不争名逐利，泰然处于低处。这是一种谦下退让的美德。

  老子在《道德经》的第二十八章还指出：

  知其雄，守其雌。为天下溪，为天下溪。常德不离，复归于婴儿。

  这段话的意思是，世俗之人都羡慕雄强，喜为主角和红花；心中有道的人却能甘为雌弱，甘当配角和绿叶。这样的有道之人有如众水所择的溪径，使天下人欣然追随。他们如果能使自己的真善之德不丢失，就能复归于婴儿般的质朴境界。

  老子主要赞颂的不是令世俗之人所羡慕的雄强，而是那些往往被人们所忽视的雌弱。甘当配角和绿叶的守雌者之所以伟大，因为它们首先是无私的奉献者。他们不图名位，不关心功赏而只知贡献，为了国家和人民的利益，不惜献出自己的一切。他们还是团队和社会团结和谐的有力维护者。因为守雌精神能化解许多权位纷争，使主、配角紧密合作演绎出一幕幕感动天地的人生大戏。

黄兴就是这样一位伟大的守雌者，他22岁考中秀才，武昌双湖书院毕业后赴日本留学。留学期间，他利用课余时间学习军事理论，每天清晨必练习骑射。29岁时，为抗议沙皇俄国侵占我国东北，与同学二百余人组织拒俄义勇队。同年，他以生日酒的名义，邀集陈天华、宋教仁等20余人集会，成立了一个以推翻封建专制统治为目的的革命组织——华兴会，被推为会长。31岁时，在日本与孙中山相遇，大力支持孙筹建同盟会，任同盟会庶务，成为会中仅次于孙中山的领袖。33岁时，他在河内，先后参与指挥钦州、防城、镇南关、廉州、上思以及云南河口的起义。1910年受孙中山委托，筹划广州新军起义。1911年，黄兴再次组织广州起义。他亲率敢死队百余人，攻入两广总督衙门，与清军激战。他持双枪左右射击，毙敌多人后负伤，被部下送往香港治疗。同年10月，武昌起义的枪声打响，黄兴即赴汉口，任战时总司令，指挥民军与清军战斗。

为了舒缓革命队伍的财政困难，黄兴变卖了家里的大部分田产，卖掉了长沙的住宅。

黄兴的公而忘私、不怕牺牲的精神以及他超群的组织领导能力，赢得了很多革命者的拥护和追随。民国初创之际，许多人推举黄兴为大总统，他坚辞不受。他说："革命，不能有丝毫私意、私见、私利、私图。"之后，他还靠着自己的威信和影响，平息了多起"倒孙"风波，而坚定地支持孙中山。历史学者傅国涌说："黄兴甘当配角，成就了辛亥革命。"

黄兴的一生是忠实践行老子的"知雄守雌"精神的一生，从而成为一个不争权位名利，甘当配角，无私奉献的典范。

综上所述，我们可以知道，无私奉献是最高尚的道德精神，是中华民族的传统美德。

二、无私奉献是民族兴旺和国家强盛的不竭源泉

无私奉献是一种最高尚的道德精神，是中华民族的传统美德，还是民族兴旺、国家强盛的不竭源泉。

民族要兴旺，国家要强盛，除了要确保国家领土的完整，主权的独立，社会的和谐稳定之外，还需要科学技术的进步，社会改革进程的健康推进，而它都要靠一种无私奉献精神的支撑和保障。

（一）无私奉献精神孕育了古代中国这个世界发明的摇篮。

英国科学家李约瑟指出："中国在研究大自然，并用以造福人类方面，很早就跻身于全世界的先进民族之林，中国是长期领先于世界的技术输出国。"西方学者认为，16 世纪以前，世界上的发明有 60% 以上来自中国。所以英国的科学家尤塞尔·博格说："古代中国是世界发明的摇篮。"

欧洲的近代学者，把公元 16 世纪以前的中国称之为古代中国。他们为什么以这个世纪作为分界线呢？这是因为，16 世纪无论是对中国还是欧洲，都是一道历史的分水岭。在这之前，是先进的中国、落后的欧洲；在此之后，是先进的欧洲、落后的中国。

那么，古代中国的科技先进表现在什么地方呢？

1. 古代中国的科技发明来得特别早。

河姆渡遗址出土物的研究表明，早在 7000 年以前，当时的中国人已懂得种植水稻、饲养禽畜。这是迄今为止全世界所发现的最早的农耕文明。早在 3500 年前，我们的祖先就领先于世界掌握了青铜的冶炼技术。公元前 4 世纪，我们的祖先又领先于世界掌握了炼铁和炼钢的技术。公元 8 世纪，唐朝和尚一行，发现了恒星移动的现象，这是世界的首次，比英国科学家哈雷的发现早了 1000 年。

2. 古代中国的科技发明成果特别重大。

现在，全世界都采用十进位值制记数法。什么是十进位值制呢？它包括

十进制和位值制。所谓十进制，是指逢十进一；所谓位值制，是指数字的位置不同，其所表示的数值就不同，如"5"，在十位上是50，在百位上是500。这个记数法是哪一个国家发明的？是我们中国。这可是一项非常重大的发明。李约瑟指出："如果没有中国的十进位值制，就几乎不可能出现我们这个统一化的世界。"还有，我国汉朝的造纸、唐代的火药、宋代的指南针和印刷术，对人类文明的进步而言，都是具有划时代意义的重大发明。

3. 古代中国的科技长期领先于世界的领域广。

我国在数学、物理学、化学、天文学、地理地质学、医学方面，在16世纪以前，一直处于世界的领先地位。我国在炼钢、炼铁、漆器、陶瓷、建筑、建桥、纺织、造船乃至园艺等领域的科学技术，在16世纪以前，也一直领先于世界。以造船为例，郑和下西洋时使用的船，排水量已有超过1000吨的；而在87年后哥伦布横渡大西洋时使用的船排水量最大的还不足250吨。

中国古代的辉煌科技成果是怎样来的？是我国的一代又一代的科学家靠着无私奉献精神浇铸出来的。

老子在《道德经》的第七章指出：

天地所以能长且久者，以其不自生，故能长生。

这句话的意思是，天地所以能长久地存在，因为它不是为自己而是为天下的苍生而生，所以能够长久，能够永恒。

老子要告诉世人，为天下苍生而生而存的人生价值观是无私奉献精神的最高境界。我国古代的科技之所以发达、强大，正是一批又一批的科学家用自己的全部心力、全部生命浇铸出来的。

李时珍，湖北人，生于明代中叶。李家世代业医。他资质好，聪明好学，14岁便中秀才。其父冀望他走学而优则仕的道路，但李时珍决心终身学医，并向父表示："身如逆流船，心比铁石坚，望父全儿志，至死不怕难。"不几年，李时珍果然成了一名很有名望的医生。

34岁时，李时珍被推举做了太医。进了太医院，这里储藏的珍贵医书和药物标本，使他大开眼界。他夜以继日地研读，努力吸取前人留下来的医学精髓。为了推动祖国医学的发展，更好地裨益广大百姓，他决定写一本囊括所有植物药材以及用法的书。为此，他决定告病还乡。

有过太医经历的李时珍，已成为百姓心中的传奇人物，找他看病的人络绎不绝。如果他安坐家中，号脉过日子，过上舒适、优裕的生活绝对不成问题。

为了理想，李时珍不仅放弃了医者梦寐以求的太医之名位与待遇，也放弃了作为民间名医的优裕生活，毅然收拾行装，开始远行。没有人想到他此次出门，竟长达 26 年而不归。他足迹遍布全国十三个省，无论名山大川，还是悬崖峭壁，凡有药材的地方，就有他的踪影。此时的李时珍已从一个太医、名医变成了一个流浪汉。他风餐露宿，居无定所；毒蛇毒虫、饥饿常常威胁着他的生命，在亲尝百草中曾多次中毒而几乎丧命。

为了天下苍生，李时珍真正践行了老子的"后其身而身先，外其身而身存"的伟大思想，从而成就了一件旷世大业——完成了一部中国历史上最为伟大的医学著作——《本草纲目》。《本草纲目》共计五十余卷，记载药物一千九百余种，详细记录了这些药物的采集、制作、特性、适用病症等相关知识，并全部附有手绘插图。此外书中还收入了经检验有效的方剂一万一千多则。

李时珍去世三年后，《本草纲目》在当朝宰相张居正的过问下，得以出版。此书不仅为中国药物学的发展做出了重大贡献，而且对世界医药学、植物学、动物学、矿物学、化学的发展也产生了深远的影响。此书出版后，很快传到日本、朝鲜，之后又传到欧美各国，先后被译成日、法、德、英、俄、拉丁、朝鲜等十余种文字，在国外出版和传播。

中国古代的科学研究基本是科学家的个人行为，没有国家立项之说，也得不到政府资金的帮助、舆论的支持、"领导的关怀"；那时也没有专利这种名堂，科技成果也没法转化成金钱，一句话，科学家搞科研，是只有付出而没有回报的行当。那么科学家们的动力来自哪里？来自他们的无私奉献精神。为了苍生的幸福、民族的兴旺、国家的强大，他们不惜牺牲个人的安逸、家庭的幸福、自己的生命。还有不少人会像李时珍一样，在生前看不到自己的成果被国家和世人所认可。总之,古代中国科技之所以先进和发达,正是我们的先人———一代又一代的科学家用他们的无私奉献精神铸造出来的。他们是真正不图名利,为天下苍生而生而奉献的伟人。

(二)无私奉献精神推动了中国社会的变革进程。

革新与守旧是贯穿于人类社会思想领域的主要矛盾,变革创新才是人类社会发展的真正动力。

我国的历史表明,凡是兴旺强盛的朝代和年代,如文景之治、中汉盛世、贞观之治、开元之治、北宋盛世,无一不是变革创新的结果;相反,凡是社会改革跟不上时代潮流的,就必然走向衰败,就必然落后挨打。

近代中国经过200多年的磨难终于迎来了1978年以来的大变革时代,改革开放仅仅30多年,就走完了别的国家要上百年才能走完的路。经过30多年变革的当今中国,已成为举世公认的经济、科技、军事大国,并以昂扬的姿态屹立在这世界的东方。

社会的变革历来需要一些无私无畏、以天下为己任的志士仁人的推动。秦孝公时代的商鞅、北宋时期的范仲淹和王安石,就是这样的志士仁人。

老子在《道德经》的第七十八章指出:

受国之垢,是谓社稷主;受国之不祥,是谓天下王。

这句话的意思是,勇于为国家忍辱负重的,才配做它的领导人。勇于为天下人承担凶险与危难的,才配做他们的领袖。

老子在《道德经》的第二十八章指出:

知其荣,守其辱。为天下谷,为天下谷。

这句话的意思是,世俗之人都追求荣耀,心中有道的人为了真理、为了社会的发展、为了百姓的利益却能直面屈辱、凶险乃至牺牲。这样的人如同江流所归的大海,为天下人所归心。"受国之垢"、"受国之不祥"、"守其辱",所表现出的就是为了国家和民众的利益而无私奉献的精神。

从古至今,除了最高统治者亲身主导、亲自主持的改革之外,所有的亲自推动和主持的改革者几乎没有不是犯险而为,也很少有不为之付出代价的,但他们也总能忍辱负重,直面凶险乃至牺牲。商鞅如此,范仲淹、王安石如此,当代的任仲夷也如此。

任仲夷被誉为中国改革开放的"闯将",他的思维始终走在时代前列,是勇者,更是无私奉献的智者。

任仲夷任广东省委书记时,我们国家的意识形态非常敏感,稍有不慎,就会被扣上资产阶级自由化的帽子。为了防范任仲夷,那时"始终有人盯着"他。

1982年1月,深圳特区土地管理法规出台,允许外商在缴纳土地使用费的前提下使用特区土地兴办企业。这项法规出台,引起了国内的震惊,一时间"深圳除了九龙关口仍挂着五星红旗,一切都已经资本主义化了"的言论便此起彼伏,中央有关部门甚至还专门下发了一个《旧中国租界的由来》的文件。在这关键的时刻,任仲夷三次到深圳,他旗帜鲜明地说:"办特区是否有损主权,是不是会变成殖民地?我们要肯定地回答:不会!恰恰相反,只有掌握主权才能办特区,办特区是对主权的运用,是行使主权的表现!"他对时任深圳市委书记的梁湘说:我们"少谈主义,多谈实际"。

得风气之先的广东,思想开始逐步解放,人们的生活也更加丰富多彩,香港游、摇摆舞、音乐茶座、喇叭裤、留长发纷纷出现,一些外省高官到广州出差,见此情形,捶胸顿足,痛心疾首,认为广东早已偏离了社会主义方向。连到广东视察的时任国务院副总理的万里都不无担心地劝任仲夷:"仲夷,还是管一管吧,北京议论很大啊!"任仲夷则半开玩笑地说:"万里同志啊,我们要管大事,这些生活小事还是随他吧!"

任仲夷在广东的所作所为,使得一部分中央高层屡屡震怒,甚至严厉责问:"任仲夷还是共产党员吗?"1982年,伴随着经济的蓬勃发展,沿海县市走私问题多了起来。2月上旬,中央专门召开广东、福建两省会议,会上有中央领导严肃地指出:"这里资产阶级又一次向我们猖狂进攻",明确指示要查处一批,杀掉一批。

会议结束后，任仲夷回到广州不久，突然又接到胡耀邦的电话，让任仲夷只身马上再次进京，因为政治局常委认为广东省委的主要负责人还是思想不通，需要再次进京面谈。

进京后，胡耀邦代表政治局常委希望任仲夷明确表态，并要求他给政治局写一份书面检讨。对此，胡耀邦无奈地做了一个两手摊开的姿势，说："我都检讨了啊！"

连总书记都做了检讨，可以想见，任仲夷是带着多大的压力回到广东的。

几天之后，广东召开三级干部大会，许多官员已知内幕消息，预测这将是一个"杀气腾腾"的会议，没想到的是，任仲夷首先肯定了各级干部为国家建设和改变广东面貌所做的贡献，并为近年出现的问题承担了责任。他说："责任在省委"，"主要应当由我对这些问题负责。"并且强调，今后改革要"三个更加"，对外更加开放，对内更加放宽，对下更加放权。

在这年秋天召开的十二大上，却因任仲夷的为国为民，坚持改革的情怀一时未能得到更多人的理解，而使他没能进入党和国家领导人的行列。在一个社会大变革、大变动的时代，无论他是改革的推动者，还是思想的启蒙者，注定有几个人要充当悲剧的角色，但担当这样的角色无上光荣。任仲夷就是充当这一既具有悲剧色彩角色的、又无上光荣的人物。

正是任仲夷的无私无畏，坚持为民请命，才使广东的改革没有夭折，使全国的改革得以延续。也正是他的敢于担当，才使广东的经济和人民的生活得到了大幅度的提升。1985年，任仲夷从省委书记的岗位上退下来时，广东的经济总量已从1978年的全国第23位跃居全国第1位。

2008年，任仲夷来到笔者的任地，我们曾进行了一次很深入的交谈。他说："个人的荣辱得失不算什么，重要的是国家要有未来，人民要有未来。"这就是一个改革者的奉献精神和家国情怀。

三、无私奉献精神的重大现实意义

通过以上的论述我们可以知道,是国人的无私奉献精神维护了祖国领土的完整、主权的独立;培育了古代中国科学技术的繁荣;推进了中国社会的政治进步。这无私奉献精神对实现民族复兴的中国梦同样具有十分重要的现实意义。

(一)无私奉献精神可以抵制、消减官场的贪腐。

无私奉献与贪腐是两种完全不同、互不相容的道德精神境界,无私者对国家、对民众是奉献,是付出;贪腐者对国家、对百姓则是侵害和剥夺。无私的人是绝对不会贪腐的,因此,它无疑是贪腐的克星。

老子在《道德经》的第十三章指出:

故贵以身为天下,若可寄天下;爱以身为天下,若可托天下。

这句话的意思是,如果你能够像珍惜自身一样珍惜天下,众人就可以放心把天下交给你治理了。如果你能够像珍爱自身一样珍爱天下人,众人就可以放心把天下人托付给你照料了。

凡是能按老子这话去做的人,一定是心中只有百姓,唯独没有他自己的人,而县委书记的榜样——焦裕禄,就是这样的人。

1962年冬,焦裕禄被任命为河南兰考县委书记。兰考是个自然条件极差,自然灾害极重,百姓生活非常艰苦的县。焦裕禄与全县百姓一道掀起了挖河排涝、封闭沙丘、根治盐碱的除"三害"斗争,并取得了重大的战果。

在兰考的岁月,焦裕禄始终保持艰苦朴素的作风。他长期有病,家里人口又多,生活比较困难,可他坚决拒绝给他救济。他说:"兰考是个重灾区,人民的生产、生活都很困难,我们应该首先想到他们。要把钱用到改变兰考面貌的伟大事业上去,穿衣要朴素,生活要节俭。"有一次焦裕禄发现大儿子去看戏,便问他票从哪里来的?儿子告诉他是守门的叔叔知道他是县委书记的儿子而免票让他进去的,焦裕禄听了非常生气,当即把一家人叫来"训"

了一顿，命令孩子立即把票钱如数送给戏院。后来，他又专门起草了一个《干部十不准》的文件，严禁干部搞特殊化。

焦裕禄所用的被子有42个补丁，褥子有36个补丁。他的衣、帽、鞋、袜都是拆洗了很多次，补了又补的。同志们从上级拨来的救灾物资中拿了一些新的来，劝他换上。他拒绝说："灾区百姓比我更需要。"

1964年春天，正当兰考人民同涝、沙、碱斗争胜利前进的时候，焦裕禄的肝病也越来越重了。组织上劝他住院治疗，他总是说："工作忙，离不开。"给他请来一位名中医，开了药方，他嫌药贵，不肯买。这年四月，医生开出了最后的诊断书："肝癌后期，皮下扩散。"送他去看病的同志非常焦急，恳切地对医生说："请你把他治好，俺兰考人民需要他，需要他呀！"五月初，护士给他注射止疼针，他感到自己的病已无法治疗，便摇摇手说："我不需要了，省下来留给别的病人吧！"

省、地、县各级领导来看望他。他用尽全力断断续续地说："我……没有完成……党交给我的任务。没有实现兰考人民的要求……心里很难过……我死了，不要多花钱……省下钱来支援灾区建设……我只有一个要求……请组织上把我运回兰考，……埋在沙丘上……活着我没有治好沙丘……死了也要看着兰考人民把它治好。"

焦裕禄，心中只装着百姓，唯独没有他自己。一个心中只有百姓而没有自己的无私者、奉献者，会去贪污，去接受贿赂；会去侵害国家，剥夺百姓吗？不会，当然不会！可见，面对当今官场的严重贪腐，发扬无私奉献精神，用以战胜它，这是何等的急迫和重要。

为此，我们必须常怀律己之心，常思贪欲之害，努力做到奉公用权，廉洁从政，爱岗敬业，不计得失，坚决抵制拜金主义、享乐主义和极端个人主义等消极思想的侵蚀，时刻警惕权力、金钱、美色的诱惑，做一个心中装着群众，唯独没有自己的无私奉献者、建设者。

（二）无私奉献精神可以激励我们攀登现代科学的高峰。

中国的科技在公元16世纪之前，一直走在世界的前列，之后是长达四个世纪的衰微。20世纪末中国迎来了一场伟大的社会变革，其科技也随之得以振兴，并已被公认为世界的科技大国。

科技是生产力、军力、国力的重要标志，因此中国只有把自己建设成一个举世无双的科技强国，才称得上是真正的强国。因为中国的科技曾领先过世界数千年，所以只有实现了世界科学技术中心对中国的回归，才称得上真正实现了中华民族的伟大复兴。

为此，我们必须树立起崇高的奋斗目标——早日实现世界科学技术中心对中国的回归。

高尔基说："一个人追求的目标越高，他的才力就发展越快，对社会就越有益。"可以说，目标崇高，不仅能激发起自身的责任感和担当精神，也能激活自身的聪明才智。

为此就得要求一切科学工作以一种无私奉献的精神，去确立并拥抱这个崇高目标，为之锲而不舍地奋斗。

老子在《道德经》的第十五章指出：

孰能浊之以止，静之徐清？孰能安之以久，动之徐生？保此道者，不欲盈。夫唯不盈，故能蔽而新成。

这段话的意思是，谁能在污浊的环境中做到洁身自爱又能在看似无生气的孤寂环境中长久地守持，并保持旺盛的生命力呢？唯有那些不自满并永远进取的修道者。正是由于他们永不自满、永远进取，就算到了年迈之期，也能青春焕发，事业有成。

黄旭华，中国工程院和中国科学院两院院士，一生致力于中国核潜艇的研究与开发，创造了中国核潜艇史上的无数个第一。被称为"中国的核潜艇之父"。

为了造核潜艇，黄旭华把家搬到了天天刮大风的荒凉小岛，家尽管近在咫尺，他却没有时间回去。妻子说他是"客家人"，偶尔一次回家，女儿说他是到家里出差来的。

为了造核潜艇，黄旭华坚持上艇亲自作深潜试验。核潜艇的深潜试验是一项很复杂又很危险的试验。20世纪70年代末，美国的"长尾鲨号"就是在深潜试验时，艇上160多人全部葬身海底的。由于黄旭华的坚持，也就使他成为世界核潜艇总设计师亲自深潜试验的第一人。

为了造核潜艇，黄旭华隐姓埋名三十载，默默无闻，寂然无声。他母亲从63岁盼到93岁才见到儿子一面，他父亲临终时也不知道他这个儿子是干什么的。

为了我国军事科学的发展，黄旭华就是老子所赞颂的无私奉献者——无论外面的社会如何污浊，人心如何不古，世人如何浮躁，他都能洁身自爱，心静如水，孤寂守持，并保持旺盛的生命力。

为了实现建设科技强国的目标，我们应该发扬老子所倡导、古代科学家和黄旭华等优秀科学工作者所践行的无私奉献精神，并以一种追赶意识，在崎岖的科学道路上去攻坚克难，以实现世界科学技术中心对中国的回归。

（三）无私奉献精神能有力地促进社会道德风尚的好转。

无私奉献精神不仅是最高尚的道德境界，而且是一种强大的道德力量。它能激活千万人的爱心，激发千万人的善行。

老子在《道德经》的第八十一章指出：

圣人无积，既以为人己愈有，既以与人己愈多。

这句话的意思是，怀抱济世为民情怀的有道之人，会毫无保留地把自己的所有所能奉献社会、服务民众。他们越是把自己拥有的付给别人，付给社会，越是感到自己富有，因为他们从中收获了快乐、收获了精神世界的提高与升华。

广州复大肿瘤医院院长徐克成，就是毫无保留地把自己的所有所能奉献社会、服务民众的无私奉献者。

徐克成高龄创办民营医院。66岁身患癌症，但他以顽强的意志与病魔做斗争，以无私忘我的精神，拯救他人生命。他先后救助268名贫困病人，减免治疗费用458万元。他说："我助人，我快乐。"

他说："我相信善有善报，今天我帮助了她，明天，她就可以帮助千千万万人，这千千万万人就可以传递爱，最后汇聚成爱的洪流。"请注意，他不是要别人报答自己，而是希望得到他帮助的人的爱心被激活，以自己的行动传递爱，使更多的人得到爱、得到施救。话语里洋溢着他的济世为民的高尚情怀。那么，他的无私助人精神是否得到了传递呢？

杨美霞，16岁，是广东江门鹤山共和镇的农村孩子，而且是个孤儿。她先是患了肉瘤，后又患了癌症。徐克成收治了她。徐克成的施救，社会人士的帮助使她感动不已。她向徐克成表示：她想学中医，为更多的人服务，回报社会。

彭细妹，广东湛江人，是一名因患重病而被赶出家门的流浪女。2009年，徐克成在一次湛江义诊中见到彭细妹。这时的彭细妹，巨大的肿瘤将她的肚子撑得快穿不下裤子，下肢也肿如象腿，别说走路，连平坐时都气喘吁吁。徐克成回到广州后，马上派护士和司机驱车赶到560公里外的湛江把她接回医院。康复后的彭细妹主动要求留在医院当志愿者。她说："我留在这里，能把爱心传递下去，给更多的病人带去温暖。"

2013年春节，身患前列腺癌的河南企业家王新钊读了一本介绍徐克成事迹的书后大为感动。春节后，他便飞往广州捐赠300万元用作癌症研究基金。

以上所述告诉我们，无私奉献精神是最崇高的道德精神、大爱精神，如果我们能把它发扬光大，就一定能推动和促进我国的社会道德状况和官场风气的好转，加速中华民族复兴的进程。

第十讲

《道德经》的知足寡欲精神

知足常乐，知足是福，在中国人的日常生活中，这是两个使用频率很高的词组。这思想来自老子，来自《道德经》。知足思想是老子伦理学说中的重要内涵。

如何看待功名利禄，或者说如何认识和对待权欲、物欲以及名誉与地位？是对物质财富的知足，还是贪得无厌、永不满足？是为了升官晋爵而不择手段，还是为广大民众谋福祉而不顾个人得失？这是每个人的一生都必须面对的问题。对以上问题，《道德经》中有详细的论述，并给了我们正确的答案。

今天，我们学习老子的知足寡欲思想，对树立正确的人生观、价值观大有裨益；对官场风气的改善、良好社会风尚的树立与高扬大有作用；对培育和弘扬社会主义核心价值观也大有意义。

一、知足，才能富有

"做人要知足"，这是中国人常常说的话。那么，什么是知足呢？

老子在《道德经》的第三十三章指出：

知足者，富也。

这句话的意思是，知足的人，才是最富有的人。

对此，人们自然会问，这个"足"如何衡量，它是否有一个量化的标准？又为什么说，知足的人才是最富有的人呢？

我们先讨论一个问题，什么是知足？

2007年，《南方日报》发了一篇报道，主人公叫张米香。张米香是一位六十开外的农村妇女,是广东丰顺县向阳村人。过去几十年,她把4个儿女拉扯长大,供他们读书,可谓含辛茹苦。后来,儿女都在广州等地做生意,有可观的收入。这时的张米香感到很轻松,因为几十年养儿育女的重担终于卸下了,那么,她是否从此去享清福了呢?不,她觉得自己身体健康、壮实,坚决不依赖子女。她租种了15亩沼泽田,坚持自食其力。这些沼泽地不能用牛耕,更不能使用拖拉机,她就用锄头去锄。一年下来,所收获的稻谷能卖上1万多元。她捐款给镇卫生院,捐款给灾区,还给有困难的邻居送衣送粮。

汉朝大将军卫青,在与匈奴的作战中,屡立大功。汉武帝给他封侯,还给他的两个未成年的儿子封侯。卫青认为,为国杀敌,责之所在,自己被封侯已是皇恩眷顾;小儿子没有尺寸之功,不应得到这样的封赏,于是给汉武帝上疏,予以力辞。

张米香追求的只是食能饱腹、衣能蔽体的生活。当她感到有余钱余米时便感到满足、知足,于是尽力回报社会,去帮助有需要帮助的人。

卫青对自己被封侯感到满足,不想荫及子孙。

从以上两个例子,我们可以领略到,知足就是在地位、名誉、金钱、物质面前不过分追求。我们还能领略到,知足是一种心灵感受,是心灵对真善美的感受,是一种道德境界。

就拿张米香来说,她一年的劳动收入不过1万多元,显然低于绝大多数的工薪阶层。为什么她能守着清贫讲富有,这不是道德境界是什么?

那么,为什么说,知足的人,才是富有的人呢?我们可以从两个方面去理解。

一方面,物极必反,贪得无厌的富有者最后守不住,由富变穷,一无所有。

原铁道部运输局局长、副总工程师张曙光,本来是一个有领导水平、有技术水平,能吃苦的好干部。但随着职务的提升,追名逐利的思想日趋严重。2001年,身为客车处处长的张曙光就曾经受到过铁道部纪委的审查,拥有车辆采购权的张曙光擅自决定采购一批质差价高的产品,因证据不足而不了了之，随后被调至沈阳铁路局任局长助理，让他"离招标远点"。但张曙光不吸取教训，随着铁道部部长刘志军的上台，张曙光也被调回铁道部任铁道部运输局装备部副主任和运输局局长。在2004—2011年期间，他利用手中采购高铁设备材料的权力，把许多高铁项目交给多家他熟悉的企业，使这些企业从中获取高额利润，张曙光从中受贿。他从最初时受贿一万元到最多一次直接索取1850万元。总受贿额达4755万元。

张曙光因罪行严重，被判处死缓。没收全部财产。张曙光在宣判后哭着说："我犯了罪，我内疚，我有罪。组织已每月发给我高工资了，我还贪那么多钱干什么？人要知足，一不知足，就会变，就会不断追逐名利，在犯罪的道路上从小到大，渐行渐远，最后毁了自己，我对不起85岁的老母亲啊！"

张曙光就是这样一个守不住贪来的财富而变得一无所有的贪得无厌的人，一个将要把牢底坐穿的囚徒。

湖北有个地方的村民常说这样一句话：当官就不能发财，有了官又有财，那就是棺材，也就到头了。

另一方面，是知足者的富，主要表现在精神层面上，就是精神世界的充实和富足。

郭明义是鞍山的矿业公司齐大山铁矿生产技术室采矿公路的管理员。几十年来，不管时代风云如何变化，人们的价值追求如何多元，他始终以雷锋为榜样，把扶危济困，传播爱心作为天职。1994年，当郭明义获知一个少数民族的儿童上学缺钱，于是给他寄去了200元，几天后一封感谢信放在郭明义的办公桌上，歪歪扭扭的字体所表达的感激之情，使郭明义被打动了，于是又给这孩子寄去了200元，那时他的月工资还不到600元。自此之后，郭明义捐款便一发不可收拾。20年来，他先后资助了180多名贫困学生，给希望工程及灾区群众捐款达12万元。郭明义自家的生活状况又是如何的呢？他一家三口至今还住在鞍山市千山区齐大山镇，一间20世纪80年代中期所建的、不到40平方米的单室里，家里可用一贫如洗来形容。

郭明义和家人的生活虽然简朴，但他很知足。精力充沛地、快乐地全身心扑在本职工作上和慈善工作上。

郭明义在物质生活方面实在无富足可言，但谁能说他在道德精神世界方面不富有呢？

采访过张米香的记者说，张米香性格开朗，整日乐呵呵的，睡得好，吃得香，可见，知足的人，其精神世界都是充实的、富有的。

二、知足，才能趋福避祸

老子在《道德经》的第四十四章指出：

甚爱必大费，多藏必厚亡。知足不辱，知止不殆，可以长久。

这段话的意思是，过分追求自己所喜爱的，必然要为此付出沉重的代价；聚敛得越多，下场就会越凄惨。因此，乐于知足，就不会自取其辱，自取其伤。凡事做到适可而止，就不容易招致凶险与危难，这才是长久的平安之道啊！

老子在《道德经》的第四十六章还指出：

罪莫大于可欲，祸莫大于不知足，咎莫大于欲得。故知足之足，常足矣。

这段话的意思是，贪欲，是罪恶之源；不知自足，是祸害的发端。一旦把贪欲变成行动，灾祸就会随之而降。因此，只有知足，才能满足，而且要永久地知足。这才是世人尤其是治国者免除祸患的根本保证。

汉朝名臣张良帮助刘邦夺得天下，当刘邦要重赏张良时，张良却谢绝了刘邦的美意。他说自己没有什么战功，不应得到重赏。刘邦说，出谋划策于帷幄之中，使军队决胜千里之外，这就是你的功劳。你可以在齐地任意选择3万户作为你的封地。张良说，当初我起兵于下邳，与皇上会合于留地，这是上天把我赐给陛下，我的计策得以奏效，也有碰巧的成分。我只愿在留这个地方得到万户，而不敢接受3万户的封赏。刘邦于是把张良封为留侯，食邑一万。

张良是一个深谙老子思想的人，有功而不自恃，重赏而不受；不但表现得很谦虚，而且很知足，宁要一万户而不要三万户的封赏。正由于他的知足，他与他的家人得以平安无事。

与张良同为汉朝功臣的韩信却因为不知足而走上了一条不归路。韩信是刘邦手下战功最卓著的将军。韩信被废王爵时曾叫冤说:"狡兔死,走狗烹;飞鸟尽,良弓藏;敌国破,谋臣亡;天下已定,我固当烹。"那么,韩信是不是被冤枉的呢?其实,韩信早就野心毕露。刘邦在河南被项羽围困时,曾下令韩信出兵救援,但他却按兵不动,反而派人去面见刘邦,要求封他为假齐王。因为韩信此时已进占了齐地。刘邦为了顾全大局,只好答应说:"要封就封个真的,封个假的做什么?"后来,韩信进入楚地,干脆自称楚王。韩信自以为有大功,应当得到报偿,应当割地称王。但从国家和百姓的角度看,不消灭这些割据者,天下就不能实现真正的统一,人民就不能过上真正的和平生活。从这个意义上说,韩信被杀,是他自取的,是他私欲太重造成的。这正应了老子所提出的"罪莫大于可欲,祸莫大于不知足,咎莫大于欲得"的警戒之言。

历史证明,不知自足引发的贪欲,不仅使这些不知自足者自取其祸,而且直接为害社会。这些不知自足者,越是处于高位,其为害就越大越烈。正因如此,老子非常痛恨国家统治者的贪婪,把他们斥之为邦国的强盗头子。

老子在《道德经》的第五十三章指出:

朝甚除,田甚芜,仓甚虚。服文彩,带利剑,厌饮食,财货有余,是谓盗夸。

这段话的意思是,有的王侯为了自己的享乐,把宫殿修建得非常富丽堂皇,由于民力财力耗费过大,以致天下田园荒芜,粮仓空虚,百姓更是难以度日。而王侯、公卿们仍过着豪奢的生活。他们身穿华美的衣服,以炫耀其富有与高贵;他们佩带利剑,以彰显其尊贵与威严;他们拥有用之不尽的财物;说到吃的,要不是山珍海味,他们根本不屑一顾。他们是名副其实的强盗头子。

老子在《道德经》的第四十六章还指出:

天下有道,却走马以粪。天下无道,戎马生于郊。

这段话的意思是，治国者如能少私寡欲，实施清静无为政治，必会令社会安定，人民乐业，战马也得以退役为农民拉粪耕田。治国者如果骄奢淫逸，贪得无厌，不顾百姓的死活，百姓在走投无路的情况之下，必然会揭竿而起。战争一旦爆发，就是那怀胎的母马也要征调战场，以致把马驹生在郊野的战场之上。

周康王死后，是他的儿子姬瑕继承王位，为昭王。昭王跟他的祖先不同，生活上奢侈浪费，政治上糊里糊涂。他非常贪婪，既爱钱财，也爱奇花异草、稀禽怪兽。

有一天，有个大臣对昭王说："南方有个叫越裳氏的，成王的时候曾来京都朝贡，送来他们那里出产的白色雉鸡。这种雉鸡不但毛色洁白漂亮，而且肉味鲜美，算得上是天下最美好的一种飞禽。自楚国壮大之后，越裳氏的白雉鸡就再没有送来了。"昭王问："这是为什么？"大臣说："楚国连天子也不放在眼里，贡品被截留也就是顺理成章的事了。"昭王听了大臣的话非常生气，便立即决定亲自带兵讨伐楚国，再到南方观赏和品味这种白雉鸡。

昭王这趟出征，可害苦了一路上的老百姓。男的要给昭王的军队驾车、挑担、运送粮草；女的被拉去给军队做饭、洗衣。老百姓家里的粮食被抢走了，耕牛和猪鸡被抢去宰杀了。军队渡河的时候，昭王不停地命士兵鞭打船夫。昭王及他的军队的所作所为，引起了百姓的怨恨。他们商量之后，决定在渡船上做手脚，教训一下这位荒唐的昭王。

昭王渡过汉水之后，便命令军队向楚国的都城丹阳发动进攻，但始终攻不下来。昭王无奈之下只好下令退兵。昭王的军队退到汉水南岸，看到有几艘大船停在那里，便争先恐后地上船。当船开到江心时，只听得"豁啦、豁啦"几声，几艘大船都散了架。昭王和他的军队连同抢来的牛马财物都掉进了江里。昭王的卫士把昭王拖上岸，这时昭王的肚子胀得像一只大鼓，死了！他再也见不着白雉鸡了。

这个不知自足的周昭王，仅仅是为了观赏和品味南方的白雉鸡，便不惜发动战争，不仅自己受到了惩罚，也使无数的家庭遭到毁灭、生灵遭遇涂炭。

清朝乾隆时期的和珅,是中国历史上最大的贪官。和珅的不知自足、和珅的贪婪,直接和间接害死了多少人?无法评估。更严重的是它对官场风气、社会风气的毒害。和珅死后,嘉庆曾下了很大的决心整肃吏治,压抑贪渎之风,但收效甚微。因为这时的官场已腐败不堪,已病入膏肓的清政府从此一蹶不振,一步一步地走向灭亡。

老子告诉我们,贪婪是人的本性,是一切灾祸的根源。放纵贪欲,不知自足的人必定不会有好下场。抑止贪欲的法宝就是知足,知足才能满足,知足才能平安。

老子通过以上两段话,提出了一个非常重要、非常严肃和非常现实的问题,这就是:要形成知足的社会风尚,居上位者的知足是最重要的。

三、知足,才能无积

老子十分推崇一种叫"无积"的圣人境界。

他在《道德经》的第八十一章指出:

圣人无积,既以为人己愈有,既以与人己愈多。

这句话的意思是,怀抱济世救民情怀的圣人,会毫无保留地以自己的所有所能奉献社会、服务民众。他们越是把自己之所拥有付给别人、付给社会,越是感到自己富有,因为他们收获了快乐,收获了精神境界的升华与提高。

老红军甘祖昌以他的一生对老子"圣人无积"的思想作了有力的诠释。

甘祖昌,江西人,1927年参加革命。经历了"长征"、抗日战争和解放战争,立下了许多战功。1955年被授予少将军衔并获八一勋章、独立勋章和解放勋章。这样一位有卓越贡献的高级干部竟于1957年"解甲归田"。他放弃已得到的权位,放弃了一名高级干部可以享受的各种待遇、放弃了舒适现代的城市生活,返回到老家江西井冈山务农。

近三十年的农村生活中,他与农民一道修了3座水库、4座电站、3条公路、12座桥、25公里的长渠,为改变家乡面貌做了大量的工作。他生活简朴,自己养猪种菜，却把70%的工资捐献给这些建设工程。他对生活知足，上级按他的级别，给他盖房，他拒绝了；给他配车，他也拒绝了。一心想的是老百姓，临去世前说的最后一句话是，嘱咐妻子龚全珍："下次发工资，再买化肥送给贫困户。"

为什么说既以与人己愈多呢？一个叫牛根生的企业家，在中央电视台节目上曾说了这样一段话："当自己从无到有时，会感到一种小小的快乐，当自己把所得拿出来回报社会时，则感到很快乐，是真正的快乐，虽然自己的财富减少了，但总觉得获得了很多。"甘祖昌、郭明义、牛根生这样做善事的人收获的除了快乐外，最重要的是精神境界的升华与提高。

可见，"无积"，是老子知足思想的升级版，是它的深化与升华；而"知足"则是"无积"境界的思想基石。那么，这种升华了的"知足"境界来自哪里呢？来自老子的大爱情怀、来自他所提倡的无私奉献精神和人生而平等的主张，还来自他所颂扬的一切都不是自己所私有的思想。

老子在《道德经》的第七章指出：

天地所以能长且久者，以其不自生，故能长生。

这句话的意思是，天地所以能长久地存在，因为它不是为自己而是为天下苍生而生。

老子在《道德经》的第十三章指出：

何谓贵大患若身？吾所以有大患者，为吾有身。及吾无身，吾有何患？

这段话的意思是，该如何理解世人为何如此看重自身的荣辱与得失呢？世人之所以总会被一些荣辱得失的事所困扰，是因为他们有身体、有权位名利等私欲，如果他们把身体看成不是自己所私有，并把自己的一切包括生命都交给社会、交给天下人，那还有什么荣辱得失的事呢！

老子认为世人应把自己看作是一个社会人，是为社会、为他人而生而存的人，因此，他们应把自己的一切包括身体、生命都视为不是自己所私有，并能把它交给社会，交给百姓，做到像珍爱自身一样珍爱天下人（爱以身为天下——第十三章），一个能把自己的一切包括身体、生命都视作不是自己所私有的人，还有什么不知足，还有什么不可把己之所能、所有付给社会、付给天下人的呢？

邹韬奋有句名言："一个人光溜溜地来到这个世界，最后光溜溜地离这个世界而去，彻底想起来，名利都是身外物，只有尽一个人的心力，使社会上的人多得他工作的裨益，才是人生最愉快的事情。"邹韬奋这句话是对老子上述思想的最为准确的解读。

如果说，"知足"是"无积"境界的思想基石，人的一切都不是自己所私有的思想则是"无积"境界思想基石中的思想基石。

为了让世人更好地践行"圣人无积"的境界，老子还提出了社会财富的公平分配的思想。

老子在《道德经》的第七十七章指出：

天之道，损有余而补不足。……孰能损有余以奉天下？唯有道者。

这段话的意思是，天道的社会财富分配观，是减损有余而增益不足，使有余与不足持衡。谁能做到以自己的富余去帮助那些贫弱的人呢？只有那些得道的人。

香港大慈善家霍英东，被香港特首曾荫权誉为爱国爱港的楷模。在香港，他不是首富，但他的捐赠是最多的。他的捐赠惠及我国的国防、体育、科技、医疗和教育等方面。他损有余而补不足的善举感动了中国、感动了中国人民。他被评为2006年"感动中国"的十大人物之一。

知足的人，才能产生敬畏之心、感恩之心、恻隐之心。也只有知足的人，才能敬畏天道、感恩社会、恻隐百姓，才能去践行"圣人无积"的思想。

四、知足，才能进取

老子在《道德经》的第四十六章指出：

知足之足，常足矣。

这句话的意思是，只有知足，才能满足，才能永久地满足。

有人说，进取、追求和实现人生价值才是时代的精神，于是认为老子的知足思想是进取精神的窒息药，是实现自身价值的障碍物。其实这是一种误解。

前面已经说到，所谓知足，是指在名誉、地位、金钱、物质前面不过分追求。因此，知足思想不仅不会成为实现我们自身价值的障碍，相反有助于进取精神的弘扬。诚然，如果你所追求的是金钱地位、荣华富贵、声色犬马、无上享受，那则要另当别论了。

老子在《道德经》的第二十二章指出：

少则得，多则惑。

这句话的意思是，不想多取的反而可能会多得，贪得无厌的反而可能什么也得不到。

我国某名牌大学，有一个理工科班。这个班共有20个学生。其中一个姓李的成绩最为突出，从大一到大四都独占鳌头，被大家称之为"李第一"。毕业时，李第一留校任教，其余的全分配到校外。10年后，他们第一次聚会，19个同学都开着轿车赴会，唯独李第一是坐公交来的。原来他们毕业后先后放弃了专业，有的进了银行、入了国企，还有的成了官场中人，而且都有了一官半职。大家便劝李第一："当年你比我们谁都强，今天我们个个收入都比你高，享受比你好，跳槽转行吧！"李第一不为所动，说："钱再多，也只需三餐饱腹，一床安睡。"第二个10年聚会的时候，除李第一外，个个仍开着小轿车来，不同的是，低档的已换成了高档的。不过这次只来了17人，因为已有3人进了监狱。第三个10年聚会的时候，李第一已成了国家优秀科技工作者、工程院院士，但他依然是乘公交赴会。其余的虽也是开着高级轿车而来，只是又少了3个人，因为他们已先后到监狱报到去了。14个老同学坐在一起，回顾往事，不胜唏嘘。

李第一因为对金钱、物质、地位的知足，全身心地投入到教学和科研工作中去，从而得以在科研上取得了重大成就，谁能说他没有进取精神，谁能说他的人生价值没有实现？他那进了监狱的六个同学不知自足，贪得无厌，虽曾一度拥有一官半职，拥有财富，到头来却变成了一无所有，变成了阶下囚，无论从个人还是从报国为民的角度来衡量，谁能说他们的人生价值就实现了？

可见，知足不仅不会成为窒息人们进取精神的毒药，而且是人们实现人生价值的驱动器。相反，不知自足、贪得无厌的人，只会落得一个伤民害国，自毁前程、自毁人生的下场。

事实上，老子不仅强调知足的思想，还在倡导永不自满，永远进取的精神。

老子在《道德经》的第十五章指出：

夫唯不盈，故能蔽而新成。

这句话的意思是，由于得道者永不自满，永远进取，就是到了年迈之期，也能青春焕发，事业有成。

老子彰扬的是一种永不自满，永远进取的精神。

有一个人，不仅能做到知足、无积，而且能做到永远进取，不断体现出自身的人生价值。这个人叫比尔·盖茨。天下人都知道，盖茨是当代世界上最成功的企业家之一，当他在微软总裁的位置退下时，将自己名下的580亿美元全部捐给梅林达·盖茨基金会，希望以最能够产生正面影响的方法回馈社会。自此，他全身心地投入到世界性的慈善事业中去。他还劝告中国富豪多做善事，为此他与巴菲特共同邀请中国前50位富豪参加慈善晚宴，只可惜这些中国富豪只来了三分之二。胡润报告显示，2013年中国前100位慈善家总计捐款为8.9亿美元，而美国前50位慈善家2013年共捐款77亿美元，其中仅"脸书"的创始人马克·扎克伯格和他的妻子就捐献了近10亿美元，超过中国前100位慈善家的捐款总额。

中国富豪与美国的慈善家，尤其是与盖茨相比，不是输在做善事的实力上而是输在文化的品位上。中国有的富豪虽然在做慈善方面很吝啬，但在个人享受方面都很豪爽。有的人发明了名扬四海的黄金宴，有的购买了世界上最昂贵的私人飞机、豪华游艇和顶级名车。世界各地的奢侈品店常被中国富豪的家属挤爆，在世界各地的赌场里出手最阔绰的也是中国富豪。他们有的人在面对有需要的官员和想追求美色时也格外豪爽，付出数百万上千万元也在所不惜。他们唯恐别人不知道自己是富豪而总想处处通过消费来炫耀自己。中国富豪以最快的速度接受了世界富豪的各种奢侈生活方式，可在盖茨眼里，他们还没有接受一种最重要的东西——慈善。

诚然，中国富人做慈善积极性不高的原因很多，其中官员的贪腐和奢靡，就很凉他们的心。但作为一个有文化品位、有爱国心的富人应该以自己的高尚情怀、高尚品格、高尚慈善行为去影响官场，拯救官场，推动官风世风的好转。

何龙发表在羊城晚报《盖茨劝得动中国富人做慈善吗？》一文中指出："有道是房子再大，不过一夜一床；食物再多，不过一日三餐；车子再好，功能未必用上；美女再美，年老也变婆娘；财富再多，死了照样见阎王。金钱财富对富豪来说不过是一堆数字，但对穷人而言，却关乎最基本的生活品质，甚至关乎健康与生命。"

是有意义的捐出还是无意义的囤积，是衡量富豪境界高低的标尺。我想只有当中国的富豪能以盖茨为榜样，自觉地践行老子的"损有余以奉天下"的天道精神时，才能成为高尚的慈善家。

盖茨白手兴家，拥有了580亿美元的财富，又把这笔巨额财富捐给了慈善基金会。他把做慈善从美国推向世界，又千方百计引导中国富人做慈善。谁能说他不进取？谁能说他没有实现自身的价值？而他这种进取精神正是来自他的"知足"和"无积"的境界。

总之，知足才能富有，知足才能趋福避祸，知足才能无积，知足才能进取。知足是有道德、有品位之人的精神财富和思想瑰宝，是一种高尚的为人品格与精神境界。知足寡欲的精神，在建设社会主义核心价值观中应当得到更好的继承与褒扬。

第十一讲

《道德经》的诚实守信精神

诚实，就是忠诚正直，言行一致，表里如一。守信，就是遵守承诺，不虚伪欺诈。"言必信，行必果"，"一言既出，驷马难追"，这些流传千百年的古语，都形象地展示了中华民族诚实守信的可贵品质。

诚实守信是中华民族伦理精神体系中的一座基石，更是中华儿女的道德行为规范。

弘扬诚信，对提高全民族的道德水准至关重要，为此，党的十八大所提出的社会主义核心价值观就有"诚信"的内容。

老子的《道德经》有丰富而深刻的诚实守信思想，这一讲，我们就来共同学习它。

一、诚实守信，立身之本

老子在《道德经》的第八章指出：

上善若水……与善仁，言善信。

这段话的意思是，上善的人，具有如水一样的品格。他们待人以仁爱，说话处事讲诚信。

诚信是每个人的应有品格，是每个人为人处世的根本。

为什么说诚信是人们做人的根本，又应如何培育全民的诚信精神呢？

（一）遵行诚信，首先要认识守、弃诚信的福与祸。

老子在《道德经》的第五十八章指出：

孰知其极？其无正也。

这句话的意思是，事物的转化仅在一线之间，祸与福之间存在一个界限，一旦越过这个界限，祸就能转化为福，福就会转化为祸。这叫物极必反。可以说，福与祸就在这一线的两边。

老子的话告诉我们，拒伪诈而守诚信，福则相随；弃诚信而行伪诈，祸必临头。18世纪英国的一位有钱的绅士，一天深夜，他走在回家的路上，被一个蓬头垢面、衣衫褴褛的小男孩拦住了。"先生，请您买包火柴吧。"小男孩说道。"我不买。"绅士回答说。说着绅士躲开男孩继续走，"先生，请您买一包吧，我今天还什么东西也没有吃呢。"小男孩追上来说。绅士看到躲不开男孩，便说："可是我没有零钱呀。""先生，你先拿上火柴，我去给您换零钱。"说完小男孩拿着绅士给的一个英镑快步跑走了，绅士等了很久，男孩仍然没回来，绅士无奈地回家了。第二天，绅士正在自己的办公室工作，仆人说来了一个男孩要求面见绅士，于是男孩被叫了进来。这个男孩比卖火柴的男孩矮了一些，穿得更破烂。"先生，对不起了，我的哥哥让我给您把零钱送来了""你的哥哥呢？"绅士道，"我的哥哥在换完零钱回来的路上被马车撞成重伤了，在家躺着呢。"绅士深深地被小男孩的诚信所感动。"走！我们去看你的哥哥！"去了小男孩家一看，家里只有两个男孩的继母在照顾受了重伤的男孩。一见绅士，男孩连忙说："对不起，我没有给您按时把零钱送回去，失信了！"绅士却被男孩的诚信深深打动了。当他了解到两个男孩的亲生父母都双亡时，毅然决定把他们生活所需要的一切都承担起来。

下面我们再讲一个放羊娃的故事。

一个放羊的孩子，每天赶着山羊上山。一天，他闲着无事，想玩玩骗人的游戏，于是他在山上大声呼叫："狼来了！狼来了！"山下正在劳作的村民们听到山上传来的呼救声，都立即放下手中的活儿，有的拿锄头，有的拿扁担，一起奔上山来救人。结果发现是放羊娃搞的恶作剧。不久，这个放羊的孩子又重复了一次"狼来了！狼来了！"的恶作剧，附近劳作的村民们又着实地被戏弄了一次。但事不过三。有一天，一群凶残的狼向山上的羊群和这个孩子扑过来，尽管处于险境的他发出了撕心裂肺的求救讯号："狼来了！狼来了！"但是已被欺骗了两次的善良村民们不愿再第三次上当受骗。结果可想而知，这个孩子为他的两次谎言付出了生命的代价。

按说，放羊的孩子比卖火柴的两兄弟的境况要好得多，后者因为诚信行上了好运；前者由于视诚信为儿戏，玩伪诈而取乐，结果葬身狼肚。可见，诚信与伪诈虽然同样是两个字，不同的选择其后果却是天壤之别；前者是福，后者为祸。守诚信是福，弃诚信是祸的真实故事可谓举不胜举。诚信是良心，是道德，更是法则。它要求我们做到内存于心，而外信于人。因此，遵行诚信还能培育起一个人的好德行，使之变得更加高尚。

隋朝的大臣皇甫绩从小就跟表兄们一起读书。有一天，他和几个表兄因为贪玩而没有完成作业。第二天，这件事被外公知道了，他把几个孙子叫到书房里，狠狠地训斥了一顿。然后按照规矩，每人重打二十大板。外公看皇甫绩年龄最小，平时又很乖巧，再加上没有爸爸，不忍心打他。于是，就把他叫到一边，慈祥地对他说："你还小，这次我就不罚你了。不过，以后不能再犯这样的错误。不做功课，不学好本领，将来怎么能成大事？"皇甫绩和表兄们相处得很好，小哥哥们都很爱护他。看到小皇甫绩没有被罚，心里都很高兴。可是，小皇甫绩心里很难过，他想：我和哥哥们犯了一样的错误，耽误了功课。外公没有责罚我，这是心疼我。可是我自己不能放纵自己，应该也按照私塾的规矩，被重打二十大板。于是，皇甫绩就找到表兄们，求他们代外公责打自己二十大板。表兄们一听，都"扑哧"一声笑了出来。皇甫绩一本正经地说："这是私塾里的规矩，我们都向外公保证过触犯规矩甘愿受罚，不然的话就不遵守诺言。你们都按规矩受罚了，我也不能例外。"表兄们都被皇甫绩这种信守学堂的规矩，诚心改过的精神感动了。于是，就拿出戒尺打了皇甫绩二十大板。后来皇甫绩在朝廷里做了大官，但是这种从小养成的信守诺言、勇于承认错误的品德一直没有丢，这使得他在文武百官中享有很高的声望。

老子在《道德经》的第七十九章指出：

天道无亲，常与善人。

这句话的意思是，天道对万民万物没有亲疏厚薄之分，但它总会使那些自觉遵行符合道的道德精神的人首先得到护佑和帮助。

以上几个故事正好验证了老子的"天道无亲，常与善人"的哲言。

（二）遵行诚信，需要注意从小事做起。

老子在《道德经》的第六十四章指出：

合抱之木，生于毫末；九层之台，起于累土；千里之行，始于足下。

这段话的意思是，合抱的大树是由毫末般的芽苗逐渐长大起来的；九层的高台是由一块块的土石堆积起来的；千里的行程是从脚下的第一步开始的。

一个人的诚信精神，不是天生的，而是后天培育起来的。为了培养诚信精神，每个人都应从小并从小事做起，如此日积月累，自然会成为一个坚定地躬行诚信的人。

我们青少年要做到恪守诚信，就要对自己讲的话承担责任和义务，言必有信，一诺千金。答应他人的事，一定要做到。同他人约定见面，一定要准时赴约。上学或参加各种活动，一定要准时赶到。要知道，许诺是非常慎重的行为，对不应办或办不到的事情，不能轻易许诺，一旦许诺，就要努力兑现。如果我们失信于人，就等于贬低了自己。如果我们在履行诺言过程中情况有变，以至无法兑现自己的诺言，就要向对方如实说明情况并表示歉意。这与言而无信是完全不同的两件事，所以说树立诚信要从点点滴滴做起。

沈泱与栾舒慧是好朋友，两个人约定星期六下午2时在市里的图书馆门口会合去看风光泥塑展。沈泱准时到达了约定地点，但等了半个小时都不见舒慧的影子，心中不免埋怨起舒慧不守信用。就在这时，舒慧急冲冲地走过来，对沈泱说："我外婆病了，我妈让我一起去看她，我给你家打了电话，你妈说你已经走了。我只好过来跟你说清楚。"沈泱看见舒慧的母亲在等着她，便说："你快去吧，谢谢你来告诉我。"

一滴水能照见太阳的光辉，一件小事能增进朋友之间的真挚友情。诚信，我们应当从身边的小事一点一滴地做起。勿以善小而不为，勿以恶小而为之。

舒慧遵行诚信能从小事做起，长大之后一定能成为一个躬行诚信的人。

（三）遵守诚信，还要注重在无私、仁爱的修炼上下功夫。

无私、仁爱是人类、更是中华民族最基础的伦理理念，是一切高尚的道德思想行为的情感基础。诚信植根于无私、仁爱的精神之上，换句话说，一个无私、仁爱精神缺失的人，是不可能拥抱诚信、躬行诚信的。

老子在《道德经》的第四十六章指出：

罪莫大于可欲，祸莫大于不知足，咎莫大于欲得。故知足之足，常足矣。

这段话的意思是，贪欲，是罪恶之源；不知自足，是祸患的发端；一旦把贪欲变成行动，灾祸就会随之而降。因此，只有知足，才能满足，才能永久地满足。

樵夫甲在河边砍柴，不小心把斧头掉进了河里，由于失去了赖以为生的工具，他坐在河边伤心地哭起来。这时，一个财神出现了，樵夫向他诉说自己的不幸，财神非常同情他，便跳进水里帮助他打捞。很快，找出了一把金斧头来问樵夫，樵夫却摇头说："这不是我的那一把。"又过了一会儿，他又找出一把银斧头来，樵夫还是摇头。最后他找出一把铁斧头，樵夫见了高兴地说："谢谢你，这才是我失去的斧头。"财神爷很喜欢他的诚实，于是把金斧头、银斧头也一起送给了他。

樵夫甲回家后，向他的同伴们讲了自己的遭遇，樵夫乙也决定试一试。他站在河边，故意把斧头扔进河里，然后假装痛哭，这时候财神爷又出现了。很快，他便找出一把金斧头来。樵夫乙没等财神问他，就马上说："还给我，这正是我丢失的那一把。"财神爷恨他不诚实，便和金斧头一起消失了。而这个樵夫最终连自己的斧头也找不到了。

诚实是人生的一种美德，也是每个人应守的本分，尽管诚实的人有时会被人嘲笑，但最终会得到人生的奖赏，这种奖赏是无尽的，也是无价的。樵夫甲之所以令人赞赏，是因为他守住了做人的根本——诚实，而这种诚实则是源自于他的不贪。

老子在《道德经》的第六十七章指出：

天将建之，若以慈垣之。

这句话的意思是，上天如果要把每一个人都造就成有用之才，就应该让他们首先培育出一颗慈爱之心，一腔慈悲之情。

楚惠王登上王位之前，曾向先王承诺，珍惜天下苍生，绝不乱杀人。那么他是否能信守承诺呢？

有一次，楚惠王吃凉拌菜，发现菜中有水蛭，急忙把它吞到肚里。他为什么要这样做呢？因为依照楚国的法律，国君的食物出现这种情况，厨子和监食官都得处死，为了救他们一命，楚惠王只好把水蛭吞了。一个国君能如此舍身救人，是很了不起的。楚惠王此举当然可以说是他对承诺的信守，其实，支撑他信守承诺的是爱的力量，——对百姓的爱，对生命的敬畏。

2014年2月13日，广西南宁姑娘石芳丽在北京将76岁的韩健老人撞成重伤。小小的石芳丽没有逃逸、没有推卸，而是勇敢地面对，表示要负起全部责任。她的父亲第一时间送来了一万元的药费，并积极继续筹借，她自己则一直陪伴在老人身边，悉心地予以照顾。韩健一家理解、同情、体谅芳丽的家庭困难及出外打工的不易，不仅没有索赔追责，还帮她找到了一份工作。

撞人事件就这样演绎成了一个美丽的故事。

近年，有的人在酿成车祸之后选择逃避、逃逸；有的人自己跌倒，反诬陷搀扶者肇事，要求追讨赔偿；有的执法人员在以上的纠纷面前选择徇私枉法，帮亲人一把。在这样的道德氛围之下，小小的石芳丽选择诚实、选择担当，值得肯定、值得赞扬。韩健老人一家的表现，则更是难得。老人说："她撞了我，能主动承担责任，这一点就足够了。"在了解到小石的家庭状况后，韩老明确表示不需要她的陪护，也不需要她再做赔偿。韩老还要求儿子为小石找份工作。韩老的儿子韩雪峰说："这件事对我们不算多重的负担，但对于这个孩子、这个家庭来说，可能会改变她的命运。"他又说："恻隐之心，人皆有之。父亲既然宽容了小石，自己也应该帮她一把。"这是什么精神？是大爱精神。正因为有韩健一家的爱，石芳丽的诚实故事才得以插上美丽的翅膀，通过媒体飞往大江南北，飞入千家万户。

通过以上所述，我们可以得知，诚实守信需要无私精神的支撑，需要仁爱情怀的呵护。因此，遵行诚信，我们还必须在无私、仁爱的道德修炼方面下功夫。

二、诚实守信，为商之道

诚实守信是每个人应有的基本品质，是每个人立足社会的基础，同样是从商者必须遵守的为商之道。

（一）拥有诚信，等于拥有机遇和成功。

老子在《道德经》的第四十一章指出：

建言有之曰：明道若昧。

这句话的意思是，古之圣人曾有这样的说法：悟道越深的人越会仿似愚笨。

在老子笔下，愚笨是个褒义词，指的是诚实、可靠。他告诉我们，修道有成者的思想行为在势利的世俗之人眼中，纯粹就是愚笨、愚不可及。但在学道修道者的眼里，这正是学道者的美好品德的体现。这样的人不会害人，只会利人，自然就为他人和社会所需要、所欢迎。

传说有这样一位国王，为了挑选一位诚实的王子做他的继承者，特意把煮熟的花种子发给每一个王子，并说："谁种出来的花最美，谁就能继承王位。多数王子在播种之后七天不见种子发芽，便暗地里找了一些花朵漂亮的花种子重新种在花盆上。半年之后，一个个的王子都把一盆盆色彩缤纷的鲜花摆在国王的面前，唯独有个王子低垂着头，捧着只有泥土的花盆来。结果，正是这个种不出花来的王子被指定当了国王的继承人。为什么？因为他诚实。

这个故事的道理很简单，机遇和成功，永远属于那些诚实的人。

这个道理同样适用于商界，适用于每个从商的人。

下面这个故事的主人公是我的朋友，叫麦树平。

我这位朋友原是一名农村的生产队长，懂得泥水活。改革开放之后，他入城当了建筑工。有一次，他在承建商那里承包了一项工程。他从工程结算单上发现承建商给他多算了10万多元的工程款。于是他便去找承建商，承建商正与发展商商量工作。承建商看了结算单没有发现问题，我这朋友便给他指出来。过了不久，发展商派人把他找了去，把一单很可观的工程直接让他承建，使他赚到了第一桶金。我这位朋友于是注册了一个建筑公司，成为真正的建筑商。之后，他又向房地产发展，现在已经成为一个拥有可观资产的成功商人。

我这位朋友成功的秘密就在"诚实"二字。他虽然已走进了富人俱乐部，但至今仍保持着诚实低调的本性。所有认识他的人都会这样评价他："老实"。

做生意和做人的道理是一样的，做人，首先要注重的就是道德和品格。做人，是决定一个生意人能否成功的关键要素。一个没有人格魅力的商人和企业家，是不可能受到别人的尊重的，当然要获得生意上的成功就难上加难了。

无数的事实反复证明了这样一条真理：诚实是成功者的通行证，伪诈是失败者的墓志铭。

（二）信守承诺是企业的生存之本。

老子在《道德经》的第六十三章指出：

轻诺必寡信。

这句话的意思是，轻易做出许诺的人，往往因无法兑现而失信于人。

老子要求世人，许诺一定要审慎，一旦许诺了就必须信守承诺。

有这样一个故事：

一个商人临死前告诫自己的孩子："你要想在生意上成功，一定要记住两点：守信与聪明。"

"那什么叫守信呢？"儿子焦急地问。

"如果你与别人签订了一份合同，而签后才发现你将因为这份合同而倾家荡产，那么你也得履行。"

"那么什么叫聪明呢？"

"不要签订这份合同。"

诚实守信，是保证市场经济秩序正常发展的根本保证，也是每个涉商人员最根本的行为准则。诚信是市场经济发展的要求，是维护市场经济秩序的关键。市场经济是信用经济，如何保证契约的双方履行自己的义务，就需要信用，需要诚实守信。

中华民族的优秀传统商德源远流长，有着极为丰富的"信"、"义"等内涵。其中包括：公平交易，货真价实，笃守信用，童叟无欺，和气生财，买卖不成仁义在，君子爱财取之有道，等等。这些流传千年的话，反映了我们的先人重诚信、守信用的经商作风。

这些年，在商场中不守信用的可谓屡见不鲜，而守信用的感人故事也不绝于耳。有妻子撑起家族企业，努力赚钱为死去的丈夫偿还欠款的；有儿子主动为死去的父亲还债的，甚至有老父亲为死去的孩子承担起债务的。一个"17年后千里还债"的故事则尤为感人。

1997年温州商人谢岩斌从广东汕头商人辛杨德和林榜雄处，购进了50万元的货物。由于亚洲金融风暴使外贸市场行情逆转，谢的工厂倒闭，欠下辛、林两人共18万元债务没有能力偿还。而这时的辛、林两人也遭遇经济危机，他们两人曾往温州找到谢岩斌，见谢的处境比自己还困难，没有说半句逼债的话便返回汕头。为了偿还自己欠下的债务，辛杨德向亲戚朋友借钱；林榜雄不得不把一套120平方的房子以10万元的低价卖掉。经过10多年的打拼，谢岩斌生意终于有了起色。2014年春节，他走上了千里还债路，在汕头市澄海公安局澄华派出所的帮助下，终于找到辛扬德和林榜雄，把18万元欠款还给了他们。17年了，想不到谢岩斌会找回来还钱，辛扬德和林榜雄都感到无比欣慰。谢岩斌也因主动偿还17年前的欠款的诚实守信事迹，被评上"最美温州人"。

（三）诚信加创新是品牌创优的坦途。

在现代商业的社会里，企业的品牌价值连城，因此，打造企业品牌应该是每个企业的中心任务。企业无论大小，是中国的还是外国的，都希望打造出自己的优秀品牌，最好是世界级的优秀品牌，那么打造和优化品牌，靠的是什么呢？

老子在《道德经》的第二十三章指出：

信不足焉，有不信焉。

这句话的意思是，你不能取信于天下人，天下人自然不能信任于你。把这句话移入商场，则应作这样的解读：一个企业，一个产品如果没有信用，消费者自然不会相信它、青睐它。

也就是说，一个企业，一个产品的生命在于信用。

有人说，品牌建设靠的是科技创新。这话是否到位呢？

2008年前，我国有一家乳制品企业，叫三鹿乳业，仅是其品牌就被评价为40亿元，可见其规模之大，生意之好。然而其产品却不时会出现蛋白质含量不达标的现象，这让企业的管理层、决策层大伤脑筋。据说有个博士工程师发现在奶粉中加入三聚氰胺，能提高产品蛋白质的检测指标。于是从2007年起，该企业便大量购进三聚氰胺。正是这项所谓的"科技创新"，使6000多名婴儿中毒患病。就这样，三鹿乳业这座巍然大厦轰然倒下，荡然无存，相关的责任人也一个个走进了监狱，开始了他们的囚徒人生。三鹿事件不仅导致许多还在襁褓中的婴儿变成了"结石宝宝"，让民众受害甚重，更造成了民众对国产奶制品的不信任，使国产奶制品损失巨大。亮堂堂的三鹿品牌从此变成了罪恶的标记。

老子在《道德经》的第八十一章指出：

天之道，利而不害。圣人之道，为而不争。

这句话的意思是，天道只会施益于万民万物，而不会加害他们。圣人只会对百姓、社会奉献，而不会去向他们索取。

一个企业的产品最核心、最重要的质量要求是不允许损害消费者的健康。

三鹿的决策者们完全违背了"利而不害，为而不争"的天道精神，完全违背了"诚实守信"这一为商之道，真可谓伤天害理，天良丧尽。

三鹿的兴衰告诉我们，一个企业的强大仅靠科技创新显然是不够的。

我国南方有一家曾与三鹿一起崛起的企业——珠海格力。格力用24年时间从一家濒临倒闭的小厂，发展为今天全球最大的家用空调生产企业。它的成功秘诀则是诚信加创新。它以诚实直面消费者，直面产品质量上的缺陷。从而获得了创新的动力，使产品的质量水平越来越高，企业品牌的成色越来越重，产品的销路越来越广……

司马迁说："千人之诺诺，不如一士之谔谔。"它的意思是，一千个人的奉承话，比不上老实人的一句真话有用。要使谔谔之音成风，关键在于企业领导人的心态。他们如果听不得不同意见，下属就会只讲好话；消费者也会如此，因为他们犯不着得罪你，反正天下的牌子多得很。这对企业的发展无疑是不利的。

有一次，格力的领导人朱江洪和董明珠来到洛阳，召开用户座谈会。他们声明，只听对产品质量挑刺的话。有个用户说："你们的空调制热的效果不一样，有的好，有的不够好。"他们于是到现场进行了考察，并找到了问题的症结。朱、董两位领导于是交给技术部门一个任务：按照"有霜即化，无霜不化，多霜多化，少霜少化"的要求，重新设计一个化霜模式。结果搞出了一个"智能化霜"的技术系统。这项技术，是世界首创，被国家专利局评为金奖。

朱江洪说：如果我们当时不能以诚实的态度面对用户，直面产品的质量，就不会拥有"智能化霜"这项技术。他又说："昨天的技术打不赢今天的市场，明天还将有更多的新技术、新产品等待你去开发，否则你就会被淘汰。因此一定要千方百计把自身的或者做了多年的产品的技术含量提升。"

降低噪音也是格力诚实面对产品质量缺陷的举措。有用户投诉："你们的冷气机噪音太大。"技术人员回答说："我们的质量全是符合国家标准的呀！"用户说："我才不管什么国家标准、世界标准，能让我安睡的才是好标准。"

一语惊醒梦中人，该企业领导认识到要把产品做好、做强，就不能以符合国家标准聊以自慰。于是，他们又把任务交给了技术部门，把噪音标准从42分贝（国家标准）降至20分贝以下，从而使格力有了自己的企业标准。所谓企业标准，就是消费者认可的标准，市场接受的标准。

为了保证每个产品的质量，格力人还专设了筛选车间，把所有的零部件进行逐个检测之后，才让合格的产品进入组装生产线。

可见，诚信加创新才是建设品牌、维护品牌、优化品牌、强大品牌的正道。

三、诚实守信，治国要旨

老子十分看重治国者的诚信。为此，他把以机巧伪诈之术治国的统治者称之为祸国殃民的贼子。孔子则认为建立起民众对政府的信任，比强大的军队、充足的粮食储备更为重要。因此治国者是以诚实守信理念还是以机巧伪诈的权术治国，直接关乎国家的兴亡，百姓的福祸。

（一）治国者是否遵行诚信关乎国之兴衰与民之祸福。

老子在《道德经》的第四十九章指出：

信者，吾信之；不信者，吾亦信之。德信也。

这段话的意思是，对那些诚实守信的人我们自然相信和信任他们。对那些不够诚信的人，我们也要以诚信对待和感染他们，引导他们归于诚信。

春秋战国时，秦国的商鞅在秦孝公的支持下主持变法。当时正处于战争频繁、人心惶惶之际，为了树立威信，推进改革，商鞅下令在都城南门外立一根三丈长的木头，并当众许下诺言：谁能把这根木头搬到北门，赏金十两。围观的人不相信如此轻而易举的事能得到如此高的赏赐，结果没人肯出手一试。于是，商鞅将赏金提高到50金。重赏之下必有勇夫，终于有人站起将木头扛到了北门。商鞅立即赏了他五十金。"商鞅真是个说话算数的人，有了这样的好官，百姓就有好日子过了。"在场的人们说。

第二天，大伙儿又跑到城门口，看还有没有木头立在那里。结果大家并没有发现木头，而是看到了商鞅变法的新法令。法令里有许多有利于百姓的条文，这时却没有一个人怀疑这个法令的真实性。于是，老百姓努力耕田织布，积极参军打仗，靠英勇杀敌、多立战功来赢得地位和财富。秦国出现前所未有的新气象。

而同样在商鞅"立木为信"的地方，在早它400年以前，却曾发生过一场令人啼笑皆非的"烽火戏诸侯"的闹剧。

周幽王是公元前8世纪周朝的最后一个君王。他昏庸无道，整天在皇宫和美人嬉戏。周幽王特别宠爱一个叫褒姒的妃子，什么都满足她，可是褒姒却很少露出笑容。为了博得美人一笑，周幽王真是伤透了脑筋。有一天，周幽王带着褒姒到外面游玩，并登上了骊山烽火台。"褒姒，这就是烽火台，这是传报战争消息的建筑。"那时候，从边疆到国都，每隔一定距离修一个高土台，派士兵日夜驻守，当敌人侵犯边境的时候，烽火台上的驻兵立刻点燃烽火，向相邻的烽火台报警，这样一路传递下去，边境发生的情况很快就能传到京城。而一旦国都受到威胁，骊山的烽火台也点燃烽火，向附属于周朝的诸侯国传递消息，诸侯国就会立刻派兵来援助。"呵呵，厉害吧！"周幽王对褒姒夸耀说。褒姒听了却不相信。为了取悦褒姒，周幽王令人把烽火台的烽火一个接一个的点燃，各地的诸侯很快就得到了消息，以为国都受到进攻，纷纷率领军队前来救援。可是当各路诸侯匆忙赶到骊山脚下时，却看见周幽王正和妃子在高台上饮酒作乐，根本就没有什么敌人，才知道自己被幽王愚弄了。诸侯们不敢发脾气，只能悻悻地率领军队返回。褒姒看到平时气度不凡的诸侯们，被戏耍后都是一脸的狼狈相，觉得很好玩，忍不住微微一笑。周幽王一见宠爱的妃子终于笑了，心里痛快极了。

等诸侯王都退走了以后，周幽王又让士兵再点燃烽火，诸侯们又急匆匆地带着军队赶来了。周幽王和褒姒一见诸侯们又上当了，在烽火台上一起哈哈大笑。就这样，周幽王反复点烽火，戏弄诸侯。五年后，西夷、太戎大举攻周，烽火台又一次被点燃。事不过三，被周幽王骗了两次的诸侯们再也不愿第三次被骗了，于是都不约而同地按兵不动。结果褒姒被俘，周幽王自杀。

一个"立木取信"，一诺千金；一个帝王无信，戏玩"狼来了"的游戏。结果前者变法成功，国强势壮；后者自取其辱、身死国亡。可见，"信"对一个国家的兴衰存亡是多么的重要。

（二）兑现诚信，治国者必须从讲真话、听真话做起。

老子在《道德经》的第八十一章指出：

信言不美，美言不信。

这句话的意思是，实话、真话，往往容易使人感到不中听；使人听得舒服的，则往往是大话或假话。

老子所以提出"信言不美，美言不信"的命题，是因为他通过对历史的回顾，认知到治国者是喜欢讲真话、听真话，还是喜欢讲假话、听假话，直接关乎国之命运、民之福祉的大事，而不是治国者的生活喜好或个人作风的小事。

我国春秋时代有个诸侯国叫齐国。齐国有一任国君叫齐桓公。齐国在丞相管仲和鲍叔牙的治理下，很快强大起来，从而使齐桓公顺利地当上了春秋时期的第一位霸主。

公元前642年，当了四十三年国君的齐桓公死了，但他死后却备受凌辱，他立的太子也差点儿随之命丧黄泉。为什么？这是齐桓公晚年喜欢听假话、听吹捧的话造成的。

管仲、鲍叔牙去世之后，易牙、竖刁、开方三个阴险小人从此围绕在齐桓公的周围。他们的歌功颂德，使齐桓公感到飘飘然；他们的殷勤侍候，使齐桓公感到很快乐。他甚至感到已经离不开这三个人。这样，他们便顺理成章地控制了整个朝廷。齐桓公一死，这三个人便把他们所培植和控制的公子无亏推上君位，下令追杀齐桓公所立的太子公子昭。齐桓公的尸首被搁置了六十七天，都生了蛆还没装殓下葬。虽然，公子昭后来得到宋襄公的帮助而重新夺得君位，齐国却从此一蹶不振。

无独有偶，晚年的唐玄宗也是一个特别喜欢听好话、听奉承话的君王。大将安禄山有三百多斤重，肚子特别大。一次唐玄宗指着他的大肚子开玩笑说："这里装的是什么东西？"安禄山一本正经地指着自己的肚子说："这里是装着一颗对陛下的赤诚之心。"唐玄宗听了非常开心，也更信任他。竟把全国百分之四十的军队交给他掌管。正是这个昏庸的唐玄宗为安禄山的反叛提供了一切条件，从而酿成了历时八年的"安史之乱"，使本来十分强盛的唐王朝，从此每况愈下，走向败亡。

"信言不美，美言不信。"这与我们平常所说的苦口良药的意思是一样的。苦药虽然难以下咽，但往往能够治好病；喝糖水虽然很舒服，却不能把病治好，甚至会使病情加重。

老子告诫世人，特别是居上位者，要有识别真话假话的能力，并在识别真话假话中分辨出好人与坏人，君子与小人。

喜欢讲假话，听假话，是不诚实的表现。那么，当下中国，这种现象是否存在呢？

全国政协常委、人口资源环境委员会主任张维庆在2010年3月全国"两会"上从七个方面痛批官场的不正之风，并指出："讲真话越来越难。"

贵州瓮安县人大办公室副主任赵安福撰文说："一些领导在处理一些较为尖锐的事情时，当面拍板，表态很好，使当事人感动得泪水鼻水同流。过后，问题却久拖不决，当事人几经周折找到他们时，他们或敷衍塞责，或翻脸不认人，或避而不见，更有甚者则是以大话、官话相威胁。然而，在向上级汇报时，他们会说得头头是道，说什么问题早已解决，还大谈自己的经验和体会。他们只报喜不报忧，讲成绩夸大其词，讲问题避重就轻。总之，用花言巧语应对上级，以千方百计搪塞百姓。赵安福还指出：官场有一种怪现象，讲真话的人被排斥、遭嘲讽、受冷落，讲假话、套话、官话的受欢迎、受重用……致使讲真话的人越来越少，讲假话的人越来越多。"

既然是否讲真话、听真话关乎国之命运、民之福祉，我们就应下决心直面它、正视它，努力去解决它、克服它。

第一，我们必须提倡讲真话、听真话光荣，讲假话、听假话可耻的官场风气。第二，研究推出讲真话不吃亏的保障制度。第三，也是最重要的是各级领导的率先垂范。

齐国的丞相晏子死后17年，齐景公宴请诸大夫。景公酒后兴起，拉弓射靶，箭没有射到靶上，大臣们却高喊："射得好！"喊声是那样的整齐，仿佛出自一人之口。齐景公大声叹息，对大臣弦章说："弦章啊！自从我失去晏子之后，至今十七年了，未曾听到有谁说我有不对的地方。今天我脱了靶，大夫们竟然说我射得好，好讽刺啊！"弦章说："这是诸臣没有才德呀！以他们的才智，不足以知道君主的过错；以他们的勇气，不敢触犯君主的威颜；这样便出现众口一词的情况。我还听说，君主喜欢穿什么、吃什么，臣子们就会跟着学样。君主您大概也是喜听奉承话的吧。"景公说："你说的也许是对的。"

弦章实际指出了臣子们不敢讲真话的根子就在齐景公身上。我敢说，我国当前说真话难的症结就在各级领导、尤其是第一把手身上。如果我们的所有各级第一把手都能像景公这样进行反思、反省，讲真话难的局面也许有望改变。

（三）要使百姓诚信，治国者必须自己做出榜样。

老子在《道德经》的第六十五章指出：

古之善为道者，非以明民，将以愚之也。民之难治，以其智多也。故以智治国，国之贼也；不以智治国，国之福也。

这段话的意思是，古代那些修道有成的人，不是教导百姓去学习和掌握机巧伪诈之术，而是引导他们返璞归真，做一个敦厚诚信的人。老百姓之所以难于治理，是因为他们沾染了机巧伪诈的恶习。如果统治者以机巧伪诈之术治国，只会刺激和助长老百姓身上这种恶习，这样的统治者无疑是祸害国家的贼子。如果不采用机巧伪诈之术治国，而是以诚待民，以信施政，实在是国之幸、民之福。

老子主张治国者应把帮助百姓去伪诈存诚信作为自己的使命，为此，他们首先要做一个诚实守信的人，做到以诚待民，以信施政，为百姓做榜样。

在这方面，我国历史上有个皇帝是做得很好的。他就是唐太宗李世民。

有一次，有个人给李世民上疏，建议他把朝中那些谄媚小人清除掉。唐太宗问："可谁是谄媚的臣子呢？"上疏人献计说："在朝会上您可以假装生气试探他们，那些坚持主见而不屈服于您的权威的人，就是正直的大臣；而那些不问是非、表示绝对顺从您的人就是善于谄媚的小人。"太宗说："国君好比水源，大臣好比水流。要是水源本身就浑浊而要水流清澈，那是根本不可能的。国君自己都玩弄伪诈之术，怎么能要求大臣正直诚实呢？我觉得，只要用至诚之心去与大臣相处就可以了。一切伪诈手段和方法我都是不会采用的。"

在老子看来，对于心中有道的治国者来说，引导百姓避免去学习和沾染机巧伪诈之术，而是用道的质朴本性去感化他们，使之变得淳厚诚实，这才是他们治国爱民的根本。相反，以伪诈之术治国的统治者，无异是祸国殃民的贼子了。正因为唐太宗拒伪诈而行诚信，所以才造就了一个"贞观之治"，成为一代明主。

（四）倡导诚信精神，各级政府还须树立诚信的典型。

老子在《道德经》的第六十二章指出：

美言可以市尊，美行可以加人。

这句话的意思是，能体现大道精神的美好言词、健康的社会价值观，能得到人们的珍惜和尊崇，并受到它的教化。善为道者的美好行为对世人则会起到不言而教的感化、示范作用。

在纽约的河边公园里矗立着"南北战争阵亡战士纪念碑"，许多游人来此祭奠亡灵。美国十八届总统、南北战争时期担任北方军统帅的格兰特将军的陵墓，坐落在公园的北部。陵墓高大雄伟、庄严简朴。

格兰特陵墓后边，更靠近悬崖边的地方，还有一座小孩子的陵墓。那是一座极小、极普通的墓，在任何其他地方，你都可能会忽略它的存在。它和绝大多数美国人一样，只有一块小小的墓碑。在墓碑和旁边的一块木牌上，却记载着一个感人至深的关于诚信的故事：

故事发生在两百多年以前的1797年。这一年，这片土地的小主人五岁时，不慎从这里的悬崖上坠落身亡。其父伤心欲绝，将他埋葬于此，并修建了这样一个小小的陵墓，以作纪念。数年后，家道衰落，老主人不得不将这片土地转让。出于对儿子的爱心，他对今后的土地主人提出一个奇特的要求，他要求新主人把孩子的陵墓作为土地的一部分，永远不要毁坏它。新主人答应了，并把这个条件写进了契约。这样，孩子的陵墓就被保留了下来。

沧海桑田，一百年过去了。这片土地不知道辗转卖过了多少次，也不知道换过了多少个主人，孩子的名字早已被世人忘却，但孩子的陵墓仍然还在那里，它依据一个又一个的买卖契约，被完整无损地保存下来。到了1897年，这片风水宝地被选中作为格兰特将军陵园。政府成了这块土地的主人，无名孩子的墓在政府手中仍完整无损地保留下来，成为格兰特将军陵墓的邻居。一个伟大的历史缔造者之墓，和一个无名孩童之墓毗邻，这可能是世界上独一无二的奇观。

又一个一百年以后，1997年的时候，为了缅怀格兰特将军，当时的纽约市长朱利安尼来到这里。那年，刚好是格兰特将军陵墓建立一百周年，也是小孩去世两百周年的日子，朱利安尼市长亲自撰写了这个动人的故事，并把它刻在木牌上，立在无名小孩陵墓的旁边，让这个关于诚信的故事世世代代流传下去……

这个故事传达出了一些怎样的信息呢？

第一，这个无名小孩陵墓的故事，是一个伟大、温馨、感人至深又十分难得的诚信故事。在200年的时间里，小孩子陵墓所在的这块土地不知变换了多少个主人，也无论这主人是民间的还是政府的，都信守最初买主的承诺，永远不要毁坏这座小孩子的陵墓。这不是一个人、一代人的诚信；而是许多人、许多代人的诚信。不仅表现了民间的诚信，也体现了政府的诚信。所以说它难得，是因为它千载难寻。

第二，人生而平等的理念得到了尊重。格兰特将军移居于这个陵墓公园之后，与小孩子的陵墓相邻。墓主人的身份悬殊：一个是伟大历史的缔造者，一个是无名小孩。换一个国家、一个国度，当地政府也许会毫不犹豫地以各种理由把小孩的陵墓毁掉，而纽约的历届政府都没有这样做。这对于那些满脑子上尊下卑思想的人来说，也许永远没法理解。正是纽约政府对"人生而平等"的这份理解和坚守，才使得这两座陵墓得以构成可能是世界上独一无二的奇观。

第三，纽约市长朱利安尼是一个有以高尚的道德精神济世的有心人。他从这两座司空见惯的陵墓及其背后的故事，敏锐地捕捉到其中的伟大诚信精神，于是撰写了这篇文字，从而为美国也是为世界人民提供一份动人的、珍贵的诚信教材，真可谓功德无量。

近年，我国有些地方政府的首长也已有了这种意识。例如，当温州市的领导获悉谢岩斌17年后千里还债的事迹之后，便批示号召向他学习，之后当地又把他评为"最美的温州人"。

只有当我们的各级政府能自觉地发现诚信的典型、培育诚信的典型、树立诚信的典型，使诚信蔚成风气，诚信才能在当今的中国生根、开花、结果。

第十二讲

《道德经》的礼让不争精神

党的十八大提出了"富强、民主、文明、和谐"的建设目标，为了实现这个目标，我们必须发扬老子所主张的礼让不争的道德精神。

在社会生活中，一个人无论他的身份如何，所处的环境如何，都不可避免要面对许多纷争，如何避免卷入这些纷争而不能自拔，老子要求世人做到礼让不争。

老子在《道德经》中，用了相当大的篇幅阐发他的礼让不争思想。《道德经》只有八十一章，起码有十八章说到这个话题，可见老子对这一道德理念之重视。

英国科学家李约瑟在他的《中国科学思想史·道家与道家思想》一书中说："在中国，由谦让和退让而得来的不可思议的美德、社会声望以及最后的面子，已成为这个文化的统治因素。"显而易见，我们在实现中华民族伟大复兴的今天，学习和弘扬老子这一礼让不争思想，是有着重大的现实意义和历史意义的。

一、礼让不争的精神实质是无私奉献

要了解老子不争思想的社会意义，首先得掌握它的精神实质。围绕这个问题，一代又一代的学者为之争论不休。有人说，不争是一种道德境界。有人说，不争是一种斗争策略和权谋。

那么，持后一种观点的学者所持的依据是什么呢？

《道德经》的第六十六章指出：

以其不争，故天下莫能与之争。

这些学者对老子这句话作了这样的译释：圣人所以不与人相争，是因为天下没人有能力有本钱与他相争。于是认为老子的不争是以不争为争，是不争于一时而争于久远，是表面上不争，而实质上在争。总而言之，不争是一种策略、一种权谋。

其实，这种理解是有悖于"以其不争，故天下莫能与之争"这句话的本意的。

如果我们从《道德经》的第六十六章整段文字去把握它的精神，对老子这句话就会得出不同的理解。

老子在《道德经》的第六十六章的全文是这样的：

江海所以能为百谷王者，以其善下之，故能为百谷王。是以圣人欲上民，必以言下之；欲先民，必以身后之。是以圣人处上而民不重，处前而民不害。是以天下乐推而不厌。以其不争，故天下莫能与之争。

这段话的意思是，江海能为百水所归，是因为它甘居低处，所以能为百谷之王。圣人想成为百姓的领袖，其心应愈加谦虚，其言应愈加谦逊，并做到把自己的利益置于百姓的利益之后。对那些一旦处于发号施令高位而仍能使百姓不会感到受压迫、受伤害的圣人，天下人只有拥戴之心而无厌恶之情。这样的圣人尽管不去争当领袖，而百姓偏偏选择他们，这样，普天之下就没有人能与之相争了。

显然，老子强调的是一种退让不争的思想，是为民奉献的精神。圣人之所以被百姓选择为领袖不是因为他们去争，而是因为他们品德高尚，诚心为百姓奉献。

西汉末年，刘秀打天下时，手下有一员战将叫冯异。他立了很多战功。在平定河北之乱后，刘秀要给部下论功行赏，会议上，将军们都争先恐后地陈述自己的功劳，但从始至终都听不到冯异的声音，刘秀于是点了冯异的名，让他也说一说，然而没有应答的人。原来冯异根本就不在会场之内。他到哪里去了呢？刘秀派人去找，发现他独自一人坐在一棵大树之下。这事传开之后，冯异便得了一个绰号：大树将军。之后，冯异又屡立战功，但每次论功行赏，他都躲得远远的，全不把功赏的事放在心上。冯异越不争功，越不邀赏，刘秀对他越信任，提升他为征西大将军，又封他为夏阳侯。

这个故事告诉我们什么呢？冯异被升为大将军，封为夏阳侯，不是他争来的。因为他既没有争的居心，更无争的行动。可以说他是不争而得，或者说是因德而得。

老子在《道德经》的第七章指出：

是以圣人后其身而身先。

这句话的意思是，正因为圣人把自己的利益置于民众的利益之后，且不在权位名利上与人相争，天下人偏偏选择他们为领袖。

老子在《道德经》的第六十七章指出：

我恒有三宝，持而宝之……三曰不敢为天下先。……不敢为天下先，故能成器长。……舍其后且先，则必死矣。

这段话的意思是，我（道）永久地拥有三件法宝，并无限珍爱它、尊崇它。这第三件法宝就是在权位名利面前，永远不与人相争。具有如此品德的人，受人爱戴，所以能成为领袖人物。如果在权位名利面前放弃不与人相争的原则，而是争先恐后去争逐，这样就只有死路一条了。

老子这段话告诉我们，从主要方面上说，不争就是在权位名利面前不与人相争。

那么，不争思想的精髓是什么呢？

老子在《道德经》的第八章指出：

上善若水。水善利万物而不争，处众人之所恶，故几于道。

这句话的意思是，上善的人具有如水一样的品格。水虽然润育了万物却不要求得到任何好处，只把自己栖息在人类所厌恶、所不愿意居住的地方。水的这种品德最接近天道的境界。

这是一曲"无私奉献"与"谦让不争"的颂歌，是水之颂，也是德之颂。水的美德主要表现在，一是利他性。是一种专门利人，毫不利己的奉献精神。是只施恩泽而不求报偿的精神。二是不争性。水对万民万物有万千的功劳，但它不争名逐利，泰然安于低处。这是一种谦下退让的美德。

可见，不争思想的精髓是无私奉献，是一种高尚的道德境界。

有人说，老子的不争思想太消极、太窝囊。这是对老子不争思想的误解。其实，老子的不争绝不是无原则的退让，更不是取消作为和竞争。老子主张的是不逞强好胜，不在权位名利和物质享受方面与人相争。而老子不争思想的内核是一种鲜明的争、坚定的争。这就是争社会的健康和谐、民族的团结兴旺、国家的安全安定以及对人民的无私奉献。

二、礼让不争是趋利避害之道

争强好胜，不肯退让，是人性的弱点，这一人性弱点会引发无穷无尽的纷争，面对人与人之间、家庭之间、族群之间、团体之间等各种各样的纷争，为了趋利避害，我们必须高举礼让不争的大旗。

（一）礼让不争是治疗好勇斗狠的良方。

老子在《道德经》的第七十三章指出：

勇于敢则杀，勇于不敢则活。此两者，或利或害。天之所恶，孰知其故？

这段话的意思是，一味地好勇斗狠，恃强凌弱的人必定会招来杀身之祸。守持柔弱、不逞强好胜的人则能立于不败之地。前者害人害己，后者利己利人。前者自然为天地所不容，为什么？因为他们违背了天道的慈爱精神。

老子在《道德经》的第五十五章又指出：

心使气曰强。物壮则老，谓之不道，不道早已。

这段话的意思是，任性使气者往往会变成恃强凌弱之徒。事物过于强旺，必然走向衰败。不遵循"和气"之道而行事的人，就必定不会有好下场。

四川某大专学校的大三学生刘某，于2012年8月30日晚，向一对过路的情侣问路，对方回答了一句"不知道"后继续前行。刘某认定对方是故意不告诉自己，当即赶上去与对方理论，并扭打起来。刘某的几名同学见状，提着空啤酒瓶来助阵。刘某接过同学递上的啤酒瓶，敲破后向对方的男子脖子大力刺去，导致这名男子当场死亡。事后，刘某涉嫌故意杀人罪被批捕。

这是一起典型的任性使气、以强凌弱（以多欺少）的恶性事件。问路得不到满意的回答，那是很正常不过的事情。我们试反问自己：对问路者是否都能给予有效的帮助呢？这显然是谁都办不到的事情。刘某得到"不知道"的回答，就认定对方故意不告诉自己，武断不说，更令人无法接受的是他与他的同学竟把这样一件事升级为杀人事件，害人害己，实在可恶至极，可悲至极。刘某和他的同学也只能接受法律的惩处了。

那么，医治这种任性使气，好勇斗狠的药方何在呢？

老子在《道德经》的第七十八章指出：

柔之胜刚，弱之胜强。天下莫不知，而莫能行也。

这段话的意思是，柔弱的可以胜过刚强的，弱小的可以超越强大的。这个道理天下无人不懂，但没有多少人能用它来指导自己的行动。

老子主张守柔、守弱，因为柔弱可化解矛盾，能克制恃强凌弱者的心性。许多人不懂得自处于下，自处于柔弱的妙用，而一味地争强好胜，该退让时不退让，该通融时不通融，撞了墙也不懂得回头。这既不利己也不利人。其实问路遇到"不知道"的答复之后我们还有许多的解决和应对方法，最简单的是再问别的人；不然就高姿态地说上一句："对不起，打扰了"，常言道，你敬我一尺，我敬你一丈。也许对方会说："很抱歉，我帮不到你"，这样不是雨过天晴了吗？可惜的是，我们有些人却承受不了一点点的委屈，不懂得包容，不懂得退让，更不懂得给予对方以尊重。这样一来，就必然会做出害人害己的事情了。

（二）礼让不争是化解纷争的妙诀。

老子在《道德经》的第五十一章又指出：

见小曰明，守柔曰强。

这句话的意思是，能把自己看作是弱小卑微的人，是真正的聪明人，能以柔弱的姿态示于人前的人，则是真正的强者。

老子希望世人做到守柔谦下，退让不争。他还告诉世人，守柔退让不是懦弱者的表现，而是强者的表现；不是愚笨者的表现，而是聪明人的表现；不是无德者的表现，而是有德者的表现。

我国的春秋时期，梁国与楚国毗邻，且都在边境的地里种了瓜。梁人勤快，适时给瓜田下肥浇水；楚人懒惰，瓜田缺肥缺水。结果，梁人的瓜长得又大又好看，楚人的瓜则长得又小又丑陋。楚人心中妒忌，半夜里把梁人的瓜弄死了许多。梁人会如何应对这件事呢？不少人主张报复，他们说："楚人做初一，我们做十五。"然而梁人的长官不仅不同意这样做，反而让他的百姓给楚人的瓜田下肥浇水。楚人发现自己的瓜越长越好，也发现是梁人给他们的瓜田下肥浇水。楚人的长官知道后感到很惭愧，便派人前往梁国向梁人道歉。从此，两地百姓相互友好，相安无事。

这个故事告诉我们：1.解决纷争，对抗不是唯一的方法，更不是最好的方法（除非被对方逼到无路可退），而退让往往能取得更理想的效果。2.退让往往是明智之举，如果梁人的长官当时听了部属的意见，来个以牙还牙，也许结果会不堪设想。3.退让方往往站在道德的制高点上。楚人所以向梁人道歉，原因就在这里。

古往今来，你争我斗的事，可谓无处不在，无时不有。在家庭里，为了一点小事，兄弟妯娌闹得势不两立。在饭馆里，为了一个座位，客人之间武力相向。在火车上，为了一句相左的话，一方把刀刺向另一方的胸膛上。……老子提倡礼让不争，其中一个用意就是为了防止这种非理性、非道德的争斗的扩展与蔓延。

往前一步，万丈深渊；后退一步，海阔天空。总之，礼让不争是世人趋利避害的法宝，是化解纷争、和谐相处的不二法门。

三、礼让不争，是民族团结兴盛的征兆

拜将入相，一直是我国的文人志士一生的梦想和奋斗目标，而在我国历史上却有把已到手的相位拱手让人的人。

百里奚是我国春秋时期的虞国人。百里奚自小酷爱读书，懂得治国安邦的道理。他50多岁的时候，经朋友推荐，当上了虞国的大夫。可没过几年，虞国被晋国所灭。百里奚由于不肯做晋国的官，被晋国关进了监狱。后来，晋国国君为了讨好秦国，把女儿嫁给秦穆公，并把百里奚列为陪嫁的奴仆。

秦穆公核对陪嫁清单时发现少了一个奴仆，这就是百里奚。这个百里奚怎么就不见了呢？晋国的护嫁官给秦穆公汇报说，百里奚中途逃跑了，逃跑后被楚国当作奸细捉了去。这位护嫁官还告诉秦穆公，百里奚有安邦定国之才。

秦穆公听说百里奚是个人才，很是高兴。为了不让楚国知道百里奚是个人才，秦国于是以当时买卖奴隶的市价，用5张羊皮向楚国赎回百里奚。楚国觉得赎一个奴隶乃是小事一桩，于是收下了羊皮，把百里奚送还秦国。

百里奚被送回秦国那天，秦穆公的心情很好。他为得到一个治国之才而高兴。可当他见到百里奚时却非常失望，为什么呢？因为出现在他面前的百里奚竟是一个白发苍苍的老者，秦穆公已经没有了好心情，便随便问了一句："先生，多大年纪了？"百里奚说："70岁。"秦穆公叹了一口气说："可惜太老了。"百里奚说："主公若是让我去追飞鸟，去斗猛兽，去上阵杀敌，我确实太老了；如果让我为国家出谋划策，我还年轻呢。当年姜太公八十为相，还帮助周武王夺得江山。我比姜太公不是还年轻10岁吗？"秦穆公听了，兴致又来了，便向百里奚讨教富国强兵的道理。百里奚说得滔滔不绝，头头是道，句句都说在秦穆公的心坎上。秦穆公情不自禁地说："真是太好了，我有了先生，就好比齐桓公有了管仲啊！"秦穆公接着说："先生，你就给我当右相罢。"

右相就是正相，百里奚能从一个奴隶一下子变成秦国的丞相，如同从地

狱升上天堂；何况，这已是他人生的最后一站，最后的一次机会了。那么，百里奚是不是喜出望外，激动万分地叩谢秦穆公呢？

没想到，百里奚推辞说："这个右相，我不合适！"秦穆公有点愠怒了。但他强压心中的不高兴，用缓和的口气说："先生莫非有需要本王解决的困难吗？"

那么，百里奚是不是把自己当成了可居的奇货，要与秦王讨价还价呢？要不，是不是他的脑子进水了呢？

百里奚对秦穆公解释说："有一个人比我强，他才是当右相的材料。"秦穆公对百里奚更加敬重了，忙问："这个人是谁，他在哪里？"百里奚说："他叫蹇叔……"

由于百里奚的辞让，蹇叔当上了秦国的右相，百里奚则接受了左相的职位，当了蹇叔的助手。

秦国在蹇叔和百里奚的治理下，国力一天比一天地强大起来。

在我国春秋时期的郑国还有一个"子皮让相子产"的故事。

子皮是郑国的执政大夫，即国相。他执政后期发现了一个人才，他就是子产。大夫子产很有才能，出使晋国不辱使命；出使陈国预见到此国不久将会灭亡，建议郑国不要亲附陈国。子产为人正直仁爱，不与骄奢的贵族为伍。

有一天，子皮把子产请到府中，对他说："我已经老了，你正年轻有为，要把国家治理好，就要靠你了，我想把处理政务的重担交给你。"

子产听后既激动又不安，说："我没有您的威望高，朝中受宠的人又那么多，他们能听我的吗？"

子皮说："我会带头执行你的命令，带领群臣听从你的安排，你就放手去做吧！"

子产上任后，施行了一系列的强国措施，其中一项是嘉奖忠贞俭朴的贵族，惩办骄横奢侈、为非作恶的贵族。子产这项政策触碰到一些贵族的利益，一个叫丰卷的贵族于是招兵买马准备攻打子产。子皮得知后利用自己的威望和影响把这个丰卷驱逐出国。子皮对子产真正尽到了"扶上马，送一程"的政治责任。

在我国历史上，面对权位不仅不争反而做到礼让的，除了子皮、鲍叔牙、百里奚之外，笔者知道的起码还有一个周恩来。

中国共产党成立之初，周恩来便是中国共产党的最高军事领导人，遵义会议之后，中央重新成立三人军事领导小组，周仍任组长。长征后期，周主动辞去这个组长，让毛泽东做了红军的统帅。

子皮、鲍叔牙、百里奚、周恩来为什么能把权位辞让于人呢？

老子在《道德经》的第十五章指出：

古之善为道者……旷兮，其若谷。

这段话的意思是，那些修道有成的人胸怀宽广，就好像容量无限的溪谷似的，既能心系家国天下，又能情牵黎民百姓。

老子在《道德经》的第八十一章指出：

天之道，利而不害。圣人之道，为而不争。

天道只会施益于万民万物，而不会加害于他们。圣人只会对百姓、社会奉献，而不会去向他们索取。

老子通过以上的这些话告诉我们，圣人心系家国天下，情牵黎民百姓，没有私心，不会去争权逐位；而是视权位为平台和舞台，是为百姓服务的平台和舞台，所以他们能够为了国家和百姓的利益而辞让权位。

从以上的历史事实中，我们不难看到，在权位名利面前礼让不争的风尚如果能够得到发扬，领导集团就一定团结，事业就一定兴旺，国运就一定昌盛。

与此相反，争权争位的斗争，在中国历史上可谓屡见不鲜。

老子在《道德经》的第二十九章指出：

将欲取天下而为之，吾见其不得已。天下，神器也。不可为也，不可执也；为者败之，执者失之。

这段话的意思是，无道的人为得到天下而胆大妄为，我认为他们是不会得逞的。天下、国家，是至神至圣的大器物，不是谁想得到就能得到的，也不是谁想主宰就能主宰得了的。为得到它而恣意妄为，不择手段，必定会招致失败；就是侥幸得到了它，如随之倒行逆施，放纵贪欲，祸国殃民，最后也会把它丧失掉。

隋炀帝杨广是隋文帝的第二子，为了夺取帝位，他设计离间隋文帝与太子杨勇的关系，然后买通隋文帝身边的人，进而杀掉父亲隋文帝和长兄杨勇，从而夺取了帝位。隋炀帝是中国历史上标准的暴君。史书说，隋炀帝是个极骄极贪的人，以为自己做的事都是对的。他任意妄为，剥削不顾民众的死活，浪费只求个人的快意；对内杀人唯恐太少，对外用兵唯恐不多，这个独夫民贼就这样把百姓逼上了绝路。他做皇帝的第五年，便有农民起义，之后很快形成燎原之火。连续10年的战争，使隋朝灭亡了。隋炀帝本人也被自己身边的军士杀死了。隋炀帝引发的这场战争为害之烈，从全国户口和人口的变化可见一斑。10年间，全国户口从900万下降到300万，人口从4500万下降到1500万。

出现在我国"文化大革命"时期的"四人帮"，也是像隋炀帝一样的货色。为了篡夺党和国家的领导权，他们不惜颠倒是非，颠覆传统道德，摧毁最基本的民主法制，破坏经济，使国家的政治和经济走到了崩溃的边缘。

隋炀帝和"四人帮"为争夺国家权力的卑劣行径以及带给国家和人民的严重灾难，反证了礼让不争精神对国家的兴盛、人民的福祉是何等的重要。因此，我们任何时候都要警惕像隋炀帝和"四人帮"这样的人民公敌。

四、礼让不争需要高尚道德精神的支撑

礼让不争是一种高远的境界。因此，需要一种坚实的崇高道德精神的支撑。

（一）礼让不争需要建立在"爱"的道德精神之上。

老子在《道德经》的第六十七章指出：

我恒有三宝，持而宝之：一曰慈……

这段话的意思是，道永远抱持着三件法宝，并无限地珍惜它，尊崇它。第一件法宝叫慈。慈，就是慈爱、爱心、博爱之心。

老子在《道德经》的第二十七章指出：

是以圣人常善救人，而无弃人；常善救物，而无弃物。

这段话的意思是，圣人有博大的爱心，以救人护物为自己的行为准则，他们不会唾弃任何人，也不会糟蹋任何物。

春秋战国时期，赵国大夫蔺相如因为有"完璧归赵"和"渑池护主"两件大功，赵王对他更加信任——拜他为上卿，地位在大将军廉颇之上，这引起了廉颇的强烈不满。廉颇愤愤不平地说："我是赵国的大将军，攻城略地，出生入死，立下了多少功劳！他呢，仅靠一张嘴就爬到我的上面来了。何况，他原先不过是宦官的手下人，出身低微。而现在我却位居他的底下，这口冤屈气，让我如何咽得下。"廉颇还放出话来，只要碰到蔺相如，就一定要给他颜色看，令他难堪。

廉颇的这些话很快就传到蔺相如那里。蔺相如听了会有什么样的反应呢？那就是"退让"。真可谓"冤家路窄"，有一天，蔺相如与廉颇果真在街上迎面而行。蔺相如远远看见廉颇的车队，便叫车夫把自己的马车驶进一条小巷躲起来。蔺相如的门客见他如此害怕廉颇，都气坏了。他们便相约好去见蔺相如，对他说："我们离开父母、妻儿投奔您，是因为我们钦佩您的高尚品德，您跟廉颇将军同朝为官，职位比他高，廉颇恶言相向，已经伤害了您，您不反击，反而一味地忍让、躲避，您干吗那么怕他呢？我们受不了这个气，只好向您告辞了。"蔺相如心平气和地问门客："诸位，你们认为，廉颇将军与秦王相比，哪个厉害呢？"门客都说："当然是秦王了。"蔺相如说："秦王尽管有那么大的威势，我蔺相如都敢在大庭广众之中当面斥责他、羞辱他的臣子，我怎么就害怕廉颇将军呢？"门客问："既然如此，您为何要忍他、避他呢？"蔺相如说："你们知道秦国为什么不敢侵犯赵国吗？那还不是因为赵国有廉颇将军和我蔺相如两人在。两虎相斗，必有一伤。如果秦国知道我俩在闹对立，起冲突，必定会趁机进犯赵国的。那时候，赵国就会有难，赵国的百姓就会遭殃。这就是我对廉颇将军又忍让又躲避的原因。"门客们听了都非常感动。

蔺相如的这番话，也很快传到廉颇的耳朵里。那么，廉颇又会有什么样的反应呢？

廉颇感到非常惭愧，感到无地自容。他于是打着赤膊，背上荆条，到蔺相如府上请罪去了。这就是有名的负荆请罪的故事。

蔺相如为什么能在廉颇恶言相向的逼迫下不跟他争个高低、斗个有我无你，而是一再忍让呢？这是因为他心中有爱。他深爱着赵国，深爱着赵国的人民，也深爱着廉颇将军。他是因爱而忍辱负重，因爱而以德报怨，因爱而礼让不争。

德莫高于爱，爱是一切美好行为的情感基础。博爱之心必能产生慈悲之情、恻隐之情。这样的人遇事总能以国家命运为重，以人民的利益为重，以他人的幸福为重。而且，懂得用爱、用宽容的心去化解仇怨的人，才是真正高尚的人，堪当挑起爱民治国重任的人。

可见，礼让不争是需要大爱精神和大爱之德作支撑的。

（二）礼让不争需要建立在"和"的道德精神之上。

"和"是老子伦理哲学的基本理念，也是礼让不争的基础性精神。

老子在《道德经》的第四十二章指出：

万物负阴而抱阳，冲气以为和。

这句话的意思是，万物的内部都蕴含有阳气和阴气，正是它们和谐相融而成和气从而化生出宇宙万物。

老子在《道德经》的第五十五章指出：

知和曰常，知常曰明。

这句话的意思是，和合、和谐是自然、社会、人生，也是生命的真谛。能够有此认识才算真正了解到"和"的精髓。

老子告诉我们，"和"是社会稳定、百姓平安的保障，也是礼让不争这种风尚赖以生存和发展的重要道德精神源泉和哲学思想基础。

清朝康熙年间，桐城人张廷玉（张英）任大学士兼礼部尚书。张家仍有人在桐城居住。张家与邻居吴家都要建新房，双方都因一墙之地争执不下，告到县衙。县令却不敢判，因为若判张家输，得罪不起；若判吴家输，则会被认为是官官相护。张家人于是写了一封信五百里加急送往京城，让张廷玉出面摆平吴家。张廷玉写了一首诗作为回信："千里修书为一墙，让他三尺又何妨。长城万里今犹在，不见当年秦始皇。"

张家于是遵照张廷玉的意见主动退让了三尺。邻居吴氏深受感动，也退让了三尺。这样一来，两家的院墙之间便有了一条六尺的巷子。这就是"六尺巷"的故事。

从古至今有不少的官员会表现出一种以势凌人、横行乡里的恶习。当他们碰上如张廷玉这样的事情，也许会认为邻居是在藐视自己，挑战自己，于是运用各种手段予以打击报复。然而，作为封建士大夫的张廷玉却以退让、以礼让不争的态度去处理家人与邻居的纷争。境界之高，令人敬佩。这是因为张懂得"和"的重要与可贵，并懂得作为大官应身体力行去践行这种精神。

和生万物，和兴万事。和能出平安、出和谐、出稳定、出幸福。然而，为了这个"和"，得要求每个社会人都应准备为之付出：或者包容，或者妥协，或者吃亏，甚至忍辱负重。当今社会的突出问题是，有些人不能承受一点点委屈，更不愿包容与妥协。一遇矛盾、摩擦就恶言相讥，甚至拔刀相向，从而酿成一场场的悲剧。

总之，我们只有深谙和合、和谐是自然、社会、人生、生命的真谛这个"和"的精髓，才能自觉践行和发扬老子所提倡的礼让不争的道德精神。

（三）礼让不争需要建立在"无私"的道德精神之上。

不争功、不邀赏，这是礼让不争精神的重要内涵。不争功赏的道德基础是无私，而无私是道德精神的核心理念。

老子在《道德经》的第五十一章指出：

生而不有，为而不恃，长而不宰，是谓玄德。

这句话的意思是，道化生了万物而不据为己有，施作用于万物而不恃为己功，成就了万物而不自视为其主宰，这正是道的深沉而悠远的美德。

老子在《道德经》的第二章指出：

为而不恃，功成而弗居。夫唯弗居，是以不去。

这段话的意思是，圣人成就了事业而不恃己能，有了功劳而不据为己有。正是由于他们不恃能、不居功，其功德和名声才得以流芳千古、永世不灭。

战国时期的魏惠王八年（公元前362年），魏国丞相公叔痤率军与韩、赵两国的联军大战于浍水北岸，大败联军，并俘虏了赵国的将领乐祚。魏惠王十分高兴，亲自到郊外迎接凯旋之师，并宣布赏给公叔痤100万亩土地。公叔痤闻言，连退数步，再拜辞谢，不敢领赏。他说，这次投入战斗的部队都是当年西河守吴起训练出来的，是他训练有方；其次，在战场上察看地形，分析敌我双方形势，提供决策方案的是巴宁几位将军；还有，魏王制定出有功必赏、有过必罚的军法，保证了军队舍命向前的顽强作战精神。他最后说："若以臣之有功，臣何力之有乎？"公叔痤有功让功的谦逊精神，深受魏惠王的嘉许。魏惠王于是说："公叔为寡人战胜了强敌，不仅没有忘记前人的贡献，也没有疏忽将士的功劳，真可谓功与德俱显。"于是再赏给公叔痤40万亩土地。

在功劳面前礼让不争的，不仅有出于古代中国像公叔痤这样的政要，也有出自西方的科学家。

1858年，正当达尔文写完《物种起源》时，收到了华莱士从马来群岛寄给他的一篇论文。

华莱士论文中提出的自然选择理论，和达尔文花了二十年心血进行研究、整理的进化理论大致相同。达尔文于是给另外两位科学家赖尔和虎克写信，建议立即发表华莱士的论文，表示决心让出优先权。后经赖尔和虎克的再三说服，达尔文才同意将自己写的《物种起源》提要和信件连同华莱士的论文一起发表。

华莱士知道后,不仅同意赖尔和虎克的建议,而且始终把优先权让给达尔文。他在《对于自然淘汰的贡献》一书的序言中,热情地推荐达尔文为进化论的奠基人。他说:"我一向都是这样感觉着,并且现在和以后也要这样想,深知达尔文着手这一工作是远在我之前。"

布莱希特指出:"无私是稀有的道德,因为从它身上是无私可图。"公叔痤、达尔文、华莱士在功劳与名誉面前所以能做到礼让不争,是因为他们无私。正因为他们无私,所以伟大。

下面说到的几位科学家在功劳名誉面前所采取的则是另一种态度。

1946年,美国某医学院二年级学生莫顿试用乙醚麻醉获得了成功。这一发明,使外科手术从此进入了一个崭新的文明时代。

然而这一发明引发了一场名利纷争。莫顿的老师韦尔斯,以及曾启发过莫顿的化学教授杰克逊都认为自己有功劳。官司打了多年也毫无结果。最后,杰克逊得了精神病、韦尔斯自杀身亡,莫顿也脑溢血丧命。

乙醚麻醉不知减少了多少病人的痛苦,挽救了多少人的生命,可为此发明做出了贡献的三位科学家却演出了一场争名夺利的悲剧。

这个故事,从反面证明了,只有无私才能做到礼让不争。

礼让不争,是一种崇高的道德境界,是趋福避祸的法宝,是民族团结兴盛的征兆,只要我们的国人不懈地加强自身的道德修炼,礼让不争的风尚自然能得到发扬,社会自然能变得更加和谐、更加美好。

第十三讲

《道德经》的艰苦奋斗精神

艰苦奋斗是中华民族的美德和传统。中华民族向来以特别能吃苦耐劳和勤俭持家、讲究节俭而著称于世。

艰苦奋斗是中华民族赖以生存、发展的巨大精神支柱和推动力量。几千年来，中华民族历经无数的战乱，无数严重的灾难，但它始终用艰苦奋斗的铁肩铁臂去承受它和战胜它，从而使自己始终得以巍然屹立于世界的民族之林。

什么叫艰苦奋斗？

唐代诗人李商隐以他的诗句指出："历览前贤国与家，成由勤俭败由奢。"它的意思是，纵观历史，大到民族、国家，小到个人、家庭，没有不是兴于勤俭而亡于奢靡的。李商隐不仅道出了艰苦奋斗的内涵，这就是勤劳、节俭和去奢靡；也揭示了艰苦奋斗对于家族兴衰、国家成败的极端重要性。

中国共产党的十八大提出的社会主义核心价值观，其中有"敬业"的内涵；十八大之后，党中央又明确提出了反对官僚主义、形式主义、享乐主义和奢靡之风的政治任务。无论是践行"敬业"这一核心价值观，还是把反"四风"落到实处，都必须践行以"行勤俭，去奢靡"为主要内涵的艰苦奋斗精神。

《道德经》在勤劳、节俭和去奢靡的艰苦奋斗精神方面，有着很多、很深刻的论述，在实现中华民族伟大复兴的中国梦之大业中，我们重温并践行老子的以上思想有着重要的现实意义。

一、坚持艰苦奋斗必须弘扬勤劳美德

勤劳，是中华民族的美德。16 世纪以前的中国所以一直是世界上最富裕、最先进、最强大的国家，从某种意义上说，是因为中国人有一种勤劳的美德，在实现中华民族伟大复兴的今天，在弘扬这一美德上给力是十分重要的。

勤劳主要表现为，知难而进、奋发向上、勇往直前的无畏精神；不畏艰难、顽强拼搏、百折不挠的坚强意志；自强不息、开拓进取、励精图治、公而忘私的奉献精神。

（一）直面困难，重视困难，解决困难。

我们做任何事情，例如，学生学知识，农民种田，工人做工，科学家从事科学发明，都是一个解决困难、克服困难的过程，所以，我们必须勇于面对困难，重视困难，脚踏实地地去克服困难。

老子在《道德经》的第六十三章指出：

多易必多难。是以圣人犹难之，故终无难。

这段话的意思是，把事情看得过于容易的人做起事来往往力不从心，困难重重。那些学道有成的人则格外地重视困难。所以就没有什么困难不可克服的了。

从前，在冀州之南、黄河之北横亘着两座叫太行和王屋的大山，两山方圆七百里，高万尺。

北山脚下有个叫愚公的老人，快90岁了。他家世世代代都面向着大山而居。由于大山的阻隔，北山居民进进出出都要绕很远的路，极为不便。

一天，愚公把全家人召集到一起商量说："我打算和大家用尽全力铲平这两座山，使道路一直通到豫州的南部，到达汉水的南岸，你们赞成吗？"由于一家大小都拥护愚公的主张，搬山工程便立即付诸行动。愚公带着三个身强力壮的子孙，凿山石，挖泥土，然后把土石运到渤海边上。邻居寡妇有个孩子，才十七八岁也加入了挖山队伍。

有个叫智叟的人讥笑愚公说："你这么大年纪了，就你那点力气还能把山搬掉，是不是太愚蠢了？"愚公坚定地说："即使我死了，还有儿子在，儿子又会生孙子，孙子还会生儿子，子子孙孙是没有穷尽的。而这山是不会再长高的，只要坚持下去，就会有把它挖平的一天。"

天帝被愚公的坚毅精神所感动，便命令两个大力神把这两座山背走了。

有的人遇到困难就害怕、就退缩、就一无所为；有的人遇到困难则敢于面对，然后下决心去解决它，这就是慵懒之人与勤劳的人、有无艰苦奋斗精神的人的根本区别。

在困难面前，有的人害怕、退缩，于是，一无所成；有的人浮躁、轻率，于是劳而无功；有的人则敢于直面它、重视它，脚踏实地地解决它，于是诸事顺遂。这后一种人就是有勤劳精神的人，有艰苦奋斗精神的人，也是能成就事业的人。

（二）从一点一滴做起，逐个地克服困难。

老子在《道德经》的第六十三章指出：

图难于其易，为大于其细。天下难事，必作于易；天下大事，必作于细，是以圣人终不为大，故能成其大。

这段话的意思是，从事艰难的事业，首先应着眼于它的容易处；成就伟大的事业，应着眼于它的细微处。也就是说，天下间的难事，必须从最容易的事做起；天下间的大事，必须从最小的事做起。虽然圣人从不认为自己做的是大事，却因此而成就了大业。

东汉有一个叫陈蕃的，也算出身名门世家。因为他祖父曾任河东太守。不过自打陈蕃懂事起，其家道便中落了。

陈蕃十五岁时，曾独处一庭院习读诗书。有一天，他父亲的一位老朋友叫薛勤的来看他，看到院里杂草丛生，垃圾满地，就对陈蕃说："你小子为什么不打扫一下庭园，整理一下杂物来接待宾客？"陈蕃不以为然地说："大丈夫为人处世，当有凌云之志，以扫除天下为目标，哪在乎扫一间房子！"薛勤郑重其事地说："一屋不扫，何以扫天下。"陈蕃听后，深以为然，连连对薛勤表示感谢。此后，陈蕃自觉从小事做起，从一言一行做起，并终于成就了一番事业。

这个故事告诉我们，一个想成就事业的人，切莫好高骛远，眼高手低，而应从眼下做起，从一点一滴的事做起，长此以往集腋成裘，必能把事情做成功。

（三）以坚忍不拔的顽强意志去战胜困难。

世界上的许多事情都不是一蹴而就，而是要经过长期坚持，历经磨难甚至失败才能成功的。因此需要一种坚忍不拔的顽强意志的支撑。

老子在《道德经》的第六十四章指出：

民之从事，常于几成而败之，故慎终如始，则无败事矣。

这句话的意思是，世俗之人缺乏一种坚忍不拔的意志，往往在事情接近成功的时候不能坚持而失败。所以，我们做事必须做到锲而不舍，慎始慎终，这样就会少有失败的事了。

农民育种家沈克泉、沈昌健，是湖南省常德市澧县杨桥村的村民。

1978年养蜂人沈克泉到贵州放养蜜蜂。7月的一天，路边3株野生油菜引起他的注意。湖南的油菜5月份就已经成熟收割，而眼前这3株竟还在开花，不仅植株壮硕，分枝还特别多。沈克泉如获至宝，立即兴致勃勃地带回家播种。他打算把它改良培育出高产的油菜品种。从研究杂交油菜开始，沈克泉留起了胡须，并发誓不成功不剃须。

一开始，乡亲们嘲笑他："泥腿子想当科学家，真是异想天开。"

这并没有动摇沈克泉和其儿子沈昌健的决心。他们父子认真学习育种的相关知识；没有专业分析、没有专业仪器，就用肉眼观察，凭记录总结规律，而且记满了23本笔记本。经过1000多次反反复复的失败之后，终于取得了可喜的成就。然而，他们却受到一场意外的打击。20世纪90年代，当地政府以沈克泉的油菜品种未经国家审定为由，对他进行了拘留和罚款。不过这伤害也没有使他们放弃自己的目标。

天道酬勤，沈克泉父子终于培育出了双低（低芥酸、低硫甙）的油菜种子"贵野A"。专家们惊叹，"贵野A"的恢复系本身很难找，能让不育系、保持系、恢复系配套，农民育种家做到这一步，太了不起了。2004年，沈克泉父子繁育的"贵野A"不育系材料油菜新组合，终于荣获国家发明专利证书。

2009年12月8日，70岁的沈克泉走到了生命的尽头，老人把全家人叫到床前说："我没有时间了，但油菜事业不要丢，坚持下去，一定会成功的！"

沈克泉去世后，沈昌健依然坚持着油菜育种。他把父亲沈克泉葬在离试验田不远的山坡上。让他看着育种试验的一个又一个的成功。如今，沈昌健的"沈油杂"202、819已进入区域试验环节。2014年2月，沈昌健及其父亲沈克泉荣获感动中国2013年度人物。

沈克泉父子35年的育种路走得是很艰难的。为了育种他们把汽车卖掉了，把家里所有值钱的东西卖掉了，向所有的亲戚好友也借遍了。这几年，政府虽常有资助，可沈家还欠下不少的债。沈昌健说，还要走下去，还要去开发下一代油菜杂交新组合。

直面困难，重视困难；脚踏实地，锲而不舍，坚忍不拔，百折不挠地征服困难，直至事业的成功，这是老子给"勤劳"一词的精神诠释。

沈昌健父子正是靠着这种勤劳美德和艰苦奋斗精神取得了油菜育种试验的成功。

几千年来，中华民族正是靠着这种勤劳美德和艰苦奋斗精神，书写了一个又一个的传奇，浇铸出一个又一个的辉煌。"舜耕历山"，颂扬的是古代圣贤身体力行、勤于劳作的高尚品德；"大禹治水"，三过家门而不入，体现了勤勉奉公、刻苦耐劳的精神；北山愚公"每天挖山不止"，体现了坚忍不拔、锲而不舍的民族风貌。而南泥湾精神、大庆精神、红旗渠精神、"两弹一星"精神、载人航天精神，还有张思德精神、雷锋精神、焦裕禄精神，无不闪耀着中华民族勤劳精神的光辉。

二、坚持艰苦奋斗必须尚俭戒奢

从前,在中原的伏牛山下,住着一个叫吴成的农民。他一生勤俭持家,日子过得无忧无虑,十分美满。他临终前把一块写有"勤俭"两字的横匾交给两个儿子,告诫他们说:"你们要想一辈子不受饥挨饿,就一定要照这两个字去做。"后来,兄弟俩分家时,将匾锯成两半。老大分得了一个"勤"字,并把"勤"字恭恭敬敬地高悬在家中,每天日出而作,日入而息,年年五谷丰登。然而,他的妻子却大手大脚地花钱用粮。孩子们常常将白白的馍馍吃上两口就扔掉,久而久之,家里没有一点剩钱余粮。这个故事告诉我们,只勤不俭好比端上个没底的碗,总也盛不满。推而论之,如果把不俭变为奢靡,是个人则会毁身,是家庭则会败家,是国家则会亡国。

老子在《道德经》的第六十七章指出:

我(道)恒有三宝,持而宝之……二曰俭……俭,故能广。舍其俭且广……则必死矣。

这段话的意思是,道永远抱持着三件法宝,并无限地珍惜它、尊崇它。第二件法宝叫俭。所谓俭,就是勤俭、节俭,爱惜天下万物,使天下万物得以自然繁衍。如果拒行节俭而纵欲奢靡,这样就只有死路一条了。

朱元璋说:"金玉非宝,节俭乃宝。"《左传》有言:"俭,德之共也;奢,恶之大也。"它的意思是,节俭,是德行中的大德;奢靡,是邪恶中之大恶。老子、朱元璋以及《左传》的作者为什么都把节俭视为法宝和大德,而把奢靡视为大恶和自寻死路呢?因为,节俭能够养德,守廉能够兴国;相反,奢靡则会导致毁身、败业以至亡国。

(一)俭能养德,奢会毁身。

老子在《道德经》的第六十三章指出:

为无为,事无事,味无味。

这句话的意思是,品德高尚的治国者,只会秉持无私、为民的宗旨并依自然法则而为，而不会恣意妄为。他们只会做有利于百姓的事，而不会做损害百姓的事。他们只求衣能蔽体、食能饱腹的平淡生活，而不会追求奢靡的物质享受。

老子告诉我们，有德者必定节俭，节俭则能促使一个人德行的提升。我国原始社会末期，夏启率先破坏禅让制，凭藉父亲大禹的权威取得了帝位，子承父业。夏启此番作为引发天下共愤。其中有一个部族首领叫有扈氏，首先站出来，要求夏启把王位交还给伯益。夏启没有答应，有扈氏一怒之下出兵征讨夏启，把夏启的军队打得七零八落，几乎全军覆没。

夏启被打败后，并没有去扩军备战，而是进行了认真的反思。他认为，天下人之所以反对他，是因为自己未能在大家的面前展示自身的良好德行。他于是决心以尧、舜、禹作为自己的榜样，努力修身建德。吃饭时，他只吃一碗清淡的蔬菜，睡觉时只铺一张很薄而又粗糙的旧褥子，且从不让人演奏音乐作为自己的娱乐。他爱护孩子，尊敬老人。他公正地选贤拔能。谁有本领就请来加以重用，谁武艺高强，就请来让他领兵打仗。

夏启如此修身建德，声誉也随之日高。人们说："真不愧是夏禹的好儿子。你看他对自己的要求多么严格，对待他人又多么热情，多么有礼貌。有他来管理国家，我们可放心了。"

夏启修身建德正是从节俭做起的，从而使他的德行日进，也使天下人从反对他变为拥护他。

老子在《道德经》的第五十三章指出：

朝甚除，田甚芜，仓甚虚。服文彩，带利剑，厌饮食，财货有余，是谓盗夸。

这段话的意思是，有的侯王为了自己的享乐，把宫殿修建得富丽堂皇，由于民力财力耗费过大，以致天下田园荒芜，粮仓空虚，百姓难以度日。而侯王、公卿们仍过着豪奢的生活。他们身穿华美的衣服，以炫耀其富有与高贵；他们佩戴利剑，以彰显其尊贵与威严；他们拥有用之不尽的财物，说到吃的，要不是精美之食，他们根本不屑一顾。他们是名副其实的强盗头子。

老子十分憎恨那些不屑爱惜民力，不顾百姓疾苦，恣意享乐，沉迷奢靡生活的治国者，并把他们视为强盗。这样的治国者，自然无法得到百姓的拥护，也自然不会有好下场。

孙皓，是孙权的孙子。他当上吴国君主之初，尚能过节俭的生活，也能体恤士民。他打开仓库，赈济贫困的人，把宫中的宫女许配给无妻的男子，把关在宫苑里的禽兽也都放掉了。当时，官民都称赞他为明主。可是，孙皓得志之后，便变得好酒色、贪享受。他的后宫有妻妾几千人，仍然还在民间不断挑选美女进宫。宫里有用之不尽的财物，他竟然还纵容宠爱的妻妾派人到集市抢夺百姓的东西。他每次宴请大臣都要让大家喝得大醉。他还喜欢兴建各种用来供其享乐的工程，劳民伤财。孙皓还变得十分粗暴凶残。对那些稍微有所劝谏的臣子，就一律进行虐杀。由于孙皓丧尽民心，当晋国出兵东吴时，便势如破竹。因为，已没有人愿意为他尽力卖命。这个独夫民贼只好仿效刘禅，带了东吴的户口册子向晋军投降。

俭能养德，奢必失德，这是一条通律，无论是对公侯伯爵，还是黎民百姓，其作用都是一样的。

（二）俭能守廉，奢必生贪。

老子在《道德经》的第十二章指出：

五色令人目盲；五音令人耳聋；五味令人口爽；驰骋畋猎，令人心发狂；难得之货，令人行妨。是以圣人为腹不为目，故去彼取此。

这段话的意思是，缤纷的色彩会使人眼花缭乱。纷乱烦躁的音调会使人听觉不敏。太多的美味会使人脾胃、味觉受损。纵情狩猎会使人心态失常。面对贵重的财物，心术不正的人会萌生贪念和不轨的行为。心中有道的人只需食饱腹、衣暖身的简朴生活，而不追求酒色财气、声色犬马的奢靡享受。所以，他们一定会去奢靡而守简朴。

老子告诉我们，一个人如能守持简朴，厉行节俭，往往能成为拒贪守廉的品德高尚之人。

明代海瑞是一位很节俭的官员。他家一日三餐，粗茶淡饭，连吃的蔬菜都是家人在院子里自己种植的。有一次，总督胡宗宪听说海瑞昨天买了三斤肉，感到太反常，便派人去调查。去调查的人回报说，海瑞昨日的确买了三斤肉，不过那是给母亲过生日用的。

法国有位学者说：清贫，不但是思想的导师，也是风格的导师，它使精神和肉体都知道什么叫淡泊。

富贵时仍过清贫节俭的日子，以此修身励志，守廉拒贪，这是我国历史上一切清官好官的共同特点。海瑞如此，寇准、包拯如此，于成龙也如此。

相反，不知自足，恶节俭，喜奢靡，追求享受的人，必定会走上贪渎的道路。

老子在《道德经》的第四十六章指出：

罪莫大于可欲，祸莫大于不知足，咎莫大于欲得。故知足之足，常足矣。

这段话的意思是，贪欲，是罪恶之源；不知自足，是祸患的发端；一旦把贪欲变成行动，灾祸就会随之而降。因此，知足才能满足，而且要永久地知足，这才是世人尤其是治国者免除祸患的根本保证。

老子告诉我们，节俭者无一不是知足者，正因为他们知足，所以能够行俭、守廉；而奢靡者则都是不知自足的人，正因为他们不知自足，所以去追求奢靡的享受，为了满足奢靡生活的需要，他们就会心生贪念，并把贪念化为行动。

陈绍基、王华元、张曙光、刘志军、刘铁男……一个个大大小小的贪官几乎没有哪个不是这样走向犯罪的。

（三）俭能兴国，奢必丧邦。

纵观世界历史，俭兴国，奢丧邦，这也是一条历史定律，不管什么朝代、什么政党、什么强人都不能挑战它，更不能改变它。

老子在《道德经》的第四十六章指出：

天下有道，却走马以粪。天下无道，戎马生于郊。

这段话的意思是，治国者如能守持节俭，以清静无为的方略治国，必会令社会安定，人民乐业，战马也得以退役为农民耕田拉粪。治国者如果骄奢淫逸，贪得无厌，百姓在没有活路的情况之下，必然会揭竿而起。战争一旦爆发，就连那怀胎的母马也要征调战场，以致把马驹生在那郊野的战场之上。

道指的是物质、客观规律、道德境界和天下合一观。由于老子在《道德经》的第六十七章把"俭"视作道的三大法宝之一，而贪欲是罪恶之源，不知自知是祸患的发端，则是《道德经》第四十六章的主题，因此，我们就可以知道，这"天下有道"和"天下无道"的"道"，指的主要是道德精神中的节俭。

在不少人的认知里，皇帝吃的都是山珍海味，穿的都是绫罗绸缎，都是极其骄奢淫逸的角色。其实，我国历史上却有不少皇帝是很节俭的。隋文帝是一个把"节俭可以兴国、奢侈可以毁业"挂在嘴边的帝王。他不仅这样说，也是这样做的。

有一次，隋文帝患了痢疾，想找二两胡椒粉来配药，便叫太监去找。可皇宫找遍了也找不到。为什么呢？主事的太监这样回答隋文帝："圣上曾经告诉奴才，不是紧用之物，不得购买，能免则免；圣上又说，饮食要素朴，不要讲规格，不要讲排场。不要贪求珍馐美味。所以这胡椒粉也就没有购买。"

像胡椒粉这样的东西，即便是普通百姓之家也不是什么稀罕之物，皇宫里竟然找不到，听起来倒像天下奇闻。

又有一次，隋文帝把一件旧龙服交给宫女，并对她说："快把这件衣服补好，一个时辰后我还得穿上。"宫女看了看龙服说："禀陛下，这件龙服已补了好多次，太残旧了，就不补了吧。"隋文帝说："要补，它还可以穿几年呢！"宫女说："陛下乃天下之主，有用不尽的财物，岂可穿如此破旧的衣服。"隋文帝说："你懂什么，节俭可以兴国，奢侈可以毁业。"

隋文帝不仅节俭，而且勤政爱民，其政绩自然也是卓著的。《隋书》是这样评价隋文帝的："躬节俭，平徭役，仓廪实，法令行。君子咸乐其生，小人各安其业，强无凌弱，众不暴寡。人物殷阜，朝野欢娱。二十年间天下无事，区宇之内，宴如也。"把这段文字译成现代语就是："隋文帝奉行的是节俭的原则和减轻赋税徭役负担的方针。整个国家，粮仓充实，法令通行无阻。知识界感到心情舒畅，劳动者则各安其业。社会的道德风尚也很好，强不凌弱，众不欺寡。社会人才兴旺，经济繁荣。无论是朝廷或民间都显得十分欢乐祥和。隋文帝在位二十多年，天下无战事，无动乱，一派升平景象。"

极富对比意义的是，隋文帝的儿子杨广即隋炀帝却是个极奢极贪的人。

隋炀帝仅是在外国人面前的举措就足见他的奢靡与荒唐。隋炀帝为了在外国人面前炫富，把每年的正月十五至正月三十日定为杂技表演节。每到这个日子，隋炀帝便把各番部落的首领请到国都洛阳。他事先下令整修装饰店铺，要求屋檐式样整齐划一，每间店铺都要摆满珍奇货物。我方商人要穿华丽的衣服，就连卖菜的地方也要铺上硬席。他甚至要求用绸缎包裹街上的树木。他还下令所有的食肆都热情邀请外国人进店免费吃饭。他只为听到国外客人这样的赞颂话："隋朝真富饶，连酒食都不收钱。"而精明的外国人却质疑说："隋朝也有吃不饱腹、衣不蔽体的穷人，缠树的绸缎为什么不给他们做衣服，免费的酒食为什么不用来解决他们的饥饿？"这样的话，隋炀帝自然听不到，也不愿意去听到。

隋炀帝的醉生梦死，荒唐无稽，导致了隋朝的迅速灭亡。

老子所以告诫世人要守节俭而去奢靡，是因为俭能养德，奢会毁身；俭能守廉，奢会生贪；俭能兴国，奢会丧邦。面对老子的教诲，历史的得失，为了国家的未来，人民的未来，我们今天的共产党人，尤其是那些权贵者们是否有深省的必要呢？！

三、坚持艰苦奋斗是共产党人的优秀品格和终身任务

一个人要自立，一个民族要振兴，一个国家要富强，都离不开艰苦奋斗。一个没有艰苦奋斗精神作支撑的国家，是难以自立自强的，是难以发展进步的，是难以兴旺发达的。因此，发扬艰苦奋斗精神决不是今天的权宜之计，

而是一个政党、一个国家的精神支柱和行为规范，是中国共产党人的优秀品格和终身任务。

（一）为国、爱民、奉献是艰苦奋斗精神的思想情感基础。

老子在《道德经》的第十五章指出：

旷兮，其若谷。

这句话的意思是，心中有道的人好像空旷宽阔、容量无限的溪谷似的胸怀宽广，既能心系家国天下，情牵黎民百姓，又有容人之量。

老子在《道德经》的第八章指出：

上善若水。水善利万物而不争，处众人之所恶，故几于道。

这段话的意思是，上善的人具有如水一样的品格。水虽然一味地润育万物，却不要求得到任何的好处，只把自己栖息在人类所厌恶、所不愿意居住的地方。水的这种品格最接近道的境界。

清朝的雍正帝是我国历史上最勤奋的皇帝。他每天只睡四个小时，其余时间都用在处理政务上。他在位期间共阅批奏章一万多份，批语达数十万字，后来，合订成十二册。仅从他批阅奏章这件事，我们也不难感受到他的勤勉和认真。

雍正生活也很简朴。为了制止暴殄天物，他还发了两道"光盘"圣旨。圣旨说："谕膳房，凡粥饭及肴馔等食，食毕有余者，切不可抛弃沟渠，或与服役下人食之，人不可食者，则哺猪犬，再不可用，则晒干以饲禽鸟，斯不可委弃。朕派人稽查，如仍不悛改，必治以罪。"过了三年，雍正又发了一道圣旨强调："上天降生五谷，养育众生，人生赖以活命，就是一粒亦不可轻弃。"

正因为雍正爱惜天下万物，也就特别憎恨奢靡之风和贪渎现象。他强力打击贪腐，整顿吏治。他又通过实行摊丁入亩的税收政策，以减轻广大农民的负担。他还顺应历史发展的潮流，采取多种措施，开豁"贱民"，废除各种人身依附关系。此外，他还在巩固边疆，消除割据，促进各族人民之间的经济文化交流方面做了很多的工作。

雍正帝是一位奋发有为、对中国历史发展作做了一定贡献的君王。清朝的康乾盛世的形成，与雍正的努力是分不开的。

我国工程院院士、稀有金属冶金专家李东英，于1949年试制出新中国成立后第一批液体黄药。几十年来，他组织攻克了30多种生产工艺技术，研究开发出用于"两弹一星"等国防建设急需的新材料……60岁是绝大多数人的退休年龄，他却按照国家的需要开始了新的工作。他今年已经94岁，工程院有个战略咨询工作需要他，他也就参加了。李东英一生勤勉，艰苦奋斗，为国家的发展做出了重大贡献。他虽已如此高龄，但他仍说："只要国家需要，我就不会停止工作。"

从上述两个故事，我们可以知道，为国、爱民、奉献是弘扬勤勉、节俭和拒奢靡的思想基础和情感底蕴。也许有人会说，雍正如此作为主要是为了保政权。保政权是所有皇帝的责任，然而却不是很多的皇帝都能像雍正这样把为国、爱民和保政权融合为一。更重要的是，一个封建帝皇尚且能如此勤奋、节俭、拒奢靡，作为用特殊材料打造出来的中国共产党人，以全心全意为人民服务为宗旨的共产党人，在这方面是否应该做得比雍正更好呢？而这正是雍正所留给我们的精神遗产的价值所在。

（二）坚持艰苦奋斗必须要与大众心连心，共凉热，同命运。

老子在《道德经》的第四十九章指出：

圣人常无心，以百姓之心为心。

这句话的意思是，心中有道的治国者不应以自己的意志、自己的欲望作为施政的出发点，而应以百姓的意志、权益和福祉作为施政的最高准则。

在我们今天的国度里，人民是国家的主人，人民与国家是一体的。只要我们做到密切联系人民群众，感受他们的高尚，体念他们的疾苦，就能激发出一腔爱民的情怀，真正做到以百姓的权益、福祉为依归。自觉坚持艰苦奋斗，尽心报国为民。

2007年，湖南省安化县高明村单身母亲罗瑛的儿子韩湘考上了大连市的一所大学，乡亲们在村口敲锣打鼓为他送行。大伙嘱咐他："好好读书，将来接你妈到城里享福。你妈一个人把你拉扯大，不容易啊！"

两年后，一个噩耗从大连传来。韩湘被当地的公交车撞死了。高明村的乡亲又一次聚在村口。这一次是给韩湘的母亲罗瑛送行。大家对罗瑛说："一定不能放过那个撞人的司机，是他把你的家给毁了。"罗瑛婉拒了乡亲的相伴，一个人上路了。

到了大连火车站，韩湘的老师、同学，还有公交公司的领导以及那个肇事的司机小傅都来接她。公交公司和校方都为罗瑛安排了宾馆，可罗瑛却要求先到司机小傅家看看，让其他人先回。对罗瑛的要求，大家唯一能做的就是满足。公交公司领导对小傅说："不管人家怎么闹，你都得承受着。人家唯一的儿子没了，怎么闹也不为过。"

罗瑛去了小傅的家，五十平方米不到的房子，住着一家五口——小傅的父母和小傅一家三口。孩子刚上幼儿园，就在小傅的媳妇不知道该跟罗瑛说什么好时，罗瑛说："你们城里人住的地方也太挤了吧。"罗瑛的话让小傅媳妇的眼泪一下子就下来了，她借机诉苦："从结婚就和老人在一起过。都是普通工人，哪买得起房子？一平方一万多的房价，不吃不喝两辈子也买不起。"罗瑛惊呆了："一万一平方，就这跟鸽子笼似的楼房？"小傅媳妇说："可不是，小傅一个月工资两千不到，一个月只休三天，没日没夜地跑，跑的公里数多就多赚点，跑的公里数少就少赚点。从当公交车司机那天起，就从来没有睡到自然醒的时候，生生落下一个神经衰弱的毛病。这些年，他也没跟家人过过一个团圆的节日。现在可好，又出了这么大的事故……"小傅媳妇干脆放声大哭起来。罗瑛见状，赶紧对小傅媳妇说："姑娘，大妈想在你们家吃顿饭。"小傅媳妇赶紧擦干眼泪，忙不迭地让小傅出去买菜。可是，罗瑛坚决不同意，她说："家里有啥就吃啥。"从进门到走，关于韩湘的死，罗瑛一个字都没提。

吃完饭后，罗瑛要去韩湘的学校看看。韩湘的同学领着罗瑛，把韩湘生前上课的教室、睡过的寝室等凡有过韩湘足迹的地方都走了个遍。校方为罗瑛组织了强大的律师团，主要目标有两个，一是严惩肇事司机，二是最大限度地争取经济赔偿。罗瑛没见律师团,只是把韩湘的系主任叫了过来,跟他说:"韩湘给你们添麻烦了。我还得继续添个麻烦,帮我联系把韩湘的尸体早些火化了。再派一个和韩湘关系最好的同学,领着我和韩湘把大连好玩的、他没去过的地方都转转。其余的事,我自己来解决,不能再给你们学校添麻烦了,也不能再让孩子们为韩湘耽误学习了。"系主任还想说什么,罗瑛说:"韩湘昨晚托梦给我了,孩子就是这么说的,咱们都听他的吧。"罗瑛把韩湘的骨灰盒装在背包里,像抱着一个婴儿那样,用一天的时间把滨海路、金石滩和旅顺口都走了一遍。一天下来,韩湘的同学把眼睛都哭肿了,可是,罗瑛一滴眼泪都没掉。韩湘的同学对她说:"阿姨,你就哭出来吧。"罗瑛说:"韩湘四岁没了爸爸,从那时开始,我就没在韩湘面前掉过眼泪。孩子看见妈妈哭,那心得多痛……"

第二天,校方四处找不到罗瑛。原来,她一个人去了公交公司。对于她的到来,公司做好了各种准备。他们已经将公司按交通伤亡惯例赔偿的钱以及肇事司机个人应赔付的钱装在了信封里。为了不使气氛太激烈,公司领导没让小傅露面。几个领导带着一个律师来见罗瑛。领导们做好了罗瑛痛不欲生、呼天抢地的准备——从下车到现在,罗瑛表现得过于平静,他们知道,这是暴风雨来临之前的平静。公司领导说,反正咱们人多,每个人说一句好话,也可以抵挡一阵。有些事情,磨,也是一种办法,尤其是这样的恶性事故,就更需要用时间来消解。罗瑛和公交公司领导的见面没超过十分钟,掐头去尾,真正的对话不过五分钟。罗瑛说:"我请求你们两件事。第一件,希望你们别处分小傅司机;第二件,小傅司机睡眠不好,你们帮我转告他一个偏方:十粒去核的红枣,拌上盐、油、姜煮熟,早晚热着吃,吃一个月左右,肯定管用。"公司领导一时反应不过来,罗瑛顿了顿,说:"韩湘给你们添麻烦了。"罗瑛走了,对公司领导非要塞给她的钱,她怎么也不肯收:"这钱我没法花。把小傅司机的那份儿还给他,其余的你们给司机们吧。城里车水马龙的,行人不容易,开车的也不容易。"

罗瑛走了,比来时多了一件东西,那就是韩湘的骨灰。她小心地把韩湘抱在怀里，看上去像一尊雕塑。

公交公司上上下下全都震惊了。不久，公司出资，买了整整两卡车的米、面、油向高明村进发。尽管走之前，他们知道那是湖南一个偏远的农村，可是，到了目的地，还是被那真实的贫穷惊呆了——破败的房屋与校舍，孩子们连火腿都没见过。罗瑛家的房屋由几根柱子支着，摇摇欲坠。罗瑛带着公交公司的人，挨家挨户送米送面送油。她说："你们看，我说得没错吧，这些人的心眼儿好着呢。"

一行十五人，走的时候，除了留下回去的路费，把其余的钱全拿了出来，大家恨不得把罗瑛一年的吃穿用都给准备好。

时至今日，那场车祸已经过去五年了，但依然有大连人络绎不绝地来到高明村，不光是公交公司的人，还有对此事知情的其他人。他们不光去看望年岁渐长的罗瑛，也为那个村庄做着力所能及的事——投资、修路、建新校舍……

韩湘是罗瑛这辈子最大的骄傲。但正是这位母亲的放弃，让一个悲剧有了昂扬的走向，有了最出人意料的后来。

这的确是一个催人泪下的故事，令人感动至深的故事。这个故事告诉了我们什么呢？

第一，真诚感受卑贱者的高尚能增强我们坚持艰苦奋斗的精神动力。

老子在《道德经》的第三十九章指出：

故贵以贱为本，高必以下为基。是以侯王自谓孤寡不谷，此非以贱为本耶，非乎？

这段话的意思是，卑微的大众，是侯王这些尊贵者的生存之本，也是他们安身立命的根基。侯王之所以把自己视为无力自养的如孤如寡的凡人，正是因为他们懂得卑微的大众才是他们的衣食父母，这样说难道会错吗？

其实，卑微的大众不仅是高贵的治国者的衣食父母，也是他们道德品格的神圣哺育者。

高贵者不一定高尚，卑贱者不一定平凡。"最美妈妈"吴菊萍——杭州一名妈妈徒手接住坠楼女童。"最美婆婆"陈贤妹——广州佛山一名拾荒阿婆从车下救出两岁女童。"最美教师"张丽莉——80后女教师为救学生失去双腿。"最美司机"吴斌——忍着剧痛,以超人的意志力,减速停车,用生命的最后一丝力气挽救了全车人的性命。"最美女教师"秦开美——为换取52名学生的生命安全,主动走到身带炸药、汽油、手枪的暴徒身边当人质。"最美爸爸"黄小荣、"最美乡村教师"马复兴、"最美乡村医生"周月华、"最美洗脚妹"刘丽……

他们都是最普通的百姓。却都有着令人敬仰的、令人感动不已的高尚品格。

罗瑛,这个除了只有一个读大学的儿子而几乎一无所有的农村妇女,却有着金子一样的心。她在处理被公交车撞死的儿子的后事上表现出的镇定、理性、宽容、大度、无私,把一个悲伤的故事演绎成一曲感天地、撼人心的人间绝唱……

如果我们这些身为官员的"高贵者",能在这些高尚而伟大的"卑微者"的群像面前站立,感念、扪心自问,还有什么理由不去选择勤政、节俭和拒奢靡呢!

第二,认真体察民间疾苦,能使我们深切认识到坚持艰苦奋斗的道义责任。

老子在《道德经》的第二十七章指出:

圣人常善救人,而无弃人;常善救物,而无弃物,是谓袭明。

这段话的意思是,圣人以救人护物为自己的行为准则。他们不会唾弃任何人,也不会糟蹋任何物。圣人的以上作为,体现的正是大道的光明而美好的品格。

韩湘的车祸已经过去五年多了,包括公交集团的许多大连人至今仍络绎不绝地来到高明村。他们除了给罗瑛及她的乡亲送去好吃的、好用的,还给他们修路,建新校舍。这是为什么?首先是因为他们为罗瑛的高尚所感动、所教育。再者是因为他们看到这里的农民实在太穷而生出一种恻隐之心。

如果我们的共产党人、为官者都能定期到本地最穷困的乡村去体察、感受人们的疾苦，以己度人，将心比心，深思自己的责任，我想他们是会自觉坚持艰苦奋斗，努力去为改变这些亲人的贫困景况而付出的。

（三）领导的模范带头作用是坚持艰苦奋斗的关键。

古人云，其身正，不令而行；其身不正，虽令不行。总之，领导模范带头，是世上一切事业成功的关键，坚持艰苦奋斗也不能例外。

老子在《道德经》的第二章指出：

是以圣人处无为之事，行不言之教。

这句话的意思是，为了使百姓富足，民风淳厚，圣人应自觉地依清静无为的治国方略施政；并做到以身作则，对百姓进行潜移默化的引导。

老子在《道德经》的第四十三章又指出：

不言之教，无为之益，天下希能及之矣。

这句话的意思是，道不会用语言去教化世人，只会以实际行动对人类奉献一切。可惜的是，不是很多人都能了解道这种作为，更不知以它为榜样了。

老子通过以上两段话要求治国者，凡事都要做到吃苦在前，享受在后，以身作则，模范带头。

2014年2月14日，是村支书的模范文朝荣出殡的日子。天寒地冻，大雪纷飞，从四面八方赶来的乡亲们哭声一片，依依不舍地为老支书送行。从寨子到墓地，崎岖的山间小道上，一眼望不到边的群众缓缓而行，每人都为老支书的坟墓捧上一把泥土，寄托自己的哀思。有些老者因为年纪大了，不能亲自去送别，只能在自家院坝里看着长长的送葬队伍，眼含热泪，重复地念叨："好人哪，好人哪！"

文朝荣为什么能得到乡亲和群众的如此爱戴和怀念？因为他是搬动贫穷大山的老愚公。1988年贵州赫章县河镇乡海雀村森林覆盖率只有5%，农民人均纯收入仅有33元，口粮只有167公斤。2013年，全村13400亩荒山变成了万亩林海，价值超过4000万元；农民人均纯收入5460元，口粮318公斤。

文朝荣为什么能取得这样大的成功？因为他事事带头。他常对党员们说："你们讲难！难！难！只要我们带头就不难。"

三年种树时期，文朝荣带头在山上干，连除夕也不休息。他抓住政府免费提供树苗的机会，独自赶着马车到160公里外的水塘乡拉树苗，这一拉就是好几个来回，一个来回就是几天几夜。饿了，就啃两口随身携带的苦荞粑；渴了，就喝山里的溪水。他强忍着脚趾被磨破的疼痛，任凭鲜血浸透脚上的草鞋。

为了帮助困难家庭建房子，他一马当先，出钱出力。

为了建学校，他把自家的耕牛卖了，带头捐款。

他还带头拒贪。他说："就算饿死，也绝不能起一丝贪念。"他常对孙子说："要记住，你们没有一个当村支书的爷爷，只有一个栽树种地的爷爷。"

如果我们的各级领导人，从中央领导到村干部都能像牛玉儒、孔繁森、杨善洲、焦裕禄、文朝荣那样以身作则，起模范作用，何愁"四风"反不掉！何愁艰苦奋斗精神弘扬不了！

唯有自身曾经繁荣昌盛过的民族，才有资格提出复兴的目标；唯有承受过艰难困苦而始终不言放弃梦想的民族，才有力量提出复兴的目标；唯有坚持艰苦奋斗美德和传统的民族，才有底气、有定力、有希望实现民族伟大复兴的宏伟目标，到达那光辉的顶点与胜利的彼岸。

第十四讲

《道德经》的爱人育人精神

老子不仅是个哲学家、道德家、政治家，还是个教育和教育思想家。他主张把培养人的爱心作为教育的中心任务、头等大事。他要求世人以诚实和科学的态度看待学问、对待知识，把认识和掌握规律视为读书学习的根本任务。他特别强调学以致用的知行合一的学用态度，认为这是读书学习的最高境界。

在中国人为实现民族复兴的中国梦的伟大社会实践中，重温并践行老子的教育思想，意义十分重大。

一、以爱育人是老子教育思想的核心内涵

大爱，是中华民族的道德精神，也是老子伦理体系中的重要组成部分。有句名言叫"德莫高于爱"，这是说，爱是人类最珍贵的情感，是人类一切高尚道德行为的情感基础。

（一）爱是人类一切高尚道德行为的情感基础。

人的一切行为，无论是高尚的还是丑恶的都源自其心中的情感，而爱则是人类一切高尚道德行为的情感基础。爱，能内化为人的美好德性，美好品德又能外化为人的美、信、爱、和的具体行为。一个人经过一次次地内化，又一次次地外化的反复历练，便能成为一个品德高尚的人，成为老子心目中的"圣人"。

老子在《道德经》的第六十七章指出：

我恒有三宝，持而宝之，一曰慈、二曰俭、三曰不敢为天下先。

老子认为，道对于万民万物来说，是至高无上的珍宝。道之所以能成为至高无上的珍宝，是因为它自身拥有法宝，它就是慈、俭和不敢为天下先。道这三宝，利万民、利万物、利社会，放之四海而皆准。老子把慈即慈爱、慈悲、慈善排在三宝之首，可见他对慈爱这一道德精神之重视。

清朝年间，云南昆明有个读书人叫李应麟。他的母亲从他很小的时候便教他许多做人的道理，尤其强调为人一定要有爱心。母亲去世后，李应麟劝父亲再娶。他靠替人卜卦为生，收入微薄，但从不亏待父亲和继母。

然而继母却看他不顺眼，不断向他的父亲进谗言。他的父亲偏听偏信，于是把他逐出家门。李应麟仍无怨言，父母每年生日，他都准备好礼物回家祝贺。一次，他听到继母病了，便急忙回家护理，到三十里外的地方延医抓药，而且不管是晴天还是雨日。他对继母所生的孩子也格外亲和。

李应麟的爱心终于感动了继母，继母病愈之后，十分悔恨过去的所作所为，并跪倒在这个儿子的面前表示忏悔。从此以后，母子关系改善，一家和睦相处。

李应麟为什么能如此对待曾中伤自己，并导致其父将其赶出家门的继母呢？因为他有爱心。爱能使他化恨于无形，爱能使他不计前嫌，并对其继母报之以爱行。

老子在《道德经》的第十三章指出：

故贵以身为天下，若可寄天下；爱以身为天下，若可托天下。

这段话的意思是，你如果能够像珍惜自身一样珍惜天下，众人就可以放心把天下交给你治理了；如果你能够像珍爱自身一样珍爱天下人，众人就可以放心把天下人托付给你照料了。

很久以前，有一位年老的国王，他决定不久后就将王位传给三个儿子中的一个。一天，国王把三个儿子叫到跟前说："我老了，决定把王位传给你们三兄弟中的一个，但你们三个都要到外面游历一年。一年后回来告诉我，你们在这一年里所做过的最高尚的事情。只有那个真正做过高尚事情的人，才能继承我的王位。"

一年后，三个儿子回到国王跟前，告诉国王自己这一年来在外面的收获。

大儿子说："我在游历期间，曾经遇到一个陌生人，他十分信任我，托我把一袋金币交给他住在另一个镇上的儿子，当我游历到那个镇上时，我把金币原封不动地交给了他的儿子。"

国王说："你做得很对，但诚实是你做人的应有品德，因此还不能说你做的是很高尚的事情。"

二儿子接着说："我旅行到一个村庄，刚好碰上一伙强盗进村行劫，我冲上去帮村民赶走了强盗，保护了他们的生命财产。"

国王说："你做得很好，但救人是你的责任，也称不上是一件很高尚的事情。"

三儿子迟疑地说："我有一个仇人，他千方百计地想陷害我，有好几次，我差点儿就死在他的手上。有个夜晚，我独自骑马走在悬崖边，发现我的仇人正睡在一棵大树下，我只要轻轻地一推，他就会掉下悬崖摔死。但我没有这样做，而是叫醒了他，告诉他睡在这里很危险，并建议他继续赶路。后来，当我下马准备过一条河时，一只老虎突然从旁边的草丛里蹿出来扑向我。正当我绝望时，老虎却在我身边倒下了，原来是我的仇人从后面赶了上来，一刀结束了老虎的命。我问他为什么要救我，他说，是我救他在先，我的仁爱化解了他的仇恨。"三儿子叙述完后说："这……这实在不算做了什么大事。"

"不，孩子，能帮助自己的仇人，是一件高尚而神圣的事。"国王严肃地说："来，孩子，从今天起我就把王位传给你。"

爱心，能外化为善行，只有爱心才能外化为善行。所以，老子把爱视为道所抱持的第一件法宝，不仅要求人人要有爱心，而且要求治国者更加要有爱心。这是因为只有那些心中充满大爱，能够把个人的利益、个人的荣辱得失置之度外的人，才能做到像珍惜自身那样去珍惜和珍爱天下和天下人。老国王之所以把王位交给三儿子，是因为他坚信只有心中充满大爱的人才能担当起治理天下的大任。

（二）爱的教育应以教育者的身教为前提。

常言道，近朱者赤，近墨者黑。仿效，是人的一种天性。

老子在《道德经》的第六十二章指出：

美行可以加人。

这句话是说，善为道者的美好行为，对人们能起到不言而教的感化作用。20 世纪 80 年代，广东有个县委书记接连做了两件出人意料的事情。

那是发生在 1987 年的事，上级给了这个县委书记所在县一个记大功一次、升工资一级的指标，要求这个人在全县的处级干部中产生。评选结果是县委书记以全票当选。不久后，上级下达的文件显示，被记大功和升一级工资的却是该县的县长。这是怎样的一回事？原来是这个县委书记没有把自己的名字报上去，而是把县长的名字报了上去。他的理由很简单："县长比我更操劳。"

同一年，这个县委书记收到了一封自称是蓝社会的人写给他的一封信。此人在信中命令他撤掉四个现职镇委书记，按他开出的名单重新任命。信中还警告这个县委书记，如果他拒绝执行，就要杀掉其全家。案子很快给公安部门侦查清楚了。写信人是一个镇干部。当政法部门要对此人追究刑责时，竟有一个人为之求情，而他正是被此人所威胁要杀死其全家的县委书记。这个县委书记为何要为这个威胁者求情呢？原来，这个干部有一个很特殊的家庭！他的母亲已经七十多岁，没有收入，且年老多病；他的妻子身体孱弱，有病又没有固定工作；他的女儿只有几岁，还是捡来的。如果这个干部被判了刑，他的这个家就剩下三个没有血缘关系，一老一病一小，生活无着的三代人。这个县委书记说，这个干部罪行轻微，故希望能为之法外施恩。

那么，这个县委书记为何遇事总会想着别人，为着别人呢？他出身于一个农民的家庭，父亲慈爱大度，母亲慈悲勤劳。我们单说他母亲邓氏。村子里有个老汉，无父无母，无儿无女，也没有经济来源，邓氏经常给他送米、送菜、送衣物。家里开饭，邓氏总是让丈夫、孩子和老人吃饱才动筷子。有时碰上讨饭的，她会毫不犹豫地把饭舀给讨饭的人，自己去吃那准备用来喂猪的锅巴。

耳濡目染，爱，就这样在这个县委书记少年时的心中扎下了根。中学时，他曾写下了一篇《让爱雨洒满人间》的文章，在那政治运动不断的年代，他这篇文章显然不合时宜，幸好遇上了一个心地善良的老师，才使他免受"文化大革命"的冲击。

无数的事例告诉我们，对于一个孩子来说，爱心教育的施教者，尤其是第一位施教者的爱心和德行是至关重要的。作为孩子其人生的第一位老师往往是他的父母。为此，做父母的要想孩子学好、上进、品学兼优，就应要求自己为之做出榜样。

（三）爱的教育应是施教者与被施教者平等的爱心交流。

老子在《道德经》的第五章指出：

天地不仁，以万物为刍狗。圣人不仁，以百姓为刍狗。

老子认为，天地之道没有偏好也没有偏恶之念，把自然万物均视同祭坛上的祭品一样，没有高下贵贱之别。圣人也仿效这天地之道，把百姓均视同祭坛上的祭品一样，没有高下贵贱之分，而是一律平等。

爱的教育要求教育者包括父母、老师、上级都要以一种平等的态度对待其孩子、学生以及下级，只有这样才能使爱的教育收到更好的效果。

20世纪80年代的一个春和景明的日子，A县D镇的镇委书记阿明接到任命，就地升为县委书记，阿明第一次召开县几套班子会议时，一位人大副主任就抢着发言。这副主任也当过D镇的书记，是阿明的前任。这位副主任说："这几天有许多人对我说，你一味攻击阿明，现在他当县委书记了，今后还有你的立足的地方！"这位副主任说出了他的担心。他为什么要攻击阿明呢？他担任D镇书记时，曾费了九牛二虎之力办起了一个农场，阿明接任后，把这个农场改制了。改制的结果是，镇的经济负担减轻了，原来场员的收入则大幅度地增加了。时任的县委书记对此也作了充分肯定。这位副主任还说："我离开D镇两年了，一直不敢回去看一看。"这时，有个县领导小声地对阿明说："他是在发难，要狠狠地批评他。"阿明却说："下星期我们镇有个剪彩活动，现在我以D镇镇委书记的名义（此时，阿明尚未被免去D镇的书记职务）邀请您出席；届时，我以县委书记的身份陪您下去。"就这样，会场上的紧张气氛散去了，彼此间的隔阂也从此化解了。

阿明作为上级而且在占理的情况下，完全可以对这个副主任进行严肃的批评，可他没有这样做。他以一种平等的态度，给对方尊重的态度，从而做到了化教育于无形的效果。

然而，施教者，包括家长、老师、上级，并不是都能以平等的态度对待被施教者的。下面还是继续以阿明的事作例子。

那时，阿明上小学五年级。一天上午，上课的时间到了，但没有人敲响上课钟。教导处主任姓邵，是个女老师。他看到阿明，便让他去敲钟。阿明告诉主任他不会。学校当时用的钟是铜做的，钟的内空悬着一段铁棒，铁棒下连着一根绳。敲钟人摇动绳子，铁棒碰击钟的下壁，钟声便飞扬开来。阿明个子小，伸手抓不住钟绳，所以他说不会。没有想到阿明上课时被叫离课室，被班主任带到教务处。教导主任、班主任对他进行轮番训斥。班主任还要求阿明向邵主任认错，阿明觉得自己根本就没有错，干脆就不说话。当晚阿明怎么想也想不明白，这两位老师为何如此不可理喻。他更没有想到的是对他的打击却接踵而来。第二天早操结束时，阿明被点名留在操场上。与他站在一起的是那些偷东西、打架和毁坏庄稼的角色。教导主任骂他们为祠堂白蚁，神台猫屎。这对品学兼优的阿明来说，无疑是一种人格凌辱。这学期末，他的操行表上被填上了一个大大的"丙"字。

有人认为对学生的伤害打击，乃是逆境教育所必需。对此，笔者无法认同。所谓逆境教育，是指当一个学生被伤害已成事实之后，应该因势利导，引导他们理性对待，化伤害为抗压能力，而不应为了逆境教育而任意对学生施加打击和伤害。老师对学生的有意或无意的伤害，往往会造成无法挽回的后果。2013年下半年，北京、云南、山东接连发生了几起学生跳楼自杀事件，而都是老师的不当作为造成的。如果阿明当年经受不住打击，或以自杀抗争，或愤而退学,或自暴自弃,那么,就不会有后来被他的任地人民所称颂的"我们的好书记"的阿明了。

那么,老师对学生的打击伤害为什么总会时有发生呢?一个重要的原因是他们对"师道尊严"的曲解和滥用。所谓师道尊严是要求老师严格要求自己,一言一行都要对学生起到表率作用。遗憾的是,有些老师却把"师道尊严"看成是自己应拥有的不可冒犯的权威。这种理解缘于他们对师生的不平等定位。当年的邵主任为何一而再、再而三地去打击伤害一个如此年少、如此柔弱的学生呢?是因为她要维护自己的面子、自己的权威。她心中有一把失准的尺子,这把尺量出的是老师与学生的不平等。为了维护自己的面子、自己的权威,她不惜伤害学生。其实老师心中的这种不平等根子在于心中失爱,是爱心的缺失的表现。道理很简单,一个心中装满了慈爱、慈悲的老师是绝不会忍心去打击伤害他人的,更不会忍心去伤害他的学生的。

老子在《道德经》的第五十一章指出:

见小曰明,守柔曰强。

这句话的意思是,能把自己看作是弱小卑微的人,是真正的聪明人;能以柔弱的姿态示于人前的人,则是真正的强者。

老子告诫世人,作为家长、上司、老师,在孩子、下属、学生面前展示强势不见得是一种最佳的选择;相反从爱心出发,平等相待,甚至示以柔弱则可能会取得更好的效果。

在人大副主任倚老卖老的挑衅面前,阿明没有以势压人,更没有得理不让人,而是从爱心出发,用人性去应对。阿明为什么能这样做,因为他有爱心,更有曾经被伤害的经历。结果,不仅使这个副主任对他的怨愤得到了化解,也温暖了与会的这些曾经是他的上级,而现在是他下属的前辈们的心。

阿明小学毕业后以全公社第一名的成绩考上了初中,给母校争了光。邵主任登门看阿明来了。他摸着阿明的头,诚恳地说:"当年是我错了,我不应该那样对待你。"从此,阿明的心中一直装着两个截然不同的邵主任:一个是可恶的,一个是可敬的。可见,教育者向受教育者示弱,甚至道歉,绝不是一种失败，而往往会是一种成功。

总之，爱的教育应该是一种平等的爱心传递和交流，是一种以爱心哺育爱心的过程。

（四）爱的教育应做到有教无类，直指心灵。

爱的教育、爱的传递，不仅是家庭、学校的责任，也是社会的责任。

老子在《道德经》的第五十八章指出：

其无正也。正复为奇，善复为妖。人之迷，其日固久。

老子认为，世间事是不会一成不变的，正常的会幻变为怪异的，美善的会转化为丑恶的。这样一个简单的道理，长久以来却有许多人对它感到迷惑不解。

老子告诉我们，美善与恶丑，不是一成不变的，在一定的条件下，它们会互相转化，因此爱的教育不是一劳永逸的。对于爱的教育、爱心的传递，家庭、学校固然责无旁贷，但社会的责任同样是重大的，不同的社会环境，能把魔鬼变为好人，也能把好人变成魔鬼。

大学时，我们班有个男同学平时很少说话，面对老师同学总是笑微微的。我们都说他很良善。到了"文化大革命"，他却一反常态，斗争领导老师，出手特别狠。一次，他用尽全力飞腿踹在系主任的胸口上。系主任惨叫一声："我的肋骨断了。""你这个反动学术权威，就是死了，我也不会可怜你。"这个同学说完又在系主任胸前使劲蹬了一脚，系主任即时晕死了过去。围观的人在小声骂这个同学是禽兽，禽兽不如。

是谁让一名原本善良的大学生变得禽兽不如？是"文化大革命"，是"文化大革命"当时的社会；是那"阶级斗争日日讲、月月讲、年年讲"，是与"天斗、与地斗、与人斗，其乐无穷"的年代。那是一个是非颠倒、善恶错位的年代，是把人变成鬼的年代。

"文化大革命"虽已远去，但我们不能忘记它给民族、给国家、给人民的无穷伤害。在实现民族复兴的今天，我们的社会应负起责任，大力倡导大爱，倡导慈悲与慈善。让爱流溢在时间的长廊中，流溢在空间的庭院里，让一个个的大爱之人站满在这大地之上。

老子在《道德经》的第二十七章指出：

是以圣人常善救人，故无弃人；常善救物，故无弃物。

这句话的意思是，圣人以救人护物为自己的行为准则。他们不会唾弃任何人，也不会糟蹋任何物。

老子在《道德经》的第四十九章还指出：

善者，吾善之；不善者，吾亦善之，德善也。

这段话是说，对于善良的人，我们应该善待他们；对于那些不够善良的人，我们也应该善待他们，以一颗炽热的爱心感化、引导他们，使之成为一个善良的人。

这是老子的有教无类的教育思想。他要求我们以一种大爱精神去看待和帮助那些不够善良的人，使他走向善良。

郑美文是湖北省未成年犯管教所医院的护士长。退休之后却放心不下狱中的孩子们，于是主动找所的领导，要求承担起犯罪少年的帮教工作。20多年来她主动去帮教400多名犯罪少年，进监狱帮教3000多次，与1500多名犯罪少年交心谈话，用最朴实的语言和行为感化服刑少年。每次去看这些少年犯，她都作记录。哪个孩子穿多大的鞋，多大的衣服，准备随时给他们送鞋袜衣服。还记录下孩子获减刑的时间、次数。哪个孩子思想有什么问题，何时刑满出狱……受她帮教的孩子出狱，她都去监狱接他们。

小鹏母亲早逝，父亲因犯罪被执行死刑，爷爷、奶奶年老无力看管，他14岁犯罪，被判刑13年。郑美文第一次去看他，小鹏一言不发，过两天又去看，小鹏抛下一句生硬的话："世上孤儿那么多，我不是弱者，不需要别人帮助。"但孩子冷漠的眼神告诉她，他内心很需要别人关怀。此后，郑美文常来看他，给他送去衣服鞋袜，送去轻言细语的鼓励。小鹏第一次过生日，是郑美文陪他一起过的。郑美文自己的儿子做手术，又是大雪天，高龄的她还是深一脚浅一脚地到所里来，就为了见小鹏一面。小鹏哭了，冷漠的心，一点点融化了。后来,郑美文给小鹏联系了一名爱心妈妈,小鹏高兴极了。他说:"没想到我有了奶奶,又有了妈妈,我再不是孤儿了。"小鹏转变很大,获得了四次减刑……

每个孩子出狱时,郑美文与他们都有个约定:出去后,生活与工作顺利,不用跟她打电话。要是有困难,一定记得找她。可孩子们还是忍不住和她分享生活中的喜悦。谁结婚了,谁当爸爸了,谁找到好的工作了……都会在第一时间给她喜讯。让她最开心的是这些孩子能重新回归社会,踏上新的人生旅程。她笑着说:"看到失足的孩子重新走上正路,成为对社会有用的人,我心里舒坦极了。"

老子在《道德经》第六十二章指出:

人之不善,何弃之有。

这句话是说,对那些德行不好的人,我们都不应该抛弃。

孔子的有教无类,是指无论富贫、贵贱的人都给他们享受教育的机会。老子的有教无类,则是直指人性、直指心灵,放眼于世界、放眼于人类。是要把所有人从私欲、妄念和邪恶的桎梏下解放出来,使之都变得善良、有爱心,因为只有这样才能使世界变得更加美好。从这个意义上说,老子的有教无类的教育思想才是真正的解放全人类的思想。这样的伟大事业、伟大工程需要全社会的人去践行,去为之付出。郑美文等一大批志愿者已做出了榜样,值得更多的人为之仿效。

老子在《道德经》的第六十七章指出:

天将建之,若以慈垣之。

这句话的意思是,如果上天想要把每一个人都造就成有用之才,就应该让他们首先培育出一颗慈爱之心,一腔慈悲之情。

教育的根本任务是培养人性,指向人性;爱是最重要的人性,所以培育人的爱心是教育的头等大事,首要任务。这是老子对人类的殷切叮咛。

二、诚实地对待学问，自觉地认知规律，是老子教育思想的基本理念

读书学习是一个人的终身事业，围绕如何读书学习这个课题，老子告诉了我们很多精辟的道理。

（一）读书学习必须要有一种锲而不舍的精神。

老子在《道德经》的第六十四章指出：

合抱之木，生于毫末；九层之台，起于垒土；千里之行，始于足下。

这段话的意思是，合抱的大树是由毫末般的芽苗逐渐长大而成的，高高的楼台是由一块块的土石堆积起来的，千里的行程是从脚下的第一步开始的。

老子告诉我们，从事学习必须遵循如下的准则：一是循序渐进。世人追求知识，增长学问，要由浅入深，温故知新，一步一个脚印，而不能企求一步登天。二是，善于积累，泰山不拒细壤，故能成其高；江海不择细流，故能就其深，知识是靠一点一滴地积累起来的。因此，我们必须要以一种坚持不懈、锲而不舍的精神和态度勤学苦练。这样，经过年长日久的积累，必能成为一个有知识，甚至有大学问的人。这是一切学有所成者的必由之路。这个道理，对于开创事业、修道建德的人来说同样是适用的。

钱伟长是一名典型的"偏科生"。高考中，他以中文和历史100分的成绩考取了清华大学历史系。他的数理成绩却差到一塌糊涂：物理5分，数学和化学合起来是20分，英语0分。

这样的一个在文史科极具天赋，数理科极度"蹩脚"的学生，却在一夜之间做出了一个大胆的决定：弃文从理。这一天是1931年的9月18日，日本发动了震惊中外的"九一八事变"，侵占了我国的东北三省，还说中国抵抗必败，因为日本有飞机大炮，而中国没有。钱伟长听到这个消息后拍桌而起，说："我不读历史系了。我要学造飞机大炮。"

起初物理系主任根本不肯收他，经过他软磨硬泡才勉强同意他试学一段

时间。为了能尽早赶上课程,他从零开始、从头学起,先把初中、高中的数理化重新学了一遍。由于他废寝忘食,极度用功,很快就追上了学习进度。毕业时他竟成为物理系该年级成绩最好的学生之一。之后,他被国家公费派往加拿大,攻读弹性力学。他终于成为与钱学森、钱三强齐名,在数学、物理等学术领域做出了杰出贡献的"万能科学家"。

这个钱伟长,物理、数学的高考成绩如此之差,为何却能在上述学术领域做出具有世界影响的贡献?首先是因为他有崇高的学习目的。他为国家的强大而学,为世界和平而学。其次是因为他有踏实、刻苦、科学的学习精神。他没有因为自己太差的物理基础知识而丧失信心、妄自菲薄,而是勇于从头开始、从基础开始、从零开始。"合抱之木,生于毫末;九层之台,起于垒土;千里之行,始于足下。"钱伟长以他的成功对老子的话做出了最精辟的诠释。

(二)读书学习必须要抱持一种诚实的态度。

读书学习,是为了求知,不断地求知,因此来不得半点的虚伪与虚假。

老子在《道德经》的第七十一章指出:

知不知,尚矣;不知知,病矣。是以圣人不病,以其病病;夫唯病病,是以不病。

这段话的意思是,努力学习和掌握自己尚未懂得的知识,这是正确的态度,高明的表现,明明不懂却不肯虚心学习,反而不懂装懂,这是错误的态度,是一种病态表现,圣人身上之所以没有不懂装懂的毛病,是因为他们厌恶它,鄙弃它。正因为圣人厌恶不懂装懂这种毛病,所以这种毛病就不会发生在他们身上。

1. 老子要求我们必须虚心求知。

任何人,不管他的知识多么的渊博,他的成就多么巨大,他的权位多么高重,都不可能什么都知、什么都懂,这就要求我们必须以一种谦虚的态度、小学生的姿态去学习、去求知;而摆大牌、摆出一副无所不知、无所不能的姿态则是不可取的。

"文化大革命"的时候曾流行一则这样的政治笑话,一天,国务院一位副总理主持一个会议,卫生部部长发言中说到了李时珍对我国中医药学的巨大贡献。这位副总理于是问,李时珍同志来了没有?一位副总理竟然连这样普通的历史知识都不懂,这使大家感到十分的惊讶;但没有人敢笑,也没有人敢把事情说清楚,没有人敢让这位当时红得发紫的大人物丢脸。卫生部部长知趣地答道:"李时珍同志病了,请假了。"副总理说:"好吧,日后我抽空去看他。"依然没人敢笑,没有人敢把事情说清楚,这就是"文化大革命"。

不过,在我党的老领导中,能虚心看待学问、虚心求知的则不乏其人。

习仲勋,1980年9月从广东调至中央任全国人大副委员长兼人大法制委员会主任。当时,法制委起草了《民法通则》草案,反映却不好。主要认为草案文字"法言法语太多,看不懂"。一次习仲勋找了几个民法室的负责人来讨论。有人说:"提这些意见的人,不懂起码的法律常识,可以不理他们。"他听了很生气,说:"有不同意见是好事情,对不同意见应当欢迎,我和他们一样也不懂法言法语,就不能改得明白通俗一点吗?制定出的法律大家看不懂,这样的法律能普及吗?"他当即决定邀请语言学家吕叔湘参加会议,当面要求吕老帮助修改。他还说:"大家都听吕老的,他是语言学家;不要听我的,我不懂!"一个堂堂的副委员长、政治局委员、书记处书记当众说"我不懂",是多么的难能可贵。

2. 老子要求世人不要不懂装懂,更不要卖弄学问。

老子认为,不懂装懂、卖弄学问是一种病。这种病会危害自身、他人乃至国家。

老子在《道德经》的第八十一章指出:

知者不博,博者不知。

这句话的意思是,知识渊博的人不会去卖弄学问,喜欢卖弄学问的人则多无真才实学。

赵括的父亲赵奢是赵国的名将,为赵国立下了许多战功。赵括在父亲的影响下,也非常喜欢军事,读了不少的兵书。赵括很喜欢在人前炫耀自己的军事才干,而且总是讲得滔滔不绝,天花乱坠。他还时常引经据典,说得有板有眼;加上他口才极好,着实迷惑了不少人。他们说,赵括将来一定会成为一个了不起的将军。赵括也因此沾沾自喜,常以"将门虎子"自居。知子莫若父,赵奢临终留下遗书,告诉朝廷,赵括只是个纸上谈兵的角色,领兵打仗不行,千万别让他统兵御敌,否则必会给国家带来灾难。公元前260年,秦军攻打赵国,两军在长平对峙。赵王不顾赵奢的警告,用赵括取代廉颇为最高军事指挥官。赵括洋洋得意,并夸下海口,说他击败秦军就如秋风吹落叶一样。结果仗只打了两个月,赵括被射杀了;赵国的40万大军,除被秦军有意放回240人给赵国皇帝报信外,全部被杀。

老子告诫天下人,诚实地对待学问,这才是每个人所应持的态度。

黎巴嫩诗人纪伯伦说:"青蛙也许叫得比牛更响,但是它们不能在田里拉犁,也不会在酒坊牵磨,它们的皮也做不出鞋来。"赵括不注重培养自己的真才实学,只热衷于夸夸其谈,纸上谈兵,最终祸国殃民,害人害己,其教训是深刻的。我们应该秉承老子诚实对待学问的严谨精神,脚踏实地,勤学苦练,学以致用,这样才能学有所成,才能做成几件利国利民的事情来。

3. 老子要求世人要勇敢面对自己的无知。

"知不知",是以承认自己的不知、无知为前提的。

然而,不愿承认自己不知,不愿面对自己无知的却大有人在。

在进行中国与西方的对比时,有一种观点是,西方什么都比中国好、比中国强,月亮也是西方的圆;有一种观点是,西方什么都不比中国好、不比中国强,月亮当然是中国的更圆。其实这都是一种无知。例如说到民主选举,有人总会说,这是西方的,资产阶级的东西。这显然是一种无知,而说话人却不愿承认自己的无知。把民主选举作为一种制度,的确是西方的创举,但是民主选举的思想却是中国的老子创立的。老子提出了一套完整的关于民主选举的理论,而且非常的科学和优秀(前面已有详细论述)。更何况,在20世纪的三四十年代的我国延安就有过民主选举的实践。再说,就算是西方发明的,如果是具有普世价值的理念和制度,都是人类文明的共同成果,我们用了就成了我们的了。根本不存在姓社姓资的问题。而事实上，西方从来就没有拒绝接收吸纳我们中国的文明成果。

习近平近日强调，对世界上出现的新事物新情况，对各国出现的新思想新观点新知识，我们要加强宣传报道，以利于积极借鉴人类文明创造的有益成果。并指出在全面对外开放条件下的一项重要任务，是引导人们更加全面客观地认识当代中国、看待外部世界。

还原一个真实的中国、真实的世界，对我们自己有百利而无一害。

为此，我们必须正视自己的无知，克服自己的无知，努力求得真知。

（三）读书学习必须以认知规律为根本任务。

读书学习不仅是为了求知，更重要的是让它为我所用，让它服务于我们的每一个人，服务于我们的国家，这就要求我们自觉通过读书学习求得对规律，包括自然规律和社会规律的认知。

1. 人类有能力认知规律。

老子在《道德经》的第十六章指出：

知常曰明。

这句话的意思是，主动研究新问题，发现新规律，或者加深对已知规律的认识，并自觉予以遵循，这是高明的表现。

老子这句话还告诉我们，人类对这个"常"即"规律"是有能力去认识的。

《尚书》中有这样一句话："四海困穷，天禄永终。"这句话的意思是，君王如果使天下百姓陷入穷困之中，无法生存下去，百姓就会揭竿而起，把他推翻。《尚书》就这样为我们揭示了官暴民必反的规律。

老子在《道德经》的第十一章指出：

故有之以为利，无之以为用。

这句话的意思是，因为有实体部分的凭藉，虚空部分便有了使用价值。

老子这一"有无相资"的空间理论，对世界建筑学产生了很大的影响。美国著名现代建筑学大师赖特把老子的话誉为最好的建筑理论。

老子的《道德经》就是一部揭示规律的书，它全面地揭示了社会发展的客观规律，揭示了人与大自然必须和谐共处的规律。

2. 人类认知规律之后就能知天下事。

老子在《道德经》的第二十五章指出：

人法地，地法天，天法道，道法自然。

这句话的意思是，万物万事都有其所固有的内在秩序、生命规律和发展趋势，无论是天地或人类都得尊崇它、遵循它，而不能违背它。

我国南方有两位学者和两名资深记者每年都有聚会一次的习惯。2010年他们聚首在南海边上的一个县城里。当时正值重庆主要领导人薄氏红得发紫的时候。重庆这位领导人鼓吹推动的"唱红"运动，自然成为他们谈论的话题。有的说，重庆的"唱红"，对人们的道德建设将会起到一定的推动作用。有的语出惊人，说重庆的"唱红"是劳民伤财。

两年之后，他们又重聚在这南海边上。在此之前，原重庆市的主要领导人薄氏已被开除了党籍和公职，并成为阶下囚。这次聚会，当年语出惊人的学者自然被问到为何能有那样的"先见之明"？而这位学者并没有到重庆做过调查。

这位学者说："文化对人类道德修养上的作用必须遵循如下的法则：1. 受众对它的接纳是自觉的、自愿的。2. 它的感化作用是一个长期的、潜移默化和润物细无声的过程。因此，既不能企求收立竿见影之效，更不能毕其功于一役。

见微知著，聪明人一叶知秋，愚钝者往往一叶障目。其中的根本区别就在于人们能否以一种规律性的认知，去观察社会、观察事物。这位学者正是以一种规律性的认知，去观察薄氏轰轰烈烈地操办的"唱红"运动，对其作了否定的评价，并指出了整个文化事件背后隐藏的真相，正暗合了老子的"不行而知，不见而明"的圣人认识观。

3. 重视还是无视规律是一切成败的分水岭。

老子在《道德经》的第十六章指出：

不知常，妄作凶。

这句话的意思是，不去认识和掌握规律，甚至无视它而盲目行动，就必会招致灾难与凶险。

老子在《道德经》的第六十四章又指出：

辅万物之自然，而不敢为也。

这句话的意思是，圣人只会按合乎自然的原则行事，而不会去强作妄为。

对客观规律，是重视、是遵循；是无视、是违背，绝不是一件小事，而是关系到个人事业的成败甚至祸福。

南方某村庄有个刚走出校门的农民。这年春插时刮北风，他仍冒着寒冷插秧。其他村民劝告他，北风天不宜插秧。他心里说，天气预报未来5天都是北风天，这5天内我家的稻田也就插完了，5天之后我田里的秧苗已开根转青了，什么北风天不插秧，我才不信这个邪，赶季节才是硬道理，于是他起早摸黑地完成了插秧任务。10天后，他到地里一看，却傻了眼，别的村民迟插五六天的秧苗已开始转青，而他插的秧苗却都是死黄死黄的。虽然后来他多施了肥，增大了成本，收成还是比不上其他村民的。

北风天不宜插秧是千百年来农民从实践中总结出来一条规律性认知，尽管它显得是那样的微不足道，但仍然是违背不了的，否则就要受到处罚。

对于治国者来说，在治国中对于规律是重视还是蔑视，是遵循还是违背，其后果就更显重大了。

20世纪五六十年代，中央领导间的所谓路线斗争，从本质上说，是对社会经济发展规律认知的不同之争。一方主张按客观规律办事，另一方坚持人定胜天的斗争哲学，视规律如敝屣。由于后者掌握着最高权力，结果，前者被斗败了，从而使不少百姓在饥饿中倒下去了，国民经济则到了濒临崩溃的边缘。

老子告诉我们，对规律是重视、遵循还是无视或违背，是关系到事业的成败、国家的兴衰的大事，实在儿戏不得。

三、学以致用、知行合一是老子教育思想中一面光芒四射的旌旗

有学者说，一个人的精神发育史，应该是一个人的阅读史，而一个民族的精神境界，在很大程度上取决于全民族的阅读水平。一个社会到底是向上提升还是向下沉沦，就看阅读能植根多深，一个国家谁在看书、看哪些书，就决定了这个国家的未来。读书不仅影响个人，还影响到整个民族，整个社会。要知道，一个不爱读书的民族是可怕的民族；一个不爱读书的民族，是没有希望的民族。

这位学者把读书的重要性，说得特别的深刻、特别的透彻，使人振聋发聩。但笔者认为要想使读书读出成效、读出精神、读出境界，还需要解决如何读书的问题。

为此，我们的老子提出了学以致用、知行合一的伟大教育思想。

（一）知行合一的真谛在于践行。

老子在《道德经》的第五十六章指出：

知者不言，言者不知。

老子认为，大道的真知真传者重修行而不重言说；喜欢对道妄发议论的则多是一知半解之人。

在我国历史上有这样两个皇帝，一个是汉文帝，一个是宋徽宗。两个人都读《道德经》，表现却截然不同。

汉文帝没有对《道德经》进行注释，在现存的 3000 多种注释《道德经》的古籍中，也自然找不到他留下的文字。汉文帝注重于理解《道德经》的精髓，注重于对老子文化的运用和践行。他节俭、爱民、施政有方，从而成为一代明主，打造出了我国封建社会时期的第一个太平盛世。

宋徽宗读过《道德经》并对它进行了注释，而且有他的解读文字流传到今天。然而他对老子思想的理解是片面的、零碎的、肤浅的。更重要的是，

他注释《道德经》不是为了去领悟它，进而践行它；而是为了附庸风雅。在物质生活方面，宋徽宗是一个追求奢靡享受的人。为了自己的享受，他纵容身边的大臣想尽办法对百姓尤其是商人进行敲诈，逼得很多商人跳河、上吊。在政治方面，他宠信蔡京、童贯、梁师成、李彦等奸贼。他把朝廷搞得乌烟瘴气，把国家弄得风雨飘摇。在面对敌人入侵方面，他是个软骨头。金兵逼近汴京的时候，他被吓得瘫软在地、昏死过去。为了保命，他急忙把帝位让给了儿子宋钦宗。这两父子后来还双双当了金国的俘虏。

老子认为，对道是真知还是假知，不是听他说得怎么样，而是要看他做得怎么样。同样的道理，一个人读书读得是否有成效，不是听他说得怎么样，而是要看他做得怎么样。老子通过"知者不言，言者不知"这句话阐发的就是，重修行而不重言说；重践行而不重宣示的"知行合一"的命题。

老子的"知行合一"思想，要求世人特别是治国者要做到言行一致，而千万不要说一套做一套。

汉文帝是践行"知行合一"思想的楷模，宋徽宗则是说一套做一套的伪君子。

遵行知行合一、言行一致的，在我国的官员中大有人在，胡耀邦、甘祖昌、李葆华、卢荣景就是他们的代表。曾两任安徽省委书记的卢荣景，在任期间，就住在两间一套的集体宿舍里，夫人仍是普通工人，孩子一直是临时工。他们不但宣示要为人民服务，而且把它落实到自己的行动上。

然而，在我国当今的官员中，说一套做一套的也不乏其人。不少贪官学会了包装自己，说起反腐败的大道理，他们出口成章，下笔万言。面对台下的受教育者，他们唾星四溅，滔滔不绝。对于腐败，他们显得那样的恨之入骨，义愤填膺。原四川省交通厅厅长刘某山伙同他人贪了1000多万元。消息传出后，群众都十分震惊。因为刘某山逢会必讲反腐败。他衣着朴素，饮食简单，而且还有不少拒礼拒贿的佳话。有一名县委书记，一天在大会上作反腐败的报告。他讲得是那样的投入，感情是那样的真挚。突然有几个人走上了主席台，打断了他的讲话，还给他戴上了手铐。这几个人是上级反贪部门的。如果有谁不懂得什么是黑色幽默的话，这下应该找到答案了。

读书能否读出好成效，不仅要解决如何学以致用，知行合一的问题，还要解决读什么书的问题。老子说："是以大丈夫处其厚，不居其薄；处其实，不居其华，故去彼取此。"其实读书也有个去彼取此的问题。

种瓜得瓜，栽豆得豆。如果为了修身养德而去读一些专门宣扬人不为己，天诛地灭思想的书，这只能是适得其反；除非你是抱着批评的态度去读。所以我们读书一定要读好书，读那些有利修身养德的书，读那些催人奋进的书，读那些能增长你的科学知识的书。

王阳明是明代著名的思想家、哲学家、文学家和军事家，是一个集功德言三者于一身的圣人。他十二岁时，就口出"狂言"，不要读书登第做状元，而要"读书做圣人"。在中国历史上，公开宣示要做圣人的人是极其少见的，何况宣示者只有十二岁。王阳明的一生可谓百死千难，极其坎坷曲折。他功高盖世，得到的却是朝廷的无情和不公，然而却丝毫也改变不了他报国为民做圣人的志向。他之所以能成为一位"古今完人"，其中一个重要原因是他一生坚持苦读圣贤之书、老子之书，能使自己成为圣人的书。王阳明十七岁那年，父亲王华为他定下一门亲事，新娘是江西布政司参议诸让之女。按当时的礼仪，新郎要亲自到女方家里下聘礼并迎娶新娘。而且先由女家为新郎新娘举行一场婚礼。就在女家为他们举行婚礼的那天下午，王阳明失踪了。原来，就在诸家为婚礼忙碌的时候，闲着的王阳明走出了家门，向野外闲逛，不期走进了一座道观，在与道士论道中竟不知不觉过了一夜，完全忘记了自己的婚礼。从这样一件事，我们不难体味王阳明对圣贤之书、圣贤之言的挚恋与忘我。

（二）"知行合一"需要"致良知"的帮助。

什么是致良知？

这是一件催人泪下的真事。一个农民工为他的老板干了8个月工，却没拿到一分钱。家里母亲重病在身，孩子上学和有精神病的妹妹要治病，都需要钱。他多次找老板要工资，但还没说上几句话，老板就叫保安把他赶走。他忍无可忍，绑架了老板的儿子。事后，他后悔了。本来他完全可以跑掉，但他怕孩子一个人会出意外，也怕孩子害怕，就一直把孩子抱在怀里。当警察出现在他的面前时，孩子在他的怀里睡得正香。

因犯了绑架罪，农民工被判5年徒刑。在法庭上，一位老人慢慢地向被告席走过去，站在农民工面前，突然，老人弯下腰，向农民工深深地鞠了三个躬。这个老人，正是老板的母亲。老人抬起头，满脸泪水，良久，她缓缓地对农民工说："孩子，这第一躬，是我代我儿子向你赔罪。是我教子无方，让他做出对不起你的事。该受审判的不应该只是你，还有我的儿子，他才是罪魁祸首。第二躬，是我向你的家人道歉。我儿子不仅对不起你，也对不起你们一家人。作为母亲，我有愧呀。第三躬，我感谢你没有伤害我的孙子，没有在他的心灵上留下丝毫的阴影，你有一颗善良的心。孩子，你比我的儿子要强上一百倍。"

一个多好、多深明大义的母亲啊！法庭内的空气都静止了，所有人都为之动容。那个农民工失声痛哭，是感动，也是悔恨。老人的儿子也哭了，是羞愧，也是追悔。事后，这位老板不仅支付了农民工的工资，还把农民工的母亲和妹妹接到城里来治病。

母亲的三鞠躬救赎的又何止是两个灵魂啊！

整个事态之所以会出现如此戏剧性的结果，是因为几个当事人都从自己的心底里唤发起了一种良知——良心未泯的良知。呼唤良心，把良知唤醒，这就是致良知。

王阳明说："知善知恶是良知。"它是说一个人能知善知恶靠的是自己的良心，或者说一个人只有自己的良心被唤起的情况之下，才可能做到知善知恶、为善去恶。这唤起良心的过程就是致良知的过程。

一个人每天都会遇到许多的事情，有善的，有恶的，是为善还是为恶，全在一念之间。尽管不少人通过阅读，有了基本的做人底线，甚至信誓旦旦，只做好事，不做坏事；只做好人，不做坏人。但面对复杂的社会环境，每件事对他们都是一种考验，一种挑战。

那么，如何才能使良心不泯，良知常在？

老子在《道德经》的第十章指出：

涤除玄鉴，能无疵乎？爱民治国，能无为乎？

这段话的意思是，在学道修德中，能否把心灵镜面上的污垢清除得干干净净而不留下一丝一毫的私心和杂念呢？在以福泽百姓为目的的治国理政中，是否真正践行了清静无为的施政理念呢？

为此，我们应该要求自己：一要坚定地去私除妄，二要"吾日三省吾身"。因为只有心底无私的人，心中有爱的人，才能心存良知，才能在面对挑战时自问自己，警惕自己，告诫自己，反省自己，从而把心魔克服，坚定地、恒久地为善。

王阳明55岁时，突然接到兵部的命令，以兵部尚书衔出任两广总督并兼任广西巡抚。他的任务是剿灭广西的反政府武装。这时的王阳明已离开朝廷多年，而他的健康已非常糟糕，咳嗽病发作时往往会晕厥过去。尽管朝廷对王阳明如此不公，他仍以圣人的标准要求自己，以国家、百姓的安危为念，于是抱着羸弱的身体踏上了征途。他到广西后仅花了半年工夫就解除了省内多个反政府武装，使全省百姓重新过上太平的日子。王阳明旋即辞职还乡，并死在返乡的路上。

王阳明就这样以做圣人的志向，知行合一和致良知的精神，铸造了他光辉而伟大的一生。

（三）知行合一的践行需要一种健康的社会价值观作保障。

老子在《道德经》的第六十二章指出：

美言可以市尊。

这句话的意思是，能体现道精神的美好言词、美好的社会价值观，能得到人们的珍惜和推崇。

老子说："正复为奇，善复为妖。"这句话的意思是，世界上的事不会是一成不变的，正常的会幻变为怪异的，美善的会转化为丑恶的。历史告诉我们，在特定的历史时期，特定的历史条件下，会有不好的社会价值观冒出来作祟，并在社会上大行其道，畅通无阻。"文化大革命"是一个是非颠倒的年代，当时，慈悲、怜悯是一种罪恶的东西，见不得人的东西；谁越残忍，越残酷，谁整人越多，伤人越多，谁就越革命，越优秀。在当时的条件下，人们被迫去读阶级斗争的书，去唱"革命不是绣花、不是写文章，不能那样雅致，那样从容不迫……革命是一个阶级推翻另一个阶级的暴力行动"这样的歌曲，人们还被迫宣誓要坚定革命立场，要做到六亲不认。在那样的情况下，谁越坚持"知行合一"谁作的孽就越大，谁对社会道德精神的破坏就越大，这时候，"知行合一"释放的就不是正能量，而是负能量了。可见国家领导集团所倡导的社会价值观之好坏，对"知行合一"的社会后果会产生截然相反的作用。可见"知行合一"的践行是需要社会的保驾护航的。

老子在《道德经》中提出的关于把培养爱心作为教育的头等任务的理念、关于有教无类的理念、关于知行合一的理念、关于身教重于言教的理念、关于不懈求知的理念，不仅值得我们的教育者、治国者去学习领悟，也值得把它运用到教学的实践中、治国的实践中。

第十五讲

《道德经》的科学养生精神

老子在《道德经》的第五十章指出：

出生，入死。

他告诉世人，一个人从出生的那一刻起，其死亡的进程便开始了。

因此，如何防止早逝、如何做到健康、长寿，便成为人类的千古话题，于是形成了各式各样的养生理论。

《道德经》始终关注个体生命的存在，它让人类以一种全新的视角、全新的境界去观察生命、认识生命、理解生命和保养生命。它特别强调生命的精神与价值、生命精神对长寿的意义。可以说，《道德经》就是一部深含丰富生命智慧的古代典籍，是十分科学的养生学说。

一、粗茶淡饭，健康之道

老子在《道德经》的第五十章指出：

生之徒，十有三；死之徒，十有三；而人之生生，动之于死地，亦十有三。

这段话的意思是，有的人，不求精美之食，不涉不法之行，这种以自然的养生之道对待生命的康寿者，在十个人中约占三个。有的人，对诱人的名位孜孜以求，对丰厚的衣食汲汲以逐，这种以奉养过度的方针对待生命的短命者，在十个人之中也约占三个。有的人，为求长生不老，背离正常的养生途径，热衷旁门左道，这种由于过分珍惜生命反而加速其死亡的，十个人之中亦约占三个。

老子告诉世人，人的生命是需要物质养分来维持的，但绝不是吃得越多越好，越精越好。

老子在《道德经》的第五十章又指出：

夫何故也，以其生生之厚也。

这句话的意思是，渴望长生反而短命的原因何在？这是他们违背了自然法则，对生命过分珍惜，过度奉养所致。

大陆的赵先生与台湾的张先生是好朋友，一次，赵先生非常关切地对张先生说："你已40岁了，应娶妻生子了。"这位一向温文尔雅的张先生一反常态地咆哮起来："我不允许你在我面前说结婚生子的事。"他脸上那多余肌肉在震怒中扭曲、抖动。赵先生被张先生的反应吓坏了，一时不知所措。事后他跟笔者说起此事："我明明是关心他，他却……"赵先生感到非常地委屈和不理解。我说："是你无意戳中了他的痛处，伤害了他。""怎解？"赵先生不解地问。我告诉他，现代医学发现，14-18岁是男性孩子的青春期，也是他们的男性器官的发育期。这一年龄段如果身体过胖，其雄性激素（荷尔蒙）的分泌就会受到抑制，男性器官的发育就会受到不良的影响，张先生当年很可能就是个胖少年。赵先生听了恍然大悟。张先生是个富商，不仅喜欢吃得好，而且在食量上也不加节制，到了48岁那年，严重的糖尿病和心脑血管疾病便过早地结束了他的生命。

社会的进步，经济的发展，科技的提升，丰富了人们的物质享受，却没能使他们的健康素质得到相应的提高。过去多少世纪不是常见的、普遍的、严重危害人们生命的疾病，如肥胖、高血压、高血脂、糖尿病、癌症等几种病已突现出来。据调查，我国超重肥胖患者已达到2.06亿人，高血压1.6亿人，高血脂1.6亿人，糖尿病9240万人（包括此病的前期患者则高达1.5亿人），癌症超过300万人。由上述五种疾病导致死亡的占到我国每年死亡人口总数的75%。

《黄帝内经》指出："上工治未病"。这句话的意思是，最好的办法是预防，通过调整饮食等措施，减少多种疾病的发生。以各地百岁老人健康长寿的经验看，依靠改变生活方式，调整饮食习惯是可以减少以上疾病的发生，以达健康长寿之目的的。

（一）半饱不饱。

对于当今的大多数人来说，忧心的主要的不是吃不饱，吃不好，而是营养过剩的问题。

老子在《道德经》的第二十四章指出：

自见者不明，自是者不彰，自伐者无功，自矜者不长。其在道也，曰：余食赘形。物或恶之，故有道者不处。

这段话的意思是，固执己见的人，往往会是非不明；自以为是的人，必定难以获得真知灼见；自夸己功的人，大众越不乐意把功劳授给他；自尊自大，恃才傲物的人，只会加速自己的失败。在有道者看来，固执己见、自以为是、自夸己功、自尊自大，就像人吞下过量食物，又如人体上的疥疮和肿瘤那样多余，对这有害而无益的东西，普通人都尚且厌恶，心中有道的人就更应以之为戒了。

老子把吞下的过量食物视作是多余的、有害无益的、令人厌恶的东西。所以说吞下的过量食物是有害无益的，是因为它会导致许多现代病、富足病的大面积发生，如高血压、高血脂、高血糖等就是吃出来的。

古人说："若要身常康，腹中三分饥。"《红楼梦》第四十二回写了这样一件事：巧儿病了，王太医诊后说："姐儿只要清清静静地饿两顿就好了。"原来巧儿的病是吃得太多、太饱造成的。《战国策》中记有这样一件事：有一次，齐宣王要任用名士颜斶做官，便动员说："食必太牢，出必乘车……"颜斶不为所动，坚决辞谢，说："晚食以当肉，安步以当车，无罪以当贵。"这里所说的"晚食以当肉"，意思是到了饥饿的时候进食，不管吃的是什么，都会有一种山珍海味的感觉。换一句话说，如果一个人整天都处于一种饱腹之中，就是吃得再精再美也会吃不出味道来的。

古人云："吃饭要吃八分饱，穿衣要留一分寒。"吃得太饱会带来肠胃不舒服，会增加心脏负担，会导致疾病缠身，所以一些聪明的人只吃到半饱或八成饱便停箸不吃了。

"半饱或八成饱"，说起来容易，做起来却有些难。有的人面对美味佳肴，特别是公款宴席就把控不住自己。他们说："不吃白不吃，吃了也白吃，白吃谁不吃。"他们总觉得少吃了就是自己吃亏，于是就放开肚子吃。有的人面对剩饭剩菜，总觉得不把它吃完便是浪费，于是强行把它塞进肚里。如此一来，不仅弄得自己很难受，而且诱发了许多疾病，损害了自己的健康，完全背离了保养生命的宗旨。为此，我们必须克服少吃吃亏的思想，吃多吃少要以是否有利于健康为准绳。讲求节约，厌恶浪费，无疑是一种好观念、好作风。其实要把它落到实处并不难，如果是上餐馆吃饭、吃多少就点多少，不要撑面子，讲排场。如果是在家吃饭，就是少煮一点也比餐餐有剩饭剩菜要好。总之，宁可把剩饭剩菜倒掉也不要把它硬塞进肚子里，否则吃出大病之后，造成社会资源如金钱、医疗等的浪费就更大了。

（二）求杂不求精。

老子把吞下那过量的食物视作是有害无益的东西。

这"过量"不仅体现在食物的总量上，也反映在食物的总热量上。现代医学认为，成年人每天吸入的热量应控制在1300-1500千卡之间。有营养学家对全国著名长寿乡广西巴马县的寿星们的膳食状况进行了调查，发现这些寿星之所以长寿，一个重要的原因是他们有一种合理的膳食结构。这就是"五低二高"的食物配伍。"五低"：就是低糖、低动物蛋白、低脂肪、低热量、低盐。"二高"：就是高维生素、高纤维素。他们主要吃的是谷物和蔬菜而很少吃肉。日本的长寿乡冲绳岛居民的蔬菜消费是别的地区居民的3倍，鱼类的比之高出3倍，肉类则比之少75%。他们每天摄取的总热量为1300千卡，比其他地区少25%。

老子在《道德经》的第十二章指出：

五味令人口爽。……是以圣人为腹不为目，故去彼取此。

这段话的意思是，太多的美味佳肴使人的脾胃、味觉受损。有道者只需食饱腹衣暖身的简朴生活，而不追求酒色财气、声色犬马的奢靡享受。所以他们一定会去奢靡而守简朴。

营养学家的结论是，想要健康长寿，就应主杂食和主素食。因此，在饮食上我们应坚持以下的原则：1.要杂食。新陈代谢进行正常，人体才能康健，而人体正常的新陈代谢要靠60多种营养素来维系，因此，我们一定要做到杂食，不要挑食和偏食。2.要保证蛋白质的摄入量。为此，可经常适量吃些奶类、蛋类、鱼虾类和家禽类食物；而少吃猪肉、牛肉、羊肉这些内含饱和脂肪酸，容易升高体内血脂和同型半胱氨酸水平，引发心脑血管疾病的红肉。3.多吃粗粮，少吃精米、精面。荞麦、燕麦、小米、玉米、糙米、黑米，含蛋白质、维生素、矿物质都比一般大米高，含可溶性纤维也很丰富，对降低胆固醇、甘油三脂及控制血糖上升具有明显作用。红薯、淮山薯、马铃薯、木薯、芋头等，含有丰富的粘蛋白、纤维素和多糖类，对活化细胞，增强肝肾功能，保护胃粘膜等均有重要的作用。由于精米与精面因在工业加工中损失了不少的的维生素、矿物质，因此营养价值比不上粗粮。为此，为了有利于健康，我们应多食粗粮，使粗粮与精米面的比例达到1：2。4.多食含亚麻酸的食油。我们通常都是以花生油、玉米油、芝麻油作为烹调用油，这类油脂内含亚油酸较多，含亚麻酸很少。亚麻酸在体内代谢会生成二十碳五烯酸，再变成二十二碳六烯酸，对增加血管弹性，促进血液循环，保护心脑血管，防止血栓和冠心病；对降低血压、血脂，增强大脑功能和视力；对预防癌症等等均有一定的作用。因此，我们应多食亚麻籽油、山茶籽油、橄榄油等，它们都含有丰富的亚麻酸。

（三）戒除不良的生活方式。

酗酒、吸烟、暴饮暴食、生活无序，这些不良的生活方式，都会降低人体抗氧化功能和免疫系统的活力，影响基因的稳定，加速器官的老化，缩短人的寿命。因此，必须坚决戒除和摒弃，进而树立和践行良好的、健康的生活方式。

二、仁、卑、清、正，长寿之要

老子的养生学说，不仅注重物质方面的科学吸取，还十分强调精神方面的作用。

老子在《道德经》的第三十三章指出：

不失其所者久，死而不亡者寿。

这句话的意思是，依天地之道行事，以高尚的道德标准修身的人，多能立于不败之地、多能生命长久。为了正义事业和人民利益而献身的人虽死犹生，因为他们的精神是不朽的。

"死而不亡者寿"，不仅仅是指纯粹肉体上的恒久存在，而更看重精神层面的无限延续，或者说更加注重人的精神生命的长久。

"不失其所者久"，除了表达高尚的道德情操，能使人在为人处世方面立于不败之地的意思之外；还传达出了它能给人的生命以精神滋养，成为人长寿的基石这一重要思想。事实上，人的道德修养、精神境界对其是否健康长寿是息息相关的。可以说高尚的道德情操是人们健康长寿的精神源泉。为了健康长寿我们就必须在修身建德上下功夫，努力做到"仁"、"卑"、"清"、"正"。

（一）仁，就是慈爱、慈悲、慈善。"爱"能生"和"，"和"能生"爱"，因此，希望健康长寿的人应该努力让心中充满爱心与和气。

老子在《道德经》的第二十七章指出：

是以圣人常善救人，而无弃人；常善救物，而无弃物。

这段话的意思是，圣人有博大的爱心，以救人护物为自己的行为准则。他们不会唾弃任何人，也不会糟蹋任何物。

老子在《道德经》的第五十五章指出：

知和曰常，知常曰明……心使气曰强。物壮则老，谓之不道，不道早已。

这段话的意思是，和合、和谐，是自然、社会、人生，也是生命的真谛。只有懂得这个道理，才算认识到"和"的精髓。任性使气者往往会变成恃强凌弱之徒。事物过于强旺，必然走向衰败，不遵循"和气"之道行事的人就必定不会有好下场。

美国生物学家艾尔马把人在不同情绪状态下呼出的气体冷却成水后发现：在心平气和的状态下呼出的气体冷却成水后，水是澄清透明的；在悲伤状态下呼出的气体冷却成水后，水中有白色的沉淀；在愤怒、生气状态下呼出的气体冷却成水后，将其注射到大白鼠身上，几分钟后大白鼠死亡。

我国著名语言学家周有光，今年110岁了，在人们的想象中，他一定是个老态龙钟、朽气十足的人了。然而事实恰恰相反，他除了稍微有些耳背外，其他方面都很健康，而且思维清晰，充满活力，一百岁后还能写书出书。他为什么健康长寿，因为他度量大，心中有和气。刘少奇曾说："吃小亏占大便宜。"周有光说，他是吃小亏不占大便宜。吃亏就吃一点吧，无所谓啦。有些人常常为小事吵架、生气，他认为没有必要生气。德国哲学家尼采说："生气都是拿别人的错误惩罚自己"。周有光说："人家做错了事，我生气，不是我倒霉吗？"我国有句古话，叫"猝然临之而不惊，无故加之而不怒"。周有光觉得这句话很受用。"文化大革命"时，一些人把他家里的东西搬走了，他不惊慌；造反派给他强加了一些莫须有的罪名，他也不生气。他一生从不算计别人更不会去害人。他说，每个人都有爱人的责任，而无害人的权利。无论当时的社会道德多么败坏、政治环境多么险恶，他都坚守这一做人的信念。

心中装着慈爱、装着和气，这就是周有光健康长寿的秘诀。

我国南方有位富二代。父亲临终时对她说，眼下这个家当是他当年提着脑袋走私赚下来的。每分钱都来得不容易，你可要守住它。记住，有钱才能有地位，才能得到别人的尊重。他又嘱咐说："人心险恶，你不要相信任何人。"这个富二代自以为有钱，就高人一等，有事无事就找茬训斥员工。他疑神疑鬼，见到员工交头接耳，就认定是在说自己的坏话，随即予以解雇。她以各种名目，克扣员工的工资，还想方设法算计别人。

有一次，她向一个商家进了一批货，收货之后她却拒绝付款，这个商家上门讨要说法，她把合同往桌上一摊说："货到之后付款！你懂这是什么意思吗？我告诉你，你如果求我，兴许我会立时给你钱，你要是对我无礼，也许你一辈子也拿不到这笔钱哩！不信，你上法院告我去。"过了几天，这个商家又一次登门催促付款。她还是蛮横地把那天说的话重复了一遍。这个商家再没说一句话便离开了，因为他已达到了目的。自此之后，再也没人上门找她谈生意。她只好放下身段走出去找商家。有人对她说，对您这样的贵小姐，我们实在高攀不起啊！有人干脆打开了录放机："货到之后付款，你懂得这是什么意思吗！……"打这之后，她变得更加的狂躁，更加气急败坏。把员工和保姆全都骂走了；而她的亲人、亲戚早就没有人跟她来往了。她虽然有钱，却找不到爱她的那一半。如今，她孑然一身，成了真正的孤家寡人。公司大楼虽然气派，却是空荡荡的；家里虽然富丽堂皇，却只剩下一分死寂。她就这样孤独地生活了一些日子，直到有一天，有股臭气从这个大楼散发出来，邻居报了警。人们发现她已经死去好几天了，死于重度中风。一个拥有数十辈子都享用不尽财富的她，在这个世界上只活了四十五个春秋。

历史以无数类似上述的事例，印证着仁者寿、戾者夭的古谚，印证着老子关于"物壮则老，是谓不道，不道早已"的哲言。

（二）卑，就是平等待人，低姿态为人处事。这也是健康长寿者应有的道德精神境界。

老子在《道德经》的第五章指出：

天地不仁，以万物为刍狗。圣人不仁，以百姓为刍狗。

这句话的意思是，天地之道没有偏好和偏恶之念，把自然万物均视同祭坛上的祭品一样，没有高下贵贱之别。圣人也效法这天地之道，把百姓均视同祭坛上的祭品一样，没有高下贵贱之分，而是一律平等。

老子在《道德经》的第十五章又指出：

浑兮，其若浊。

这句话的意思是，心中有道的人好像一泓清泉汇入一江浊水没法分清彼此似的无离无间，永远与百姓平等亲密相处。

老子在《道德经》的第五十一章还指出：

见小曰明，守柔曰强。

这句话的意思是，能把自己看作是弱小卑微的人，是真正的聪明人。能以柔弱的姿态示于人前的人是真正的强者。

老子通过以上的这几段话告诉世人：人生而平等，每一个人都应该把自己看成是一个普通人，而不是与众不同的高贵者，做到永远以一个卑微者的姿态生活在百姓之中，始终做到低姿态为人处事。

我认识这样两位官员，一位永远生活在普通人的世界里，另一位则始终不愿从他那"尊贵者的世界"走出来。

"位高而无我，权重而平易近人"，这是每个公仆都应抱有的思想境界。何某一生曾担任过公社书记、县委书记、市委副书记，最后从市人大主任的岗位上退下来。他一向把自己看作是一个普通人，无论在县委还是市委领导的岗位上，他都是骑自行车上下班。按该市规定，正厅级领导退休后仍可继续享受使用专车的待遇，他却主动把小车和司机退回政府。退休20多年来，从未使用过公车。近距离的出行，他仍以自行车代步；远距离的，他就坐公交。在公交上，七八十岁的他还经常给别的乘客让座。有一次，他把座位让给了一个刚上车的乘客。这位乘客坐下之后又站了起来说："也许您的年龄比我大，我不能接受您的让座。"何某便问他多大岁数，这人说他55岁。何某笑着说："我54，您还是我的老哥。"说完，把这位乘客按回到座位上。其实，此时的何某已经70开外了。何某平时除读报看书外，还经常参加志愿者的活动，做些力所能及的事情。他觉得与年轻人在一起，自己也有了朝气。他今年已八十多岁了，但依然满头黑发，步履矫健，耳聪目明。

谈某，是从县政协主席岗位上退下来的芝麻官。尽管他已退休了，但还是官气十足。在家里，大事小事他都要发号施令，一锤定音。家人知道他心脏不好，血压很高，只好凡事都让着他。家人最担心的是他走出家门仍不忘颐指气使可能带来的后果，而让他们担心的事终于发生了。有一次，县政协组织老干部一日游，特地为他开了一辆小轿车。不巧，回程路上，这辆车子发生了故障，而同行的中巴已经走远，工作人员于是把一辆公交拦了下来，让他乘这辆车回去。他生气了，说："我坐小车已坐了几十年，现在让我坐大巴，而且是跟这样一群人？"他说的话车上的人都听到了，便七嘴八舌地奚落他："我们这些平民百姓哪有资格跟他这样的大官同坐一个车子。""对呀，我们走吧，可不要让这大官沾上我们的晦气。"大巴的门"嘭"的一声关上了，扬长而去。谈某觉得这是他一生中受到的最大羞辱，直气到喘不过气来。只见他的身子晃了晃便倒在路边上，而且再也没有醒过来。这一年他只有65岁。

现实生活中，除了官员，百姓堆里也有扮高贵的，而且他们的这种所谓高贵往往是通过作践训斥别人来突显的。例如，面对服务行业的人，他们会说，你们是这样为老板服务的吗？"你身份如此低下，不配与我说话"，这便是他们的专门用语。

老子认为人生而平等，不会因身份而改变，因此，低调、低姿态，是一种美德。

何某之所以老而不衰，因为他永远认定自己是个普通人，是和百姓一样的平凡人。古人云："宁静致远"，它的意思是，心中宁静的人才能久长，自视为凡人的人心中宁静和谐，与人相处无间，所以能永远生活在快乐中。谈某之所以"英年早逝"，是因为他自视高人一等，不愿意从"高贵"的世界里走出来。这种人退休之后就更容易与周边的人格格不入，因为过去迁就、吹捧他的人这时已换了一种态度。他们的颐指气使，过去不少人会报以顺从；今天，则顺从者寡，甚至会不留情面地与之顶碰和抵制。他们由于自感到不被尊重，于是心中越发不宁静，越发火生无名……

如果我们把"高贵"视作褒义词，那些安守平凡的应是真正的高贵之人。而那些抱着"高贵"不放的人、扮高贵的人，则是最不高贵的人。

（三）清，就是清白，不存贪念，不作违法之事。清清白白做人，这是追求健康长寿者应该具有的道德操守。

老子在《道德经》的第三章指出：

常使民无知无欲，使夫智者不敢为也。

这句话的意思是，圣人通过不懈的言教和身教，使人们不生伪诈之心、贪婪之念，并令那些自以为聪明的人也不敢恣意妄为。

老子在《道德经》的第四十六章又指出：

罪莫大于可欲，祸莫大于不知足，咎莫大于欲得。故知足之足，常足矣。

这段话的意思是，贪欲，是罪恶之源；不知自足，是祸患的发端；一旦把贪欲变为行动，灾祸就会随之而降。因此，知足才能满足，而且要永远地知足，这才是世人尤其是治国者免除祸患的根本保证。

老子告诫世人，不要有伪诈之心、贪婪之念，而应清清白白地做人。这不仅是使自己的名声、事业立之于不败的需要，也是使自身健康长寿的需要。

人生在世，免不了要跟名利打交道。追逐名利者，其志趣和人生目标，是如何获取更大的名声、更高的官位、更大的房子、更多的钱财。为此，他们会绞尽脑汁，百般钻营，攀高结贵，曲意奉承，甚至不惜违法犯罪。他们的一生总摆脱不了担惊受怕、患得患失的心境，总摆脱不了焦虑不安、浮躁烦恼的情绪。他们在谋取到功名利禄的同时，也饱尝了违心自伤、沮丧落拓的苦痛。他们不仅身心疲惫，健康受损，无法享有天命，死后还留下千古骂名。

近年，我国有一名贪官曾写下了这样一份忏悔书：贪念真可怕，没钱的时候总想有钱。可一旦贪了钱，也就患上了心病，就像一只惊弓之鸟，一天到晚紧张不安。"我见不得警徽、听不得警笛，就连听到电话响也惊恐不已。每当领导要找我，我的第一个反应就是，难道我的事败露了？"这名贪官因患多种疾病，在取保候审期间便一命呜呼了。享年只有48岁。

科学研究表明，病由心生，心理压力是百病之源，76%以上的疾病是情绪疾病。恐惧与贪行共生，大多数贪腐者白天食不甘味，夜里寝不能寐，终日惶惶不安，身体免疫力大降，于是疾病就接踵而来。巴西一家医疗机构对583名贪官与同等数量的廉洁官员进行了对比调查，10年随访调查的结果是贪官60%以上得了癌症、脑溢血、心肌梗死等绝症；而廉洁官员的患病率只有16%。廉洁有益健康，腐败导致死亡。总之，贪婪者、贪腐者不仅不能享有快乐的生活，而且无缘拥有健康的身体。

诚然，世间也有相信金钱万能、有钱能使鬼推磨的人。蔡京就是这样的一个人。

北宋末年的宰相蔡京是个拥有天大权力、贪得天大财产，陪着昏君宋徽宗把北宋王朝玩到濒临灭亡、坏得不能再坏的败类。宋徽宗的儿子宋钦宗登位之后，便把蔡京流放到岭南韶关。蔡京踏上流放之路的初期，仍十分的张扬。他把平日搜刮来的金银财宝装了满满一大船，然后换几辆车来载，身边还带着三个女人以及一批侍从。他坚信钱能通神，虽然没有了权，但只要有钱不管什么事情照样可以摆平，人间秀色照样可以阅尽，山珍海味照样可以尝遍。

但蔡京低估了老百姓对贪官奸臣的愤恨之情，一路走来，他虽然愿意出很高的价钱，仍然有许多客栈拒绝他入住，有许多店铺不把东西卖给他。到了长沙，蔡京的日子就更不好过了。这里大街小巷都贴有他的画像，画像下面开列了他的罪行。在这里，所有的旅店都不给他住，所有的饭馆都不让他进，所有的店铺都不给他买东西。蔡京无奈之下，在城南外找了一座破庙落脚。这个曾是一人之下万人之上、权力无边、财富无尽的宰相被活活饿死、冻死了。

大贪官蔡京为什么不能善终，因为他干的坏事实在太多了，真可谓善有善报，恶有恶报。

小鸟巢林，仅占一枝；鼹鼠饮河，不过满腹；广厦千间，夜眠七尺。小鸟筑巢一个树枝就够了，何必要占据整个树林。鼹鼠饮河一小肚子就饱了，何须要占有滔滔大河，一个人睡觉七尺之地足矣，何必要为了买大房子去做房奴？再说，人不能把钱带入坟墓，钱则能把人带进地狱。其实生活中我们只要有真正需要的东西就足够了，多余的全部都是累赘。把生活中不必要的东西一一卸去，我们的生活会更加轻松、更加愉快。这样的哲理之言，值得人人记取。

（四）正，就是光明磊落，一身正气。这也是健康长寿者需要具备的人格和禀赋。

老子在《道德经》的第十三章指出：

吾所以有大患者，为吾有身。及吾无身，吾有何患！

这段话的意思是，世人之所以总会被一些荣辱得失的事所困扰，是因为他们有身体、有权位名利等私欲。如果他们把身体看成不是自己所私有，并把自己的一切包括生命都交给社会、交给天下人，那还有什么荣辱得失可言呢？

一个能把身体看成不是自己所私有，并把自己的一切包括生命都交给社会、交给天下人的人，一定是一个具有独立人格、倔强性格，有强烈的正气感的人。面对复杂的生存环境，他们宠辱不惊；为了真理、正义，他们大义凛然，勇于献身。

112岁的美国人蔡切斯·布拉斯克斯是目前世界上最长寿的人之一。他的女儿说其父之所以长寿，是因为他性格独立、倔强。

马寅初，也是一个个性独立、性格倔强的人。

马寅初是我国著名的经济学家和人口学家，1953年，他开始研究我国的人口问题，1955年7月和1957年2月，他分别在全国人大和最高国务会议上，发表了"控制人口"的意见。由于他的这一主张与我党当时的领导人的"在共产党的领导下，只要有了人，什么人间奇迹也可以造出来"的思想相抵触，后果便可想而知了。他受到了连续四年全国性的大批判和大围攻，并被撤掉了北京大学校长的职务。马寅初在极不公正的谴责面前，没有屈服，而是表现得大义凛然。他公开声明："我虽年近八十，明知寡不敌众，自当单枪匹马出来迎战，直到战死为止。"又说："因为我的理论有相当把握，不能不坚持，学术的尊严不能不维护，只得拒绝检讨。"还说："不怕油锅炸，即使牺牲自己的性命也在所不惜！"表现了一个社会科学家维护学术尊严，为真理献身的非凡勇气和高尚品德。"文化大革命"结束之后，我们的政府终于接受了马寅初的主张，实行计划生育。然而在此之前已造成了"错批一人，误增三亿"

的结果。马寅初是幸运的,他终于在有生之年看到了他的理论的胜利,等到了被平反昭雪的一天。1982年,他坦然辞世,享年101岁。

梁漱溟,广西桂林人,自学成才,年仅30、只有中学文凭的他就被蔡元培请到北大教印度哲学。三十多岁即在军阀韩复榘治下开展他的乡村建设实验。在"五四新文化运动"后期,他以《东西文化及其哲学》和《中国文化要义》等著作,批评新文化运动"向西走"的不对,宣称世界未来有待于中国文化的复兴。他一生为农民的生存和发展鼓与呼。1953年,他在全国政协常委会议的小组讨论会上,要求党和政府对农民行"仁政"。自此之后,几十年对他的围攻批斗,就从未停止过。有一次主持人询问梁对大家的批评有何感想,梁说:"三军可以夺帅也,匹夫不可夺志也。"他又解释说:"'匹夫'就是独人一个,无权无势。他的最后一着只是坚信自己的'志'。什么都可夺掉他的,但'志'没法夺掉,就是把这个人消灭掉,也无法夺掉!"1988年,梁公仙逝,享年96岁。前往吊唁的有李先念、习仲勋、阎明复、刘澜涛等党和国家的领导人。冯友兰所写的挽词说:"廷争面折,一代直声,为同情农夫而执言。"

马寅初、梁漱溟为什么能不惜牺牲名誉、地位甚至生命去捍卫学术真理,守护正义?因为他们有"知其荣,守其辱"的高尚品格,能做到把自己的一切包括生命都看成不是自己所私有。他们品格高尚、风清气正、刚正不阿、不畏权势,时时考虑的是整个国家和民族的未来,专心致力于做大事业,并不看重个人一时得失,对苦难、挫折有特别强的承受力。这正是马寅初、梁漱溟能在那么沉重的打击和折磨之下反而长寿的原因。

综上所述,我们可以知道,高尚的道德情操是人们健康长寿的精神源泉、精神动力,世人为了事业有成和健康长寿就必须要在修道建德上面下功夫。

三、老不服老,还童之诀

返老还童是一种生命现象,是一种客观可能与存在。但它指的不是老人变回了小孩，而是指他们的心态和心理比同龄人年轻。身体比同龄人健康，思维比同龄人敏捷，工作能力比同龄人强出许多。

返老还童，是老年人的梦想与追求。然而，返老还童不是完全靠营养、药物所能换取，而必须靠精神力量的支撑才能达致。

（一）返老还童，必须做到童心不泯。

老子在《道德经》中曾多次提到婴儿这个词，对婴儿境界赞颂备至。

他在《道德经》的第十章指出：

专气致柔，能如婴儿乎？

这句话的意思是，在治身修性中，能否做到使自身的气息就像婴儿那样充实柔和，升华到一种无私无欲的状态呢？

老子在《道德经》的第五十五章又指出：

含德之厚，比于赤子。

这句话的意思是，品德淳厚的得道之人，就像是无私无欲的初生婴儿。

老子所以如此赞赏婴儿，是因为婴儿无欲无求，纯真无邪并具有旺盛的生命力。

人类的生命历史表明，保有婴儿般的年轻心态，即童心不泯，是一个人返老还童的基础性因素。

前面说到的周有光所以如此健康高寿，就是因为他心态特别的年轻。他说过了80岁，年龄就要重新计算。81岁时算1岁。按这样的算法，他今年才"30岁"。也就是说在周有光的深层意识里，自己还是一个二三十岁的小伙子而不是个百岁老人。

南方有一名学者，心态也很年轻。当记者采访称他为"某老"时，他会告诉记者：我知道你们用老称呼我，是为了表达一份敬重之意，但我不喜欢这个"老"字，况且我的年龄还未达到当今我国人均寿命的年龄线，只能算是个青壮年。与20世纪70年代出生的人在一起，他会说："我也是个70后，与你们同龄。"与80后的人在一起，他会说："过几年我也会变成个80后，越活越年轻。"他就这样让自己活在一个年轻人的精神世界里。他步履轻盈、精力充沛、思路清晰、反应敏捷、记忆力犹强。熟识他的一个学者这样评价他的生命状况：70岁的年龄，50岁的相貌，30岁的思维，20岁的精力。

有的人未老认老，说老人话，摆老人架子。有的人自怨自艾，怨韶华不再，恨岁月无情。由于缺乏年轻的心态，也就必然与"还童"无缘。

（二）返老还童，必须做到老有所为。

老子在《道德经》的第十五章指出：

夫唯不盈，故能蔽而新成。

这句话的意思是，由于得道的人永不自满，永远进取，就算到了年迈之期，也能青春焕发，事业有成。

老子倡导的是一种老有所为的思想。

有学者认为，人的一生，根本的收获在生命的后期，对多数人来说，就是他们的老年时期。老年时期的收获不是有形的、物质的东西，而是丰富的社会体验、厚重的人文沉淀、淡泊的心境、成熟的思想、升华的灵魂。老年生活的内容及质量，是衡量人类社会的文明和美满程度的重要标准，也是老人能否返老还童的标志。于是，有人一改享受照顾、颐养天年的观念，尝试走出一条老有所为、工作养老、工作养生的新路子。

我国南方有一个刊物，叫《炎黄世界》，它主要是由三个老人办起来的。他们是李骏、张宝锵和周有光。2012年，他们决定把已停刊的《炎黄世界》复办起来时，李已83岁，张已92岁，周已105岁，平均93岁。李骏任社长兼主编，张宝锵任副总编，周有光负责写专栏。张宝锵是个新闻老人，抗战时期的老党员，当年中国新闻社的老社长。他患过重症，动过手术。在《炎黄世界》，他担任头号写手，并亲自负责重要稿件的采写。李骏曾担任《家庭》杂志的总编辑。他长期患糖尿病，多年前心肌梗死，放了4个支架，长期患有多发性肾结石，尿中长期潜血。他自知不可能"健康长寿"，反而想在有生之年争取为社会多做点工作。他不仅负责编稿，还与张一样常常外出采访。

他们就像年轻时代一样满负荷地工作。他们以老有所用、老有所为的工作方式养生,不但没有累垮身体,反而活得更加健康、更加充实、更加快乐。

这几个老人所以能返老还童,正是因为他们的心没有老、没有衰败,并做到和坚持老有所用、老有所为。

(三)返老还童,必须做到老有所动。

老子在《道德经》的第四十章指出:

反者,道之动。

这句话的意思是,宇宙万物向它的相反方面运动转化,这是道所固有的本性和法则。

老子告诉我们,生命在于运动。生命在于运动这个道理很多人都懂得,都接受,因此都能自觉地通过各种各样的运动锻炼身体。

马寅初就是一个很重视身体锻炼的人,他尤其喜欢爬山运动。他每到一地,首先打听附近的地理山势,以便早晨爬山选择登山路线。在四川时他经常爬山,后来到了北京仍坚持爬山,而且无论寒暑,从不间断。1956年,他的一条腿不幸瘫痪,他每天拄着拐杖,拖着瘫痪的腿坚持走五六千步。后来病情加重,拄拐杖也无法迈步时,他就每天围着茶几转上几百圈,一直坚持了7年。1972年,他两条腿都瘫痪了,仍以惊人的毅力躺在床上或坐在轮椅上进行上肢的锻炼。

最近,有人跟我说起这样一件事,某县农口线现在有十多个退休的科级干部,他们天天都散步,慢跑,可是已有一半人患上了老年痴呆症。他们不仅没有返老还童,甚至连起码的健康状况也没有了。这是为什么?

老子在《道德经》的第五十八章指出:

人之迷,其日固久。

这句话的意思是,对一些事情,世人会长久地陷入一种认知上的误区。

有一次,我曾向一位曾担任过县委办公室主任的老同事询问:退休后有否继续写写文章?他惊讶地对我说,都70多岁了,还写文章?他为什么会这样回答？是因为他认为，写文章动脑，老人如此动脑会伤身。持这种认识的人恐怕不在少数。这实在是认知上的误入歧途。

英国的神经生理科学家经过长期研究后认为，人脑紧张工作开始得越早，持续的时间越长，细胞的老化过程就发展得越慢；人的大脑受训练越少，衰老也越快。

国学大师季羡林年届耄耋之时，曾有好多人问他：有没有什么长寿秘诀？季羡林答复是："我的秘诀就是没有秘诀，或者不要秘诀。心里没有负担，胃口自然就好，吃进去的东西都能很好地消化。再辅之以腿勤、手勤、脑勤，自然百病不生了。"请注意，他对肢体运动和大脑运动同样强调。

我国当代的学者大师大都是长寿的，如，何泽慧97，钱学森98，钱伟长98，季羡林98，冰心99，马寅初100，巴金100，蔡尚思103，为什么？是因为他们不仅勤于动体，而且勤于用脑。

我的一位老领导，今年已86岁，身体不算好，还做过心脏搭桥手术，但他思维缜密、思路清晰、表意准确。他告诉我，他每天都在读诗背诗，我编著的《诗词三部曲》中的诗篇他能够背100多首。他还说，读诗背诗既可陶冶性情，愉快身心，又能有效延缓记忆能力的退化进程。我觉得这种练脑方法，是许多老人都可以仿效的。

大脑，是人的神经中枢，是一个生命体的指挥中心，或说司令部，现代医学表明，人死亡的标志是大脑是否死亡，而不是心脏是否停止跳动。所以，本文所说的"老有所动"，主要的是希望人们特别是老年人重视大脑的运动，善于用脑，勤于用脑。

常言说，天有三宝"日月星"，人有三宝"精气神"。道家认为：生命物质起源于精，生命能量有赖于气，生命活力表现为神。"精脱者死"、"气脱者死"、"失神者亦死"。"精气神"是生命存亡的关键所在，是养生的第一要义。我认为仁、卑、清、正、老不服老，就是人的精气神。

老子的养生思想和养生精神是中华民族的宝贵精神财富。坚持和践行老子的科学养生精神，不仅能对人的健康长寿，而且对抑止食物资源的浪费，尤其是世人高尚情操的培养及人与人之间和谐相处关系的建构，等等，都有很好的启发、借鉴、推动、促进作用。在当代中国，各级干部尤其是领导干部，应当继承中华民族的这份宝贵精神财富，从强身健体、利国利民的高度，大力弘扬和践行老子的科学养生精神。

第十六讲

《道德经》的生态文明精神

党的十八大报告提出,要"大力推进生态文明建设"。由此,中国特色社会主义事业的总体布局就由经济建设、政治建设、文化建设、社会建设"四位一体"拓展包括生态文明建设的"五位一体"了。建设生态文明,是关系人民福祉,关乎民族未来的长远大计。因此,人人都要树立保护环境的意识,树立尊重自然、顺应自然、保护自然的生态文明理念,为创造良好的生态环境做出应有的贡献。

1968年,日本物理学家、诺贝尔奖得主汤川秀树指出:"老子是两千年前就预见并批判今天人类文明缺陷的先知。老子似乎用惊人的洞察力看透个体的人和整体人类的最终命运。"这表明,老子是世界历史上提出友好大自然的生态文明思想的第一人。在推进生态文明建设的今天,我们重温老子的相关警示与教导,实在有着重大的现实意义和历史意义。

一、虐待大自然必遭报复

山谷中,早先有过一个美丽的小村庄。山上的森林郁郁葱葱,村前河水清澈见底,天空湛蓝深远,空气清新甜润,村子里住着几十户人家,不知从什么时候起,家家有了锋利的斧头。谁家想盖房,谁家想造犁,就拾起斧头到山上去,把树木一棵一棵砍下来。就这样,山坡上出现了裸露的土地。一年年,一代代,山坡上的树不断减少,裸露的土地不断扩大……树木变成了一栋栋房子,变成了各式各样的工具,变成了应有尽有的家具,还有大量的树木随着屋顶冒出来的柴烟消失在天空中,不管怎样,家家户户靠着锋利的斧头,日子过得还都不错。然而,不知过了多少年,多少代,在一个雨水奇多的八月,大雨没喘气儿,一连下了五天五夜,到第六天黎明,雨才停下来。可是,那个小村庄却被咆哮的洪水不知卷到了何处。什么都没有了——所有靠斧头得到的一切,包括那些锋利的斧头。

这是一位具有生态意识的预言家写下的寓言。写的是大自然对虐待自然的人们的报复。

不幸的是,这个寓言所描写的可怕情景,在今天竟成了现实。近几十年,大自然在世界范围内对人类展开了疯狂的、大规模的报复,把整个世界弄到天昏地暗、山崩地裂。

老子在《道德经》的第十六章指出:

知常曰明,不知常妄作凶。

这段话的意思是,主动研究新问题,发现新规律,或者加深对已知规律的认识,并自觉予以遵循,这是高明的表现;相反,不去认识和掌握规律,甚至无视它而盲目行动,就必然会招致凶险和灾难。

老子在《道德经》的第三十九章又指出:

天无以清,将恐裂;地无以宁,将恐废;神无以灵,将恐歇;万物无以生,将恐灭。

这段话的意思是,如果违犯了自然规律,天因之而失去清明,恐怕会发生崩裂;地因之而失去安宁,恐怕会发生塌陷;神因之而失去灵验,恐怕从此无事可为;万民万物因之而失去繁衍的能力,恐怕会从此走向灭绝。

老子在《道德经》的第六十四章还指出:

辅万物之自然,而不敢为也。

能认识和掌握规律的人,只会按合乎自然的原则行事,而不会去违背规律强作妄为。

老子告诫我们,人类必须尊重自然、顺应自然、保护自然,否则就要遭到惩罚、报复,并招致灾难。今天的世界是一个高度发达的世界,人类的物质生活水准在不断提高,然而也在遭受越来越频繁、越来越严重的生态灾害。这些灾害,可作如下的分类：

第一，山崩地裂式的灾害。

近二三十年，这个世界发生的海啸、地震、火山爆发的现象特别多，规模特别大，为害也特别严重。

2004年12月16日，印度洋海啸，被波及的亚非国家有印尼、斯里兰卡、印度、泰国、缅甸、马来西亚、孟加拉、马尔代夫、索马里、坦桑尼亚、肯尼亚等，死亡人数超过30万。

2008年5月12日中国汶川发生了近百年来最大的地震，面波震级达8.0MS，矩震级达8.3MW，破坏地区超过100平方公里，遇难9万多人，直接经济损失8451亿元。

2011年3月11日，日本发生9级大地震，伤亡近2万人，并造成核电站的泄漏，对生态造成严重影响。

第二，气候极端式的灾害。

20世纪90年代前后，科学家为气温上升、地球变暖而忧心。到了近十年，人们则发现，突破极限的高温和高寒同时降临，并覆盖整个地球。高温引发冰山融化、海水上升、陆地减少；极寒使农作物被冻坏，还使一些物种遭到毁灭。在极热和极寒的气候作用下，极具破坏性的极端天气也越来越多。我国西南连年干旱导致粮食减产、火灾频发。在美国，无法抵御的飓风接连光顾。这些飓风不仅使该国的生命财产遭受严重损失，甚至可以影响该国的大选结果。

第三，天昏地暗式的灾害。

灰霾和沙尘暴近年已成为我国最为突出的自然灾害。它们一旦发作，不仅使人们看不到蓝天白云、太阳月亮，甚至令白天变成黑夜，真可谓天昏地暗。2013年1月以及2014年的2月和3月，我国从东北、华北乃至黄淮、江南地区，出现大范围的、长时间的严重雾霾，影响面积有130万平方公里，受影响人口达6亿。上海、北京、天津、广州、深圳等城市的灰霾天数已占全年总天数的30%—50%。它，使全国一半人口的肺部变成了吸尘器。钟南山院士说，广东地区40岁以上的人，无论是否吸烟，无论是男是女，如今都是"一颗红心、两叶黑肺"。灰霾、沙尘暴，加上臭氧正严重地危害着人们的健康。

第四，藏毒于水土式的灾害。

首先是水的污染，使水资源变得短缺。老子在《道德经》中曾高度赞扬水的无私奉献精神，可是人们却不懂得珍惜水的这份慷慨，不仅无节制地使用它，而且还去污染它，从而自断生路。水利部门对全国约700条大中河流近10万公里的河段进行水质检测，其结果是50%的河段受到污染，10%的河段被严重污染，许多河段的水已失去了使用价值。更为严重的，全国90%以上城市的水域已受到了污染，有7亿人在饮用大肠杆菌含量超标的水，1.7亿人饮用被有机物污染的水。3亿城市居民正面临水污染这一世界性问题。"沧浪之水清兮，可以濯我足"，屈原的这份浪漫情怀，如今已成为历史的记忆和感慨。原来清色的河水已被染成红色、黑色和白色。我国水资源的严重污染，不仅使国人要面对有水看而没水饮的窘态，而且造成了生态的失衡，物种的灭绝，农作物减产。多年前，淮河还生长着60多种鱼类，长江鲥鱼、太湖银鱼、松江鲈鱼等，现在已基本找不到。黄河水已成为"农业之害"。受到了严重污染的黄河水，所灌溉的一些地区，农作物出现了减收甚至绝收。

其次是土的污染。据我国最近公布的土壤调查，全国土壤污染总超标为16.1%，耕地土壤的污染超标率达19.4%。土壤污染后，生产出来的产品也受到了污染。出现了毒大米、毒蔬菜、毒牧草等，有的污染严重的土地三年不能耕种。

以上的这些灾害是谁造成的呢？是人类，当今的人类。

现在，地球上几十亿人拼命赚钱，及时消费，就是大量生产——大量消费——大量废弃的生产生活方式，这种生产生活方式正日益地污染着环境，破坏着地球的生态健康。

例如机动车的尾气和煤烟排放已成为空气污染的重要来源。目前世界汽车成灾，以中国为例，我国当今的汽车保有量已超过1.37亿辆，平均每10

个人就拥有一部汽车，而且还在以每年1000多万辆的速度增长。经济的高速发展需要大量的能源消耗，在我国，煤炭在能源的消耗率已达到70%，形成大量的二氧化硫、氮氧化物。2010年，仅是二氧化硫的排放总量就达到2200万吨，使城市空气污染开始呈现煤烟型和汽车尾气复合型污染的特点。

再如，污水排放已成为水源和土壤污染的罪魁祸首。以中国为例，近二三十年，在"先发展后环保"、"先污染后治理"的错误认识下，一时间，未达到环保标准要求的钢铁厂、化工厂、漂洗厂等遍地开花，许多未经处理的污水，有毒的污水直接排进大江大河和湖泊。在很短的时间里，就把全国的河流、湖泊污染净尽。据统计，全国工业废水和生活污水每天的排放量约1.64亿吨，其中80%未经处理。更为严重的是，这种排放，年年在增加之中，而且是每年以18亿吨的速度增长。

总而言之，生态环境问题已经严重威胁着人类的生存和发展，而且随着时间的推移，有愈演愈烈之势。正如德国社会科学家贝尔在《风险社会》一书中所描述的那样："我们生活在文明的大山上，风险威胁的潜在阶段已经接近尾声，不可见的危险正变得可见。"由此可见，如果人类在对待大自然的态度上再不改弦易辙，最终的结果不是人类战胜大自然、征服大自然，而是大自然通过它的疯狂报复，而颠覆人类！从而使老子所预言"天无以清，将恐裂；地无以宁，将恐废；神无以灵，将恐歇，万物无以生，将恐灭"的可怕情景仿佛已离人类不远。

还应指出的是，西方发达国家历经百年才出现的污染问题，我国只用了三十年就出现了。可见我们面对的是何等严重的生态形势，中国人应该惊醒了、应该行动起来了。

二、自觉树立天人和谐的环保观

在人与自然的关系问题上，老子十分崇尚和注重人与自然的和谐。人的一切行为都要顺应自然，这就是老子的天人和谐思想。人类只有认识到人与自然的和谐统一性，从而做到尊重自然、爱护自然，才能确保自身的生存和发展。

（一）从万物同源，认识人与万物的依存关系。

老子在《道德经》的第四十二章指出：

道生一，一生二，二生三，三生万物。

这句话的意思是，道化生了处于阴阳未分状态的太极，太极化生了阴阳两仪，阴阳相合而成和谐的精气，在这种和谐统一的气化状态下，宇宙万物得以化生。

老子在《道德经》的第一章指出：

玄之又玄，众妙之门。

这句话的意思是，道显得那样的幽深和神秘，而它正是世间那神奇无比的自然万物的由来之处。

老子告诉我们，人类和天地万物都同出于一个本原——道。这就叫万物同源或天人同源。人是生命的存在体，自然万物也是作为生命体而存在。人作为客观世界的一员，其生命状态与自然万物的生命状态也就存在一种密不可分的联系。

老子在《道德经》的第二章指出：

有无相生，难易相成，长短相形，高下相倾，音声相和，前后相随。

这句话的意思是，有与无、难与易、长与短、音与声、前与后，这种相反相成、正反相依关系，在自然界和社会中是普遍和永久地存在的。

老子揭示了世界万物内部正反（矛盾）双方存在的相反相成、相依相存的关系，牵一发而动全身。宇宙万物这种相依相存的关系，就决定了人与自然万物之间，不同物种之间的生死攸关的内在联系。

一百多年以前，凯巴伯森林一片葱绿，生机勃勃。小鸟在枝头唱歌，活泼而美丽的鹿在林间嬉戏。但鹿群的后面，常常跟着贪婪凶残的狼，它们总在寻找机会对鹿下毒手。那时森林里大约有四千只鹿，人们要时刻提防狼的暗算。

这个自然保护区的管理者恨透了这些狼,决定组成狩猎队,到森林中捕杀狼。枪声打破了大森林的宁静,在青烟袅袅的枪口下,狼一只跟着一只哀嚎着倒在血泊中。凯巴伯森林的枪声响了25年,狼共被杀掉了6千多只。

凯巴伯森林从此成了鹿的王国。它们在这里生儿育女,很快,鹿的总数就超过十万只。可是,随着鹿群的大量繁殖,森林中闹起了饥荒。灌木、小树、嫩枝、树皮……一切能吃得到的绿色植物都被饥饿的鹿吃光了。整个森林像着了火一样,绿色在消退,枯黄在蔓延。紧接着更大的灾难降临了。疾病像妖魔的影子一样在鹿群中游荡。仅仅两个冬天,鹿就死去了六万只。到1942年,凯巴伯森林只剩下了八千只病鹿。

人们做梦也不会想到,他们捕杀的狼居然是森林和鹿群的"功臣"。狼吃掉了一些鹿,使鹿群不会发展得太快,森林也就不会被糟蹋得这么惨;同时狼吃掉的多半是病鹿,反倒解除了传染病对鹿的威胁。而人们特意要保护的鹿,一旦在森林中过多地繁殖,倒成了破坏森林、毁灭自己的"祸首"。

老子的话以及这个故事告诉我们,天下万物自然构造成一个完整的生物链网,这个生物链网一旦断裂,就会造成更多的物种濒危以至灭绝,最后危及人类自身。

（二）从"人亦大",认识人类对宇宙万物的守护责任。

天下万物是相依相存、共生共荣的。然而人类仅有此认识是不够的,还要了解自身之于自然万物的地位、作用和责任,做它们的守护者。

老子在《道德经》的第二十五章指出:

故道大,天大,地大,人亦大。域中有四大,而人居其一焉。

这段话的意思是,宇宙之内有道、天、地和人四大部分,而人是与道、天、地平起平坐的一员。

为什么说人是与道、天、地平起平坐的一员呢?

这是因为,人是万物之灵,人类是自然万物的主宰者和统治者。有的人读了《道德经》，认知到万物是同源的，道视万物是平等的，于是不敢承认人在自然万物中的以上地位，其实是大可不必的。

老子在《道德经》的第五章指出：

天地不仁，以万物为刍狗。圣人不仁，以百姓为刍狗。

这段话的意思是，天地之道没有偏好和偏恶之念，把自然万物均视同祭坛上的祭品一样，没有高下贵贱之别。圣人也效法这天地之道，把百姓均视同祭坛上的祭品一样，没有高下贵贱之分，而是一律平等。

老子这句话的重心是"以百姓为刍狗"，强调的是人生而平等。例如，猪、牛、羊和人都是动物，但后者主宰着前者的生死，前者还是后者的食物。总之，对人类来说，万物皆为我所备，万物皆为我所用，这是不争的事实，因此，人与万物不存在是否平等的问题。这也是老子只说"人亦大"而没有说"狗亦大"的原因。

其实，对人类尤其是今天的人类来说，重要的是当我们了解自身之于自然万物的地位之后，能够意识到自己对他们的守护责任。

老子在《道德经》的第六十七章指出：

我（道）恒有三宝，持而宝之：……二曰俭……俭，故能广。……舍其俭且广……则必死矣。

这段话的意思是，道永远地抱持着三件法宝，并无限地珍惜它、尊崇它。第二件法宝叫俭，所谓"俭"，就是勤俭、节俭，爱惜天下万物，使他们得以自然繁衍，以满足人类的需要。如放弃节俭而纵欲挥霍，就会导致自然万物无法正常繁衍，甚至走向灭绝，这对人类来说，无异是自寻死路。

老子警告人类，必须坚守节俭，力戒纵欲挥霍，必须爱惜天下万物，千万不要竭泽而渔。否则就会自寻死路。由于人类的不当作为，当今世界的濒危动物种类共有 740 种，其中中国占到 189 种。濒危的高等植物种类，仅是中国就有近 5000 种。这组数字告诉人类，人类必须明白自己的处境，必须转变自己的定位——从对自然万物的猎杀者到守护神的转变。

（三）从"道法自然"，增强循规律而为的自觉性。

老子做出"人亦大"的论断，不是让人类躺在主宰者、猎杀者的宝座上自我欣赏、自我陶醉、自我膨胀；而是要让人类明白自己的处境和责任，从而自觉地爱惜自然、爱护自然、守护自然。

老子在《道德经》的第二十五章指出：

人法地，地法天，天法道，道法自然。

这句话的意思是，万物万事都有其所固有的内在秩序、生命规律和发展趋势，无论是天、地或人类都得尊崇它、遵循它，而不能违背它。

老子告诉我们，这个自然就是客观规律，是自然界所固有的规律，老子的哲学是崇尚自然的哲学。这就要求人类在与宇宙万物相处时，其一切行为都应当"道法自然"，实现人与自然的和谐相处、和谐发展。

然而"与天斗，其乐无穷，与地斗，其乐无穷"的壮志豪情，"人定胜天"的豪迈口号，近百年里被不少世人所接受，于是干出了许多破坏自然、破坏环保的蠢事，酿成了不少的生态灾难。

咸海，位于哈萨克斯坦和乌兹别克斯坦之间，是地球上的第四大内陆湖。从 20 世纪 60 年代开始，苏联为了它的农业灌溉计划，引走了该湖的大部分水源，以致这个面积像爱尔兰一样大的咸海，在之后 50 年间缩减了 90%。曾经是鱼类丰富的湖泊，如今已变成盐分奇高的沙漠，不仅改变了当地的气候，让周边地区变得夏天更热，冬天更寒冷。而且含盐分极高的空气让当地许多人患上了癌症和肺病。

20 世纪五 60 年代，在我国的"大跃进"和农业学大寨运动中，盲目提出向湖泊、向湿地、向林地要田要粮的口号，导致千年湖泊、天然湿地大量消失。在北方，河北省在过去的 50 年中湿地消失了 90%；在南方，我国最大的淡水湖鄱阳湖水域面积从最高的 4000 平方公里，减少到不足 50 平方公里。湖泊、湿地的减少以至消失，降低了其调节气候、调蓄洪水、净化水体的能力，加速了鱼类等物种的濒危以至灭绝，并在一定程度上加重了旱涝灾害。向林地要粮，就是毁林造田，从而造成水土流失、山体滑坡、土地沙化的后果。

而以上的不当作为，其更大的生态灾难还可能会在以后的日子里突现。

老子在《道德经》的第十六章指出：

知常曰明，不知常妄作凶。

这句话的意思是，自觉去认识和遵循规律，这是高明的表现；相反，不去认识和掌握规律，甚至无视它而盲目行动，就必会招致凶险与灾难。

面对世界性的越来越严重的生态灾难，人类只有自觉地树立天人和谐的环保观，改弦易辙，尊崇自然，切实地按自然规律办事，才会有大自然的未来、人类的未来，才能实现人与自然的和谐相处，永久相融。

三、扎实推进生态文明建设

习近平强调，建设生态文明，关系人民福祉，关乎民族未来。生态环境保护是功在当代、利在千秋的事业。要清醒认识保护生态环境、治理环境污染的紧迫性和艰巨性，清醒认识加强生态文明建设的重要性和必要性，以对人民群众、对子孙后代高度负责的态度和责任，真正下决心把环境污染治理好、把生态环境建设好。

（一）生态文明建设的核心是克服和遏制工业发展对自然生态的灾难性破坏，实现人类与生态环境的永久性和谐统一。

人类社会文明经历了原始文明、农业文明和工业文明。生态文明是工业文明发展到一定阶段的产物，是超越工业文明的新型文明境界，是在对工业文明带来严重生态安全进行深刻反思基础上逐步形成和正在积极推动的一种文明形态，是人与自然和谐统一的一种社会形态。生态文明的核心是克服和遏制工业文明对自己的灾难性征服和破坏。在提高人们的生态意识和文明素质的基础上，采取有效的措施改善和优化人与自然的和谐相处关系，实现人与自然及自然界一切生命共生共存及和谐发展。

在消除工业文明给自然、给人类带来的灾难后果方面，西方一些国家为我们提供了可资借鉴的宝贵经验。

德国，在二战后的重建中曾一味地追求经济发展，而忽视了环境保护，结果垃圾遍地，河流肮脏，空气污浊，蓝天难见。越来越糟糕的生活环境，使德国政府和民众不得不正视以牺牲生态环境为代价的经济发展的严重后果。该国于是从20世纪五六十年代起，便陆续出台一系列的环保法律法规，涉及垃圾、化学品管理，气候、水资源保护，核能安全以及推广可再生能源等。德国实施这一系列的环保措施，不仅没有制约到其经济发展，反而创造了"德国的经济奇迹"。其经济总量和世界贸易总量一直处于世界的前列。工业是德国经济的重要支柱，一些工业，如汽车制造工业、化学工业、电气工业、光学工业在世界上都处于领先地位。德国在治理工业文明所带来的负面后果的同时，在美化国土、美化国人生活环境方面也取得了令世界瞩目的成绩。他们建立了15个国家公园，5000多个自然保护区，其中有12个是联合国教科文组织承认的，总面积超过百万公顷。该国的森林覆盖率和绿化工程水平居于世界前列，其中森林覆盖率达到30%，被誉为是一个美丽的大公园。

老子在《道德经》的第六十四章指出：

民之从事，常于几成而败之。故慎终如始，则无败事矣。

这段话的意思是，世俗之人缺乏坚忍不拔的意志，往往会在事情接近成功的时候放弃坚持而遭到失败。所以我们做事必须做到慎始慎终，这样就会少有失败的事了。

党的十八大之后，我们党、我们的政府已推出了许多治理生态灾难的措施，只要我们下足决心，上下一致，坚持不懈地奋战下去，我们就一定能取得成功。德国的今天一定会变为中国的明天。

（二）树立正确的发展观。

一部人类文明的发展史，就是一部人与自然的关系史，自然生态的变迁决定着人类文明的兴衰。随着社会生产力的提高，人们不仅期待安居、乐业、增收，更期待天蓝、地绿、水净；不仅期待殷实富足的幸福生活，更期待山清水秀的美好家园。因此，我们必须树立正确的文明发展观。

老子在《道德经》的第二十三章指出：

飘风不终朝，骤雨不终日，孰为此者？天地。天地尚不能久，而况于人乎？

这段话的意思是，刮风不会终日，骤雨不会整天，这刮风下雨之事是谁施行的呢？天地。天地所为之事尚且不能持久，何况是人为之事呢？

老子告诉我们，在经济发展的问题上，如果靠大投入，拼资源，而不顾低利用、高污染，这种增长模式是不能持久的。这种增长模式之下，资源总有耗尽的一天，空气、水源、土壤也总有被污染到不能利用的一日，那时候，人类生存已成了问题，经济的增长还有什么意义呢？

正因如此，党的十八大提出了要加快转变经济发展方式，干部考核不能以 GDP 论英雄的思想。然而，我国还有不少领导干部思想跟不上中央的决策。《中国青年报》公布的某省环保局日前的一项问卷调查显示，在接受调查的人群中，93.31% 的群众认为环境保护应与经济建设同步发展，却有高达 91.95% 的市长、厅局长认为加大环保力度会影响经济增长。

哈萨克斯坦是我国的邻邦，尽管拥有丰富的煤、石油、天然气等资源，仍致力于发展可再生能源。该国每年都把国内生产总值的 2% 用于发展绿色经济。这就是哈萨克斯坦的发展战略。

可见，要树立正确的文明发展观，就必须改变我们的发展思路，要把环境保护纳入经济发展战略的内容，加强环境保护，依法治理环境。

(三) 倡导合理适度的消费理念。

人类对生态环境的改造利用，从根本上说是为了满足自己的生存欲望和生活需要，若人类的欲望不自我限制，则会受到大自然的惩罚，从而自食其果。

老子在《道德经》的第二十七章指出：

是以圣人常善救人，而无弃人；常善救物，而无弃物。是谓袭明。

这段话的意思是，得道之人有博大的爱心，以救人护物为自己的行为准则。他们不会唾弃任何人，也不会糟蹋任何物。他们的以上所为，体现的正是大道的光明而美好的品格。

老子在《道德经》的第十九章指出：

见素抱朴，少私寡欲。

这句话的意思是，有道的人应该做到，追求纯洁，抱持真朴；减损私心，收敛欲望。

老子告诫世人，在物质的享受上，必须做到收敛欲望，不要过度消耗资源，只有这样，人类才能长生久存。

有人做出了这样的估算，人类最近100年对自然资源的需求和消费可能比以往全部人类所消耗的总量还要多。仅在过去的35年里，人类就丧失了近三分之一的地球资源。西方人正在以一种地球无法承受的消耗水平消耗着自然资源。美国人的人均资源消耗水平是欧洲人的2倍，亚洲和非洲人的7倍。如此下去，到2050年得需要5个地球的自然资源才能满足人类每年的需要。所以，人类应该重新审视自己的消费观，树立合理适度的消费理念了。

1. 树立以爱护环境、绿色消费为荣的社会风尚。

绿色消费就是指以保护消费者健康和节约自然资源为主旨，符合人的健康和环境保护标准的各种消费，核心是可持续性消费，说得明白一些，绿色消费就是：节约资源，减少污染；绿色生活，环保选购；重复使用，多次利用；分类回收，循环再生，保护自然，万物共存。

在这方面欧洲人已养成简约的生活习惯，实在值得我们借鉴。北欧是全世界最富裕的地区，可这里的人却过着一种简约的生活；这里没有太多的高楼大厦，没有灯红酒绿的超级奢华消费。人们穿着朴素的衣服，不求外观的华美，只求方便舒适，且不论贫富。他们吃得也很简单，在饭店吃饭，吃多少要多少，而且吃得干干净净。这里地多人少但道路很窄，当地人开的私家车都以小为特征，只为方便代步而不以名贵来彰显身份。

2. 戒除虚荣攀比的心态，回归理性消费。

在中国的当下，消费方面因贪慕虚荣而互相攀比的现象，颇为严重。阿甲建了一幢300平方米的房子，邻居阿乙随之建起一幢更高更大更高级的楼房，硬是要把阿甲比下去。阿甲购了一部100万元的小车，阿乙自然也不甘落后。还有一些人凭情绪消费，不管需要不需要都照样买。一些女士买下一柜子、几柜子衣服，几辈子都穿不完。这既浪费钱财又浪费资源。

"锄禾日当午，汗滴禾下土。谁知盘中餐，粒粒皆辛苦。"节俭、爱惜粮食本来是中华民族的优良传统。然而，这些年我国在粮食方面的浪费却十分惊人，据相关部门统计，我国每年在餐桌上浪费的粮食就多达800多万吨，这些被倒掉的饭菜约够2亿多人吃上一年。

面对如此惊人的浪费，我们着实需要大力提倡并牢固树立节约为荣、浪费为耻的传统观念，并把它付诸行动。

良好的生态环境是人和社会持续发展的根本基础，没有良好的生态环境，就没有经济社会的可持续发展，就没有人民的美好生活质量，就没有真正的全面小康和现代化。因此，各级干部、全体民众都要积极投入到这场关系自己及子孙万代的千秋大业中去，在建设生态文明中贡献一份力量。

第十七讲

《道德经》的尚和反战精神

党的十八大报告重申:"中国将始终不渝走和平发展的道路。"德国前总理施密特在 2012 年 11 月 29 日于德国"汉堡峰会"上指出:"中国是世界上的主要大国中最和平的国家,中国的崛起不会对其他国家构成威胁。回顾中国的历史,我们发现中国从来不是一个殖民国家,中国的外交政策也没有侵占他国领土的传统,我相信,这一传统不会改变。"

西方有一种认知,叫国强必霸。他们担心中国强大之后,一定会称霸,会威胁到其他国家的利益与安全。那么,中国为什么对走和平发展的道路充满信心?施密特又为什么认为中国是世界主要大国中最和平的国家,并相信中国这一和平传统不会改变呢?

这是因为,中国有一种热爱和平、反对战争、追求和谐、扶持弱小的文化基因。这基因来自优秀的中华传统文化,来自大善、大和、大爱的老子文化。

一、老子的"大善"文化,培育和形成了中华民族的尚和反战精神

善,就是善心、善言、善行,就是与人为善。老子的大善文化,决定了中华民族必定是一个爱好和平、反对战争的民族。

老子生活在诸侯争霸的春秋战国时代,目睹了频繁发生的战争之残酷,以及它带给人类的巨大灾难。于是,他始终以一种大善之心、慈悲之念、人道之情去观察战争、认识战争、评判战争。他高举反战的大旗,希望人类早日告别战争,共享和平。

老子在《道德经》的第三十一章指出:

夫兵者，不祥之器。物或恶之，故有道者不处。君子居则贵左，用兵则贵右。……吉事尚左，凶事尚右，偏将军居左，上将军居右。

这段话的意思是，战争是残物伤生的不祥事。天下众生莫不厌恶它。因此，心中有大善的治国者是不会轻易使用它的。这样的治国者对自己的衣食起居之事看得很轻，对战争之事则看得很重，因此，处置起来格外地审慎。邪恶的将军把战争看作喜庆之事，心中有大善的将军则把战争看作凶残的事。

与那种视战争为神圣的、喜庆的、万能的战争观不同，老子把战争定性为残物伤生的凶残之事，从而深刻地揭示了战争的本质。

老子在《道德经》的第三十章指出：

其事好还：师之所处，荆棘生焉；大军之后，必有凶年。

这段话的意思是，人类会从战争中得到报应和惩罚，因为战争波及的地方，必然会出现尸骨遍荒野、荆棘满田园的悲惨景象。战争结束之后，还会引发连续不断的饥荒和瘟疫流行。

老子告诫我们，战争对人类除了伤害、灾难之外没有一丝一毫的好处。

唐朝诗人杜甫曾用他的一首名为《兵车行》的诗对战争给百姓造成的灾难作了这样的描写："车辚辚，马萧萧，行人弓箭各在腰。爷娘妻子走相送，尘埃不见咸阳桥。牵衣顿足拦道哭，哭声直上干云霄。……去时里正与裹头，归来头白还戍边。边庭流血成海水，武皇开边意未已。君不闻汉家山东二百州，千村万落生荆杞。纵有健妇把锄犁，禾生陇亩无东西。……君不见青海头，古来白骨无人收。新鬼烦冤旧鬼哭，天阴雨湿声啾啾。"

杜甫描写了征战士兵与亲人生离死别的悲怆，战场血流成河的厮杀惨状，百州、千村人死绝和荆棘丛生的荒凉，以此对战争表达了强烈的控诉。

老子在《道德经》的第三十一章再次指出：

兵者，不祥之器，非君子之器。不得已而用之，恬淡为上，勿美也。若美之，是乐杀人也。

这段话是说，战争是残物伤生的邪恶之事，而不是心中有大善的治国者安邦定国的法宝，因此，只有在不得已的情况之下方可使用。对于战争，须时刻保持清醒的头脑，决不可因一时之气而滥用，更不能把它看作是美事。如果把战争看作美事，这样的人便是以杀人为乐的屠夫了。

老子在《道德经》中的第三十章还指出：

以道作人主者，不以兵强于天下。

这句话的意思是，奉道而行的治国者，是不会迷信武力，热衷发动战争来对内施威、对外争霸的。

老子在揭示战争的本质，陈说战争带给社会和百姓的灾难之后，进而告诫治国者千万别滥用战争，别去做以杀人为乐的屠夫。为此，他喊出了"勿以兵强于天下"的反战最强音。

从本质上说，战争是邪恶之事。它不仅涂炭生灵，毁坏田园，而且摧毁人的爱心与诚信，催生仇恨与暴虐。既然如此，作为可以思考因果关系的人类为什么就不能避免这种愚蠢行动呢？

在人的自然本性异化的作用下，有的统治者追求地位、荣誉、事业和名声的不朽，于是视战争为法宝，用它来实现这种追求。

到了近现代，种族优秀论、种族优秀的心态成为战争的发动机，在第二次世界大战期间，日本侵略者公然宣扬日本大和民族是世界上最优秀的民族，应该奴役和统治别的民族。

近半个世纪以来，文明优秀论、文明冲突论则成为美国发动战争的驱动器。美国为了称霸世界，以优秀文明的化身自居。他们肆意炮制"新帝国主义"的理论。美国前总统小布什在2002年6月1日，于西点军校毕业典礼上提出了三大原则："第一，美国要保持先发制人的权力；第二，美国的价值观是普适全球的；第三，保持不可挑战的军事力量。"它充分体现了"新帝国主义"理论的精髓。美国的前联合国大使博尔顿说得更露骨："美国犹如一把铁锤，世界各国好比墙上的钉子，美国想要惩处哪一个国家，就如拿起铁锤打击墙上的钉子一般。"美国发动对伊拉克战争的依据：一是伊拉克拥有大规模的杀伤武器。二是伊拉克政权与基地组织有联系。可是，美国打进伊拉克之后，掘地三尺也找不到所谓的大杀伤武器，伊拉克政权与基地组织也毫无联系。

那么，美国发动对伊拉克战争是出于什么目的呢？美国前联邦储备委员会主席格林斯潘说："是石油，是这个国家丰富的石油。"还有就是加强对中东政治和军事的控制。

美国政府的横行霸道，连有良心的美国人也看不下去。美国著名政治活动家乔姆斯基在2007年出版了一部书，书名叫《失败的国家，国力的滥用和对民主的侵害》。乔姆斯基在书中指出："如果，无赖国家的定义是指某国藐视国际法，那么，美国长期以来一直是'无赖国家'中的'无赖国家'。"

这就告诉我们，美国的"新帝国主义"，是打着推行自由、民主、人权的旗号掠夺别国资源，剥夺别国人民的自由、民主以至生存权利的理论。

从以上的引述，我们可以知道，"新帝国主义"是现代战争的理论依据，从而使美国成为当今世界战争的策源地。

那么，这些侵略者是否都能达到霸占别国领土、称霸世界的目的呢？

老子在《道德经》的第三十一章指出：

夫乐杀人者，不可以得志于天下矣。

这句话的意思是，崇尚武力，迷信杀戮的政府和个人，最终是要失败的。其称霸世界的图谋是一定不能得逞的。

老子对侵略者、称霸者的命运做出了预言。这一预言，像一道法力无边的魔咒，如影随形地贴附在侵略者、称霸者的身上，使他们总是无法摆脱最后失败的命运。

英国曾自称是太阳不落的国家，其殖民地遍布全世界。在世界性的民族解放运动的浪潮中，各殖民地国家纷纷起来驱逐殖民者，大英帝国派出的殖民官员和军队只好卷起铺盖，夹着尾巴匆匆走人。太阳不落成为英帝国主义的一场梦。

日本在第二次世界大战中很短时间就侵占了半个亚洲，偷袭了美国，可谓不可一世，结果还是以投降告终。

20世纪60年代，美国出兵越南，谁都知道，美国强大、越南弱小，结果却是弱小者胜利了，强大者失败了。

到了21世纪初，美国发动了对阿富汗和伊拉克的两场战争。美国除付出了4万亿美元以上的军费和数千士兵的死亡外，好像并没有捞到什么。战后的阿富汗和伊拉克两国政权并不欢迎它，这两国的人民更不感恩于它。美国发动的这两场战争真可谓赔了夫人又折兵。

施密特之所以相信中国的和平传统不会改变，这既基于对中华民族固有的热爱和平、反对战争的文化基因的真切认知，也基于对中国历史的深入了解。

在中国崛起的今天，一些不怀好意的西方政客和学者不遗余力地炮制中国威胁论。然而历史的真实才是最雄辩的。

只要我们看看发生在近代历史上与中国有关的那些战争并作出比较，谁迷恋战争，谁热爱和平，便一目了然。

1840年英国对中国发动了第一次鸦片战争；1856年，英法联军对中国发动了第二次鸦片战争；1900年，英法德俄美日意奥组成的八国联军进攻天津和北京。在近代历史上，甚至连只有几百万人口的欧洲小国荷兰和葡萄牙，也不甘落后地对中国进行侵略。荷兰攻占台湾，葡萄牙侵占了澳门。

我国东边的日本又是怎样的呢？1894年，日本在我国黄海挑起战争，这就是甲午战争；1900年，日本加入了欧美的八国联军，对中国进行侵略和掠夺；1931年，日本发动了长达14年的对中国的侵略战争。其实，日本从明朝初年起，就开始了对中国的侵略和骚扰。那时，日本倭寇占领我国的领土，杀害我国的百姓，掠夺我国的财物。其活动范围从山东沿海到广东沿海，其为害时间长达150多年。

而我国有对以上国家派去一兵一卒吗？没有。

当下，热衷于进行中国威胁论宣传的人，还经常拿这样的"两论"来说事。

一是"黄祸论"。什么是黄祸论呢？13世纪初，蒙古帝国三次西侵，铁蹄所至的中亚、西亚和东欧，许多城市被攻破，许多国人被杀戮，许多地方成为一片废墟。一些西方学者认定,蒙古是属于中国的,蒙古西侵就是中国西侵,并称之为"黄祸"。

那么,蒙古西侵,能否等同于中国西侵呢?我们可以理直气壮地说:不能!理由有四:第一,上述三次西侵时的蒙古尚未在中国的版图之内。蒙古三次西侵发生在1219年到1259年间,当时中国(南宋)与中亚、西亚和东欧的一些国家一样,都是蒙古侵略的受害国。第二,中国的抗战直接导致了蒙古西征的结束。1259年,在中国四川合川钓鱼城,中国军队与蒙古军队打了一场大仗,并把蒙哥击毙了。蒙哥是蒙古帝国当时的最高统治者,他的死亡迫使西征的蒙古军队全线撤退。从此再无回天之力继续西进。因此,当时的西方人应感谢当时的中国人,现代的欧洲人则不应污蔑中国人为侵略者。第三,归并入中国的蒙古不等同于当时的蒙古帝国。1253年蒙古大汗蒙哥派他的弟弟旭烈兀,率部进行第三次西征。与此同时,蒙哥与他的另一个弟弟忽必烈,率领大军南侵中国。蒙哥战死后,蒙古帝国随之分裂。1260年,忽必烈把蒙古的部分疆土并入中国,建立起元朝,做了中国的皇帝。自始,成吉思汗才成为后来的中国人的祖先。而蒙古帝国所建立的另外四大汗国——窝阔台汗国、察合台汗国、钦察汗国、伊儿汗国,无论在当时还是后来,都没有归入中国的版图之内。第四,蒙古帝国与汉族所奉行的是完全不同的文化,前者崇尚武力,而后者热爱和平。忽必烈当了中国的皇帝之后,完全接受了汉文化。

二是"醒狮论"。法国的拿破仑曾经说过这样一句话:"中国是一头沉睡的狮子,当这个睡狮醒来时,世界都会发抖。"他认为,中国这头睡狮一旦醒来,将会搅动整个世界。拿破仑崇拜武力,崇尚征服,他指挥的法国铁骑曾踩躏了大半个欧洲。这样一个深信国强必霸的战争贩子说出以上的话是不足为奇的。当今美国那些与拿破仑有着同样思维的政客,也拿拿破仑这话做文章,并对中国进行围堵。但是,国强必霸不符合中国的文化,不符合中国的历史:中国的汉朝、唐朝以及明朝的初年,拥有当时世界三分之一以上的GDP,拥有占世界百分之六十以上的先进科技,可当时的中国并没去搅动世界、称霸世界。因此说，国强必霸这种论调也必定会在中国未来的强大面前被碾得粉碎。所以习近平同志说："中国这头狮子已经醒了，但它是一只和平的、可亲的、文明的狮子。"

其实，老子并不一概地反对战争。他在坚决反对武力称霸、反对侵略战争的同时，也旗帜鲜明地支持反侵略的正义战争。

老子在《道德经》的第六十九章指出：

抗兵相若，则哀者胜。

老子认定，兵力相当的两军对抗，一定是正义的、反侵略的哀兵一方取得最后的胜利。老子以此来鼓励被侵略一方的战斗意志。

老子在《道德经》的第六十九章又指出：

吾不敢为主而为客，不敢进寸而退尺。是谓行无行，攘无臂，执无兵，乃无敌矣。

这段话的意思是，我不会主动挑起战争，只会在不得已的情况之下对敌进行还击。我不会主动攻占敌方的土地，甚至可实行一定程度的后撤。当敌方进犯时我们就把自己的军队隐蔽起来，使敌方看不到我方的战阵，看不到我方的士兵，也看不到我方的兵器，如此以逸待劳，以静制动，时机成熟时就给敌方突然的反击，这样，一定能取得战争的胜利。

老子主张，在战争问题上不首先采取行动，不打第一枪。这就是老子的"人不犯我，我不犯人"的对待战争的原则。其热爱和平、反对战争的思想在党的十八大报告中也有所体现。

党的十八大报告重申："中国将始终不渝走和平发展的道路，坚定奉行独立自主的和平外交政策。我们坚决维护国家主权、安全、发展利益，决不屈服于任何外来压力。我们根据事情本身的是非曲直决定自己的立场和政策，秉持公道，伸张正义。中国主张和平解决国际争端和热点问题，反对动辄诉诸武力或以武力相威胁，反对颠覆别国合法政权，反对一切形式的恐怖主义。中国反对各种形式的霸权主义和强权政治，不干涉别国内政，永远不称霸，永远不搞扩张。"

当今世界泛滥着一种病态思维，有的国家到处建立军事基地，任意出兵攻打他国，颠覆他国的政权、屠杀他国的人民，还到处滋事生事，折腾他国，却被认为是维护人权。中国一不输出革命，二不输出饥饿和贫困，三不去折腾他国，却被渲染为威胁。这是长期生活在霸权文化中的人们的一种偏执思维。

霸权文化与和平文化，谁优谁劣，不执偏见的人自然能够分辨。

二、老子的"大和"文化，培育和形成了中华民族的和谐和合精神

"和"，是老子伦理哲学的基本理念。老子的大和思想，培育和形成了中华民族的和谐和合精神，为我们今天构建和谐社会，建设和谐世界指明了方向。

老子在《道德经》的第四十二章指出：

万物负阴而抱阳，冲气以为和。

这句话的意思是，万物的内部都蕴含有阴气和阳气，正是它们和谐相融而成和气从而化生出宇宙万物。

老子在《道德经》中的第五十五章又指出：

知和曰常，知常曰明。

这句话是说，和合、和谐是自然、社会、人生，也是生命的真谛。能够有此认识才算真正了解到"和"的精髓。

"万物负阴而抱阳，冲气以为和。""知和曰常，知常曰明。"老子以这两句话揭示了和生万物、和兴万事的作用和威力，揭示了"知和"对人生、对社会的无比重要。它是老子"和"的理念以及他缔造和平、和谐国际准则的理论基础，也是今天我们构建和谐社会、和谐世界最古老的理论来源。

老子在《道德经》的第六十一章指出：

大国者，下流也。……大国以下小国，则取小国；小国以下大国，则取

于大国。故或下以取，或下而取。故大国者，不过欲兼畜人；小国者，不过欲入事人。夫两者各得其欲，故大者宜为下。

这段话的意思是，大国与小国犹如江海与百川的关系一样，江海所以得百川来归，是因为它甘居低处；大国所以得到小国的尊崇，是因为它以谦虚卑下自处。大国以谦逊的姿态对待小国，自然会得到小国的信赖；小国以谦逊的态度对待大国，也必能得到大国的包容。大国不要老是想着去兼并小国，小国也不应过分地顺从和依赖大国，而应互相尊重，平等相待，互相扶持，和谐共处。这样，大国与小国便能各得其所。由于大国处于主导地位，因此更应以谦卑、礼让的姿态对待小国。

老子依据他的"和"的理念，提出了互相尊重、平等相待、互相扶持、和平共处的国际关系准则。

郑和下西洋践行的就是老子提出的这一国际关系准则。

郑和，也叫郑三宝，是明朝的一名宦官。他曾率领明朝船队七下西洋，历时28年，访问了30多个亚非国家，郑和的任务是代表大明与这些国家进行友好交往和通商。现在的韩国设有一个外交通商部。可以说，郑和的角色与大明的外交通商部部长相似。

1405年7月11日，是郑和船队首航的日子。他率领的船队，共有船只208艘，其中排水量在1000吨以上的就有60多艘。船队有将士及各方面的专业人才共27800多人。

尽管郑和率领的船队如此强大，仍然有海盗对它进行骚扰和袭击。其中一次还是一个国家的行为。这个国家叫锡兰。

有一次，郑和回航经过锡兰时，该国国王表现得特别的热情，派大臣把郑和请到皇宫，让王子接待。期间，王子殷勤周到。上尽了好菜，说尽了好话。与此同时，国王却在调兵遣将，让那些早已准备好的兵马即时奔赴指定位置。其中以5万兵包围船队；以5000兵在路上埋伏，阻断郑和回救船队之路；以5000兵把郑和及他的亲兵团团围住。这些部署都是在瞬间完成的。王子收到部署完成的信报之后，便即时换出一张狰狞的面孔。他把这一切都告诉郑和。要郑和主动交出全部财宝。郑和意识到船队和自己已处于极度的危险之中。怎么办？如何才能做到尽量不伤害该国的官兵又能化解危机呢？在这万分的危急之中，郑和猛然想到孙子兵法的计策，擒贼先擒王。郑和断然率领身边的2000名将士，奇袭了皇宫，活捉了锡兰的国王，既粉碎了一次大规模的劫掠行为，又平息了一场战乱，使该国人民免受一场战争的苦难。之后不久，明成祖把这个国王释放了，并派人送他回国。

老子在《道德经》的第六十三章指出：

报怨以德。

老子主张，仇怨一旦形成之后，也应以德报怨，用德去化解。

郑和、明成祖之所以能以一种人道的、以德报怨的态度处理这场完全是锡兰挑起的纷争，正是老子的"大和"文化精神之使然。

明成祖的大明帝国时期，与中国友好交往的有四五十个国家。明成祖对它们均采取一种"少取多予，厚往薄来"的经济交往原则。这些国家给大明献礼物，大明则以赏赐的方式给这些国家以回礼，而回礼的价值远远高出献礼的价值，有的甚至高出数倍，以至数十倍。这种"少取多予，厚往薄来"的交往甚至把大明的国库都掏空了。这种大国与小国的往来，在世界历史上是极少有的。明成祖的大明之所以这样做，是出于要与周边国家建立一种睦邻、友邻的关系，打造和谐的国际环境，造福彼此的国民。

郑和所处的大明帝国，是当时世界上的超级大国。它的GDP占到世界的1/3以上。郑和的船队又是当时世界最强大的船队，完全有能力对沿途的一些国家予以征服。然而，郑和船队自始至终都没有这样做，既没有占领这些国家的一寸土地，更没有殖民、屠杀和掠夺。他们留给当地人民的是和平、友善、互利和尊重。正因如此，他们得到了当地政府和人民的尊敬。郑和所到之处，很多遗址被精心保护。在印度尼西亚，有三宝垄、三宝殿和三宝洞；在马来西亚，有三宝山、三宝井；在斯里兰卡（即锡兰），当年郑和所立的石碑还完好地保存着。马来西亚、印度尼西亚、泰国、柬埔寨等国都有三宝庙，在非洲索马里还有一个郑和村。

富有对比意义的是：在郑和下西洋之后的二三百年间，欧洲多国的船队所到之处，一律进行占领、殖民、控制、掠夺和屠杀。这些国家的船队留给当地人民的是血泪和苦难。

1953年12月，我国总理周恩来接见中印两国代表团谈话时，提出了互相尊重主权和领土完整、互不侵犯、互不干涉内政、平等互利、和平共处的五项原则。这五项原则后为于1955年在印尼万隆召开的不结盟国家会议所通过和接纳。周恩来提出的这一维护世界和平的五项基本原则，与老子提出的国际关系准则是一致的。

正是基于中华民族这种"和"的文化基因，以及维护地区和世界和平的民族传统，习近平总书记重申了维护亚洲和世界和平的决心。他指出："和平犹如空气和阳光，受益而不觉，失之则难存。没有和平，发展就无从谈起，国家无论大小、强弱、贫富，都应做和平的维护者和促进者。不能这边搭台，那边拆台，而应该相互补台，好戏连台。国际社会应该倡导综合安全、共同安全、合作安全的理念，使我们的地球村成为共谋发展的大舞台，而不是相互角力的竞技场，更不能为一己之私把一个地区乃至世界搞乱。"

2013年10月25日，习总书记又强调指出，我国周边外交的基本方针，就是坚持与邻为伴、以邻为善，坚持睦邻、安邻、富邻，突出体现亲、诚、惠、容的理念。发展同周边国家睦邻友好关系是我国周边外交的一贯方针。要坚持睦邻友好，守望相助；讲平等、重感情；常见面、多走动；多做得人心、暖人心的事，使周边国家对我们更友善、更亲近、更认同、更支持，增强亲和力、感召力、影响力。要诚心诚意对待周边国家，争取更多朋友和伙伴。

他还提出了尊重民族自决的鞋子理论。"鞋子合不合脚，自己穿了才知道。一个国家的发展道路合不合适，只有这个国家的人民才最有发言权。"习总书记以此警告那些唯恐天下不乱的国家和政客。

为了更好地推动和谐世界的发展，我国还提出了构建新型大国关系的主张，这就是不冲突，不对抗，互相尊重，合作共赢。

三、老子的"大爱"文化，培育和形成了中华民族的国际主义精神

爱，是老子伦理学说中的重要思想。老子主张真爱、博爱，主张无私无己之爱。

老子的这种大爱思想、大爱文化福泽后世，影响深远，培育和形成了中华民族睦邻友好、无私援外、合作共赢的国际主义精神。

老子在《道德经》的第六十七章指出：

我（道）恒有三宝，持而宝之：一曰慈……

这段话的意思是，道永远抱持着三件法宝，并无限地珍惜它，尊崇它。第一件法宝叫慈。慈就是慈爱、慈善、慈悲。

老子在《道德经》的第二十七章指出：

是以圣人常善救人，而无弃人；常善救物，而无弃物。

这段话的意思是，圣人有博大的爱心，以救人护物为自己的行为准则。他们不会唾弃任何人，也不会糟蹋任何物。

在对外援助方面，中华民族一直以来都高扬了这种大爱精神。

（一）大爱无疆，救人于水火。

中华人民共和国成立之后，经过几十年的艰苦奋斗，国力虽有所增强，但人民的生活还不是很富裕，我们仍然以一种大爱精神去践行对发展中国家的援助，并把它看成是自己的国际责任，国际义务。

1. 秉持大爱精神，开展人道主义救援。

几十年来，中国总是及时地向遭受自然灾害和人道主义灾难的国家提供有效的紧急人道主义援助。

2004年12月，印度洋海啸发生当天，胡锦涛主席分别致电印尼、斯里兰卡等受灾国家元首表示诚挚慰问，与此同时，中国民间救援行动汇成爱的暖流。原红十字会党组书记江亦曼说，无论是白发苍苍的老年人，还是学龄

前的小孩子，都踊跃向海啸灾区捐款。据统计，中国政府通过多、双边途径向海啸受灾国提供了6.87亿元人民币的救灾援助，并组织国际救援队赶赴海啸灾区。此外，中国红十字会还募集民间捐助共计4.43亿元人民币向受灾国提供救灾款物，并为印尼、斯里兰卡、马尔代夫、泰国和缅甸共建造9个用于安置灾民的友谊村。

2011年非洲大陆东北部的吉布提、埃塞俄比亚、厄立特里亚、肯尼亚、索马里、苏丹、乌干达等国家遭受百年一遇的大旱，我国立即提供了紧急粮食援助。

近6年来，中国政府累计实施对外紧急救援行动近200次。根据受灾国要求或国际社会呼吁，中国及时提供紧急救灾物资和现汇资金援助，派遣救援队和医疗队，展开灾后重建，有效帮助受援国减轻了灾害，获得受援国政府及人民的欢迎和国际社会的盛赞。

2. 秉持大爱精神送医出国，救死扶伤。

1963年，刚刚独立的阿尔及利亚瘟疫横行、缺医少药，向国际社会发出紧急救援的呼吁。当年4月6日，根据中央指示，湖北省组建了24人医疗小分队前往阿尔及利亚，揭开了中国医疗援外的序幕。

40多年来，援外医疗队员用精湛的医术、周到的服务，治愈了成千上万病人，得到受援国的交口称赞，其中600多名队员获得所在国总统授勋的荣誉。在非洲一些偏远地区，人们虽对遥远的东方很陌生，但提起中国的医生都伸出大拇指；一些孩子甚至被父母起名为"中国娃"，他们用这种特别的方式来纪念、感谢中国的援助。

据统计，截至目前，我国共向69个发展中国家派遣了援外医疗队，累计派出援外医务人员约2.3万人次，诊治受援国民众约2.6亿人次。直到今天，我国仍有54支医疗队约1300名医务人员在48个发展中国家提供服务。

2013年8月16日上午，习近平总书记在北京的人民大会堂会见了受到表彰的全国援外医疗工作先进单位和先进个人代表。他指出，长期以来，一代又一代的援外医疗队人员牢记党和祖国的重托，发扬国际人道主义精神，以精湛的医术和高尚的医德，全心全意为受援国人民服务，促进了受援国医疗卫生事业发展和人民健康水平的提高。他又强调："大家远离祖国和亲人，克服了种种困难，以实际行动铸就了'不畏艰苦、甘于奉献、救死扶伤、大爱无疆'的中国医疗队精神，展示了中国人民热爱和平、珍惜生命的良好形象。"

3. 秉持大爱精神，把消除毒源视作义不容辞的责任。

位处泰国、缅甸和老挝边境毗邻区的金三角地区，是世界毒品的主要生产地。它长期危害金三角、我国乃至全球。从20世纪90年代初起，我国累计投资5亿多元人民币支持缅甸、老挝开展大规模的罂粟替代种植。我国不但以资金和技术帮助金三角的烟农发展杂交水稻、橡胶、甘蔗、咖啡、蚕桑、热带水果等。为了解决这些产品的出路，我国在老挝建起了橡胶加工厂、龙眼烘烤厂等。还批准一定数量的替代种植产品返销中国境内，实行减免关税和增值税。经过多年的努力，在传统的"金三角"地区罂粟种植面积，已从1988年的15万公顷下降至2007年的2.4万公顷，降幅为83%。这就为根除毒源发挥了重大作用，为减少毒品对人类的危害做出了重要贡献。

（二）大爱无疆，促进受援国的繁荣。

习近平总书记指出："亲望亲好，邻望邻好。中国将坚持与邻为善、以邻为伴，努力使自身的发展惠及周边国家，我们将大力促进亚洲和世界的发展繁荣。"他又指出："应当把中国梦同周边各国人民过上美好生活的愿望，同地区发展前景对接起来。"

自古以来，我国在对外援助中所持的就是这样的方针。

留学作为一种制度，不是别的什么国家而是古代中国创立的。它萌芽于隋而发展于唐。为了把留学这件事办好，让各国留学生学到真本事，唐朝特地扩大了国学馆的规模，让外国学生与中国学生一起上课，毫无保留地为外国培养人才。我国的唐代所以能这样做，是因为中国政府把老子的大爱精神施予国人的同时也施予别国的人民。希望别国的国民也和自己的国民一样在国家的发展中过上幸福的日子。

有的国家给别国贷款,往往要求对方购买该国的产品,以此捞上一笔。中国有句古语叫"授人以鱼,不如授人以渔"。我们的对外援助则是着力于增强这些国家的发展能力,使之走向繁荣。

科技是最活跃的生产力。为此,我国特别注重对受援国的人才培养工作,自20世纪50年代起就向发展中国家提供来华留学政府奖学金,并为受援国培训技术人才,至2009年底,共向7万多名来自发展中国家的留学生提供了政府奖学金,并为173个发展中国家和地区培训人员12万人,涵盖经济、管理、农业、医疗卫生、教育、环保等20多个领域的150多个专业。中国提供援助时,十分重视技术的传授和转让。20世纪60年代,非洲许多新独立国家急需发展农业生产。其中,地处撒哈拉沙漠边缘的马里气候干旱炎热,食糖长期依靠进口。1961年,中国派出了7名农业专家赴马里,在2年多里成功试种茶树和甘蔗,试制出茶叶和蔗糖。消息很快传遍非洲大陆,马里周边一些国家的领导人纷纷前往参观,我国专家毫不保留地把相关的技术传授给他们。

基础设施是一个国家发展的必备条件。为此,我国十分重视和帮助受援国的基础工程建设。上世纪60年代,坦桑尼亚、赞比亚获得独立。但两国经济发展面临一个共同难题——外国封锁。他们急需一条铁路发展铜矿贸易。两国先向世行和西方国家提出援建坦赞铁路的要求,但均遭拒绝。1967年,中国决定援助修建这两条铁路。为修这条铁路,中国先后派出了工程技术人员和管理人员5.6万人次,最高峰时,曾有1.6万多名中华儿女在非洲原野上艰苦施工,与当地百姓结下深厚的友情。尼雷尔总统高度评价说,中国援建坦赞铁路,是对非洲人民的伟大贡献。1957年12月,也门王国副首相巴德尔王太子请求中国政府帮他们修公路。中国欣然答应,并很快把这条公路修了出来。

据商务部统计,迄今为止,中国对发展中国家共援建了220多个农业领域项目、近700个工业领域生产型项目、1000多个经济基础设施和社会公共设施项目，帮助受援国改善了生产生活环境，繁荣了城乡经济，为受援国自主发展创造了更好的条件。

民生工程与一个国家国民的生活水平、幸福指数息息相关。为此，我们曾帮助了许多亚非国家建造了会议大厅、体育场馆、学校、医院、图书馆等。从派遣援外医疗队、援建学校、体育场等基础设施，再到解决当地吃饭、饮水等问题，中国以卓有成效的实际行动实实在在地改善了受援国的民生。

（三）大爱无疆，切实维护受援国的尊严。

一些国家在对别国进行援助时，总要附加一些政治条件，或者要求建立军事基地，或者要求推行其变了味的所谓民主价值观，甚至要求在国际政治舞台上跟随其指挥棒起舞。

20世纪60年代，周恩来总理在访问非洲十国期间，宣布了中国对外经济技术援助的八项原则，其核心是平等互利、不附带条件，受到发展中国家普遍欢迎，并成为中国开展对外援助的基本指导纲领。八项原则的影响有多大？原中国对外经济联络部副部长程飞说，中国曾帮助毛里塔尼亚修建了公路、煤厂、港口、火电站、供水工程等项目。在此过程中，达达赫总统深深感到中国的援助是无私的、无条件的。对来自中国的援助，坦桑尼亚第一任总统尼雷尔评价："无论是中国给予我国的巨大经济和技术援助，还是我们在国际会议的交往中，中国从来没有左右我们的政策或损害我们国家主权和尊严的企图。"柬埔寨副首相兼财政部部长吉春说："作为一名与中国合作的柬埔寨公民，我深切体会到，中国所提供的任何援助都是无条件、无政治压力的。"

六十年来，中国累计对外资金援助逾2500亿元，免债255亿元，而这一切都不附加任何政治条件，从而维护了受援国应有的尊严。

中国的对外援助是一种爱心的传递，体现的是中华民族对受援国人民的爱，能为受援国如此着想、如此关爱，如果不是一个拥有大爱精神和国际主义精神的民族和国家是无论如何也做不到的。

诚然，我们与受援国的关系还是一种共赢的关系。"达达赫总统拿着'八项原则'，到非洲尚未同我们建交的国家，一个一个地亲自做工作，或是派他的特使做工作，先后促成9个国家和我们建立外交关系。"1971年，联合国第二十六届大会以压倒性多数票，通过了由23个国家提出的要求恢复中华人民共和国在联合国一切合法权利的提案。23个提案国全都是第三世界国家。在投赞成票的76个国家中，有58个是第三世界国家。事实证明，中国的援外政策赢得了广大第三世界国家的信任和敬重。再说，受援国的经济发展起来之后，必然会推动市场需求的增大；双边贸易的发展反过来必然能推动各国经济的增长。

热爱和平、反对战争，追求和谐、扶持贫弱，这是老子的重要思想，也是中华民族数千年的优良传统。今后，不管世界风云发生什么变化，我们都将坚定不移、毫不动摇地坚持做下去，使老子的重要思想和民族的优良传统在新的历史条件下得到更深入、更广泛、更有效的继承和弘扬。

第十八讲

《道德经》的世界大同精神

老子以一种无与伦比的大爱精神,缔造了人类史上最先进的治国理念,最优秀的道德精神,还为人类设计了一个美好光明的未来世界——天下大同,体现了老子对人类的终极关怀。

2014年3月27日,习近平在巴黎联合国教科文组织总部演讲时指出:"天下太平,共享大同是中华民族绵延数千年的理想。"

那么,大同是一个怎样的世界?通往世界大同的路在何方?实现中国梦与实现世界大同有何关联?这正是本文所要探讨的问题。

一、天下大同是一个怎样的世界?

人类是向往美好的,因此,围绕人类的终极社会形态这个问题,古今中外都有人去憧憬它、研究它、探索它、设计它、描绘它。

产生在公元前611年以前的我国的第一部诗歌集《诗经》有一首《硕鼠》的诗。诗的第一段是这样写的:"硕鼠、硕鼠,无食我黍。三岁贯女,莫我肯顾。逝将去女,适彼乐土。乐土,乐土,爰得我所。"诗中把贵族、剥削者比喻为一只害人的大老鼠,并发出了要逃离这只大老鼠去寻找"适彼乐土"的呼声。这"适彼乐土",指的是没有阶级压迫和剥削的社会。这是世界上迄今为止所发现保留下来关于大同思想的最早资料。

约诞生在我国汉朝初年的《礼记·礼运》一书,是这样描写大同世界的:"大道之行也,天下为公。选贤与能,讲信修睦。故人不独亲其亲,不独子其子。使老有所终,壮有所用,幼有所长,鳏寡孤独废疾者皆有所养。男有分,女有归。货恶其弃于地也,不必藏于己。力恶其不出于身也,不必为己。是故谋闭而不兴，盗窃乱贼而不作。故外户而不闭。是谓大同。"

150多年前，德国的马克思提出了叫共产主义的概念。马克思对它是这样表述的："共产主义是一个消除了阶级的社会，一个生产力极大发展的社会，一个物质财富和精神财富极大丰富的社会。所有的财产归全人类所有，产品各取所需，所有的人平等地享受社会经济权利，人们不再将劳动作为谋生的手段，而劳动将成为人们的第一需要。"

我曾从多篇文章中看到这样的说法，说把Communism译成"大同主义"更符合马克思所写的这一英文单词的原意。我想，叫大同主义也好，共产主义也罢，它都是对人类终极社会形态的一种设计。

中国的老子对大同世界的主要社会特征也进行构想和描绘。

老子在《道德经》的第八十章指出：

小国寡民，使有什伯之器而不用。使民重死而不远徙。虽有舟舆，无所乘之；虽有甲兵，无所陈之。

这段话的意思是，在大同世界里，即使是领土规模不大、人口数量不多的小国，也视战争武器为无用之物，因为那时已经没有了战争，无论是侵略战争还是反侵略战争。各国人民十分珍惜自己的生命，也十分热爱自己的家园，以生命为代价去发动战争，并通过远程迁徙的方式去占领他国领土，他们是不会干的。那些战船战车、盔甲武器也就自然派不上用场了。

老子在《道德经》的第八十章又指出：

邻国相望，鸡犬之声相闻，民至老死不相往来。

老子是说，在大同世界里，毗邻的国家虽然互相望得见，鸡犬之声也能听得到，但彼此间，世世代代都不会发生互相骚扰、互相侵害的事。

老子在《道德经》的第八十章再次指出：

甘其食，美其服，安其居，乐其俗。

老子认为，在大同世界里，人人都有充足味美的食品，有华美暖身的衣着，有宽敞舒适的居所，还有令人身心愉快的精神生活。

老子在《道德经》的第八十章还指出：

使民复结绳而用之。

老子认为，在大同世界里，结绳记事时代的那种敦厚善良、友爱互助的古朴民风将得到重建和重现。

对老子的"使民复结绳而用之"这句话，历来争议颇大。有人说，老子是主张取消文字、文化，实行有文字时代向无文字时代的倒退，有文化时代向无文化时代的倒退。其实这完全是一种误读。因为，没有阶级压迫和剥削，没有盗窃和抢掠，没有权谋与欺诈，没有纷争与诉讼；而是人人自由平等，人人敦厚善良，人人诚实守信，人人友爱互助，人人和谐无间等，才是结绳时代社会的本质特征。这样的理解是不是想当然的臆说呢？不是的，因为我们可以从上述的老子的"甘其食，美其服，安其居，乐其俗"这段文字找到助证。它告诉我们，在那大同世界里，人类不仅享用到富足的物质生活，还能享受到健康的精神生活，那当然是一个社会生产力得到了高度发展，真正丰衣足食的社会了。常识告诉我们，社会生产力高度发展的世界，必定是科学文化高度发达的世界，而不可能是没有文字的、没有文化的世界。

老子就这样给我们描绘出了未来大同世界的美好图景：1.那是一个没有战争的世界。那时的国家不再需要开支军费，所有的财政收入都可以用来为民生服务。2.那是一个真正实现了国与国之间和平共处的世界。那时的国家之间没有纠纷，而是以邻为伴，以邻为友。3.那是一个真正丰衣足食的世界。人类不仅可以享用到富足的物质生活，也可以享受到健康而丰富的精神生活。4.那是一个自由民主、民风淳朴、个个情操高尚、人人心灵美丽的世界。

可见，社会生产力得到高度发展、物质财富极大丰富以及人人道德高尚、个个心灵美丽，这是马克思所设计的共产主义和老子所描绘的大同主义的共同特征。

二、通往世界大同的路在何方？

老子所描绘的大同主义、马克思所设计的共产主义，尽管有些具体内容需要商榷，也要接受未来社会实践的检验，但总的说是美好的、诱人的、令人鼓舞的。那么如何才能到达那美好世界的彼岸呢？

对此，马克思曾开出了一个方子，这就是：阶级斗争和阶级专政；消灭私有制和实行公有制。

20 世纪 20 年代以来，全世界曾有 20 个共产党国家，约 18 亿人口对马克思这一过渡理论进行了数十年的实践。

那么，老子的过渡理论又是怎样的呢？

为了迎接那个没有战争的世界，老子高举起反战的大旗。他希望世人认清战争的本质与危害。

老子在《道德经》的第三十一章指出：

夫兵者，不祥之器。物或恶之，故有道者不处。

老子在《道德经》的第三十章又指出：

师之所处，荆棘生焉，大军之后，必有凶年。

老子告诉世人，战争是残物伤生的邪恶事，它不仅屠害生灵、摧毁田园、破坏经济，引发饥荒和瘟疫，还会造成严重的生态灾难。而且，仇恨、凶残与暴虐必定与战争同行，为害人类的精神世界。总之，战争于人类没有一丝一毫的好处。所以，心中有道的人都应厌恶它，抵制它。老子要求世人以实际行动去抵制战争，告别战争。于是他呼吁："不以兵强于天下"和"不打第一枪"（不敢为主而为客）。"不以兵强于天下"，是老子的反战名言，也是他的反战宣言。"不打第一枪"，则是人类防止战争发生必须遵循的行动准则。"先发制人"和"不打第一枪"，虽然只是先动和后动的分别，但前者却意味着战争，后者则预示着和平。随着世界民主潮流的发展，觉悟之后的民众起来阻止战争的发生也已成为可能。所以，当各国和各国人民都接受老子的反战思想时，战争就能被终结，和平就会成为永久。

为了那个真正实现了国与国之间和平共处的世界的来临，老子提出了互相尊重、平等相待、互相扶持、和平共处的国际关系准则。

老子在《道德经》的第六十一章指出：

大国以下小国，则取小国；小国以下大国，则取于大国。……故大国者，不过欲兼蓄人；小国者，不过欲入事人。夫两者各得其欲，故大者宜为下。

老子认为，大国以谦逊的姿态对待小国，自然能得到小国的信赖；小国以谦逊的态度对待大国，也必能得到大国的包容。因此，或因谦逊而取得信赖，或因谦逊而被包容。大国不要老是想着去兼并小国，小国也不应过分地顺从和依赖大国；而应互相尊重、平等相待、互相扶持、和平共处。这样，大国与小国都能各得其所。由于大国处于主导地位，因此更应以谦下礼让的姿态对待小国。欧洲共有20多个国家，历史上是战争不断的地区。30多年前，欧洲开始了一体化的进程。这些国家之间过去那种彼此争夺领土的硝烟已经远去，边界壁垒已经不复存在，国与国之间，各国人民之间和谐相处，友好往来。欧洲的这种现象，使我们看到了希望。我们可以相信，到了所有国家，无论是大国或者小国都自觉践行老子的这一和平共处的国际关系准则时，一个真正实现了国与国之间和平共处的时代一定能够到来。

为了那个真正实现了丰衣足食的世界的早日到来，老子为治国者提出了一项治国的根本任务，这就是发展生产。

老子在《道德经》第三章指出：

是以圣人之治……实其腹、强其骨。

老子认为，保障百姓的温饱，增强他们的体魄，这是治国者的根本性任务。为把这一任务落到实处，老子没有提出抓革命促生产的口号，也没有提出消灭私有制，实行公有制的主张，而是提倡采取无为而治的施政方略。

老子在《道德经》的第五十七章指出：

我无为而民自化，我好静而民自正，我无事而民自富，我无欲而民自朴。

老子认为，治国者只要奉行清静无为政治，做到对民不施搅扰之政，不举严酷之法，不课重苛之税，而让百姓自我做主、自我发展、自我完善。这样，百姓自能素朴淳厚、安平富足。

我相信，这是通往富足世界的必由之路。

为了打造出一个处处民风淳朴、人人道德高尚的世界，老子算是做足了功课的：

1. 老子为人类铸造了体系完整而境界高远的道德精神体系。老子从善、爱、和几个方面构建起他的伦理精神体系。善，是老子伦理学说中的核心内容。它包括无私奉献、舍生取义、知足寡欲、淡泊名利、节俭素朴、公平公正、诚实守信、谦虚卑下、礼让不争等道德理念。爱，是老子伦理学说中的重要思想，老子主张真爱、博爱，主张无私和无己之爱。他认为，爱是道所抱持的第一法宝。他主张，对人的培养应把培养他们的爱心放在第一位。和，是老子伦理学说中的基本理念。老子崇尚和生万物、和兴万事的精神。他认为："和"是自然、社会，也是生命的真谛。他希望世界没有纷争，人人友好相处。他反对以强凌弱，并提倡以德报怨的大德境界，老子就这样从善、爱、和几个方面构建起了他的道德精神体系，从而被列夫·托尔斯泰誉为"道德的高峰"。如此，老子便为人类提供了一套完美的、优秀的道德行为规范。

2. 老子十分强调抓思想道德建设的重要性。他说："圣人之治，虚其心，弱其志。"老子认为，通过抓好思想道德建设，净化人们的心灵，消除他们竞逐于名利场上的心志，这是治国者的根本而长期的任务。

3. 老子非常看重治国者的模范表率作用。他说："圣人处无为之事，行不言之教。"老子认为，要使百姓学好，治国者必须自觉依自然无为的原则施政并做到以身作则，树立榜样，对百姓进行潜移默化的引导。我国唐朝的贞观和开元时期，由于全国官民同读《道德经》，共同践行老子的道德精神，从而出现了夜不闭户、路不拾遗的良好道德风尚。我们完全可以期待，当人类都自觉践行老子的道德精神时，那一定是人人心灵美丽、个个道德高尚的世界。

有人问我，老子为什么没有提到大同世界所应实行的所有制和分配制度。

老子的确没有对大同世界的所有制进行预测，也许这正是他的高明之处。这个问题既具体又事关重大，实践已经证明过早地构想它不见得有什么好处。崇尚"道法自然"的老子，自然相信船到桥头自然直、车到山前自有路的道理。就好像封建社会和资本主义出现之前，也没有人对其所有制形式做出过预言一样，但当这两个社会形态产生之后，地主阶级和资本家所有为主要形式的所有制便被人们所认识和接受。大同世界究竟应采用一种怎样的所有制，也许要靠未来的人类去探索、去选择。说到分配，老子是主张均贫富的。

老子在《道德经》的第七十七章指出：

高者抑之，下者举之；有余者损之，不足者补之。……孰能损有余以奉天下？唯有道者。

老子不主张通过社会的一部分人对另一部分人的剥夺去实现共同富裕，而认为实施共同富裕是具有高度道德水平的人们的自觉行为。

张鲁是我国东汉末年道教的一代教主，他在汉中地区曾进行了一场世界大同的社会实践。他施行的措施主要是：1.以教规为法。通过宣讲《道德经》，用老子思想去约束民众的思想行为，教民以诚信而不听欺妄。2.实行耕者有其田。民众自主耕作、自主处理劳动成果。3.轻徭薄赋。他使用有轻微犯法的人从事修路等社会工程，摒弃历代施行的劳役制。他不收赋税，只要每人每年捐出五斗大米。4.不设官吏，而以"祭酒"即讲道的牧师作为民众的首领。这些祭酒是不领报酬的民众服务者。5.人人劳动，人人自食其力。张鲁把汉中治理得井井有条，民风淳朴，人人安居乐业，夜不闭户，路不拾遗。在那军阀混战，到处生灵涂炭、饿殍遍野的年代，汉中简直就是人间天堂。汉中的大同世界维持了20多年，后被曹操出兵灭了。

汉中这场世界大同的实践，给了我们许多的启示：其一，老子文化的确是人类走向大同的文化。其二，大同世界的所有制不一定就是彻底、完全的公有制。其三，一个国家不能单独走进世界大同。

大同世界不仅是穷人的天堂，而且是它的信仰者的共同天堂，这一启示的意义则更显重大。参加汉中大同社会实践的不仅有穷人，也有地主，而张鲁本人便是个贵族和军阀。也就是说，老子的大同思想是可以为不同阶级、不同阶层、甚至不同政党的人们所接受的。中国国民党的党歌歌词的最后一句便是"走向大同"，似乎也说明了这一点。

那么，"前大同世界"时代会是一个怎样的时代？我认为那将会是一个和平共处的时代，一个和平竞赛的时代，一个和平过渡的时代。

"前大同社会"时代为什么会是一个和平共处的时代？

首先是因为某一个或者多个社会制度相同的国家想要随心所欲地把其他不同制度的国家完全加以颠覆这种可能性已越来越少。近100年来美国使出了浑身解数试图改变别的国家的政权和制度，结果是到处碰壁。2003年，美国对伊拉克发动了一场大规模的、旷日持久的战争，到头来除了赔了夫人又折兵（耗钱死人）外，什么也得不到。美国对阿富汗的入侵已长达10年，不仅无法培植出一个相对稳固的亲美政权，相反使自己陷进了一个战争的泥潭之中。美国于前些年对乌克兰输入了颜色革命，结果是辛辛苦苦扶植起来的亲美政权，一届任期未完便魂销魄散。100多年来的世界政治风云表明，外来的力量是很难对别的国家的社会制度有所作为的。正因如此，习近平总书记提出来各国的道路应由该国人民自己选择的"鞋子理论"。

第二，对抗引致世界毁灭的危险性已越来越高。在军事科技越来越先进的今天，国与国特别是大国之间的冲突与对抗其后果则越发严重。和则两利，斗则两伤，甚至会导致世界走向毁灭。这已是许多有识之士的共识，正因为有这样的共识，2013年6月习近平与美国总统奥巴马会晤时，提出了构建不冲突、不对抗，互相尊重，合作共赢的新型大国关系的主张。奥巴马则以围绕共同利益、共同责任和共同挑战与中方一道构建新型大同关系的理念相回应。也正因如此，才会有那么多的中美战略对话的上演。

第三，世界人民反对战争的力量在不断增强。2003年美国发动对伊拉克的战争时，世界有38个国家派兵参加。2011年对利比亚的战争，有14个国家与美并肩战斗。2013年美国要攻打叙利亚，则只有法国表示愿意与美国一同出兵。反对出兵攻打叙利亚的美国人民占到62%以上、欧洲占到72%以上。

第四，东西方价值观的趋近，已成为未来世界的一种走向。中国共产党的十八大提出了"富强、民主、文明、和谐、自由、平等、公正、法治、爱国、敬业、诚信、友善"的价值观。它与西方所推崇的价值原则已没有太多的不同。

正是以上原因，决定了"前大同世界"时代将是一个和平共处的时代。

和平竞赛，是建立在和平共处的基础之上的；或者说，因为有和平共处这个前提，国与国之间竞赛的形式才能是和平的。

和平竞赛的内涵应是全方位的。它包括经济、科技、文化等方面，竞赛的目的是全面地提高整个人类社会的科技、生产力和道德文明的发展水平。这种竞赛是一种互相学习、互相融合的，而非互相排斥的过程；更不是东风压倒西风，或西风压倒东风的过程，而是共同提高和长进的过程。

美国著名未来学家托普勒说："哪里有文化，哪里早晚会出现经济繁荣。"他指出，世界已先后经历了资源、管理、科技和人才的几轮竞争，"现在已开始了第五轮即文化竞争"。可以说，"前大同世界"时代的竞赛主要是文化的竞赛。

那么，未来世界的文化竞赛将会展现出一幅怎样的图景呢？

德国犹太思想家马丁·布伯说："在中国的儒、道、释三大传统中，具有世界意义的是道家思想。"比利时学者、诺贝尔奖获得者普利高辛说："道学思想在探究宇宙和谐的奥妙，寻找社会的公平公正、追求心灵的自由和道德完满三个层面上，对我们这个时代都有启蒙思想的性质。"美国《纽约时报》把《道德经》列为世界古今十大名著之冠。苏联学者里舍维奇认为："老子是世界的、是属于全人类的。"美国学者蒲克明预言："《道德经》是未来世界家喻户晓的一部书。"他又说："当人类隔阂泯除，四海为一家时，《道德经》将是一部家传户诵的书。"英国历史学家汤因比也预言："将来在文化上统一世界的，大概不是西欧国家，也不是西欧式的国家，而是中国。"汤因比所强调的是，老子文化是未来人类必然共同接受的文化。我国知名学者季羡林指出："21世纪是以中国文化为主体的东方文化走向灿烂辉煌的世纪，只有东方文化才能救世界。"这都表明，老子文化是拯救人类的文化，是通向大同世界的文化。

老子文化在世界和历史上的这种地位和作用要求我们：一方面，作为老子故乡的中国，应带头学习老子，弘扬老子。另一方面，我们更应虚心向世界上所有的优秀文化学习。例如，西方在民主制度的建设方面有丰富的实践经验，十分值得我们借鉴，我们不要因为个别国家在民主、人权等方面持双重标准和表现出的虚伪态度，而拒绝他们的好东西。

和平过渡，则是和平共处与和平竞赛的必然结果。当世界的科学技术、生产力发展通过和平竞赛获得极大的提高时，当人类自觉接受老子这种人类最优秀的文化时，世界各国和平携手进入大同社会便是顺理成章的事了。

我这里说的和平共处、和平竞赛、和平过渡，只是"前大同世界"时代的一种大趋势。它不见得马上就会出现在我们的面前，它的发展过程可能是非常曲折和反复，甚至是非常漫长的。总之，只要美国政客不放弃霸权思维、日本的安倍等右翼分子不放弃侵略称霸的图谋，这个世界就不会有安宁。因此，我们既要对以上所述的这种大趋势抱有信心，又不要自我麻痹，丧失警惕。

以反战以及以邻为友、以邻为伴的思想实现和平；以清静无为的治国方略去发展生产力，创造社会财富；以高尚的道德精神去哺育人，铸造无数的美丽心灵，这就是老子过渡理论的精髓。

三、实现中国梦与实现世界大同有何关联？

以习近平为总书记的党中央发出实现中华民族伟大复兴的中国梦的号召之后，大多数的中国人都欢欣鼓舞，热烈响应，但也有人提出了质疑，他们说："这是对党的最高纲领的背离。"他们主张永远高举共产主义的旗帜。

持上述主张的人，大体可分三种。一种是抱住极左思想不放的人。他们留恋"文化大革命"那种运动式的生活，还想再过一把对别人实施专政的瘾。他们甚至打着共产主义的旗号，号召人民起来革命。这类人虽值得警惕，但几只小虾翻不起大浪，我们实在没有必要把他们太当一回事。

另一类人倒是值得我们警惕的。这往往是一些身居高位的人，他们口不离共产主义、共同富裕，貌似很革命、对党的事业忠心耿耿，但却是表面文章。如某市的原领导人于2011年初在网上发表了一篇很长很长的文章，大谈共同富裕和共产主义，当然也不忘自我表功。可没几个月，他便锒铛入狱了。原来他竟是吸食民脂民膏，是无法无天的恶魔，是包藏夺取最高权力之窝心和把中国重新拉回专制时代的复辟狂。这样的人竟口不离共同富裕，不离共产主义，实在是咄咄怪事。

还有一种是一些革命老人。他们是老革命遇上了新问题。

首先，他们不了解共产主义是很遥远的事。

共产主义或曰大同主义的实现，是需要具备许多条件的：战争消失了，国与国之间真正和平共处了，社会财富极大丰富了，地球人的道德水平极大地提高了。那么当今世界是一种怎样的状况呢？战争的硝烟在不停飘荡；国与国的边界争端无止无息；全世界还有10多亿人活在赤贫中；消费主义引发资本和个人的欲望膨胀，从而导致世界性的金融危机；官场腐败引发的官民对立越演越烈；唯利是图所引发的种种犯罪有增无减；过度开发造成的生态破坏日益严重……加上任何一个国家都无法单独进入共产主义，在这样情形之下，如果有谁还相信能跑步进入共产主义的豪言壮语，不是白痴便是花岗岩脑袋者。因此，我国有一政要曾指出："共产主义是长期的目标，过早地预言预测议论，是并不可取的。"

其次，他们更不了解实现中国梦与实现大同主义或曰共产主义的因果关系。

实现中国梦，就是实现中华民族的伟大复兴。

由习近平同志主持起草的党的十八大政治报告，提出的"八个坚持"是"体现共产党执政规律、社会主义建设规律、人类社会发展规律的东西"。笔者认为，这也是实现中国梦所应遵循的规律。

完全可以期待，"八个坚持"所建设起来的一定是富强、民主、文明、和谐的国家，所打造出来的一定是自由、平等、公正、法治的社会，所培育出来的一定是爱国、敬业、诚信、友善的人民。

如果把它与老子关于向大同世界的过渡理论两相对照，我们完全能够领略得到，它们不只是异曲同工，而简直就是同曲同工了。可以说，"八个坚持"

不仅是建设中国特色社会主义现代化国家的理论，实现中国梦的理论，也是向大同主义或曰共产主义那美好世界过渡的理论。

我们还应看到中华民族伟大复兴的中国梦的实现，对这个世界不断趋近大同主义，或曰共产主义是有积极作用的。例如，当中国强大到足以使其他世界各国都感到军备竞赛已经毫无意义的时候，就能推动世界人民去接受老子的尚和反战思想，从而加速一个没有战争世界的到来；当中国真正建成富强、民主、文明、和谐的现代化国家时，她的文化、道路、体制自然会为各国所关注和借鉴；作为是世界大同文化的老子文化定能为越来越多的地球人所接受，这样大同主义或曰共产主义就自然与地球人越来越近了。2013 年 9 月，美国副总统拜登说："中国的发展符合美国和世界的利益。21 世纪人类成功与否，很大程度上取决于如何处理美中关系。"由此可见中国强大，对世界的健康发展是何等的重要。

老子在《道德经》的第六十四章指出：

合抱之木，生于毫末；九层之台，起于垒土；千里之行，始于足下。

这段话的意思是，合抱的大树，是由毫末般的芽苗逐渐长大而成的；九层的高台，是由一块块的土石堆积起来的；千里的行程，是从脚下的第一步开始的。

世界所有的美好事情，都是干出来的，而不是喊出来的。实现中国梦是在为实现大同主义或曰共产主义做着实实在在的、添砖加瓦的工作。

末了，用如下两句话来结束本文也许是合适的：清谈误国，实干兴邦；少谈些主义，多干点实事。